살아있는 동안 꼭 읽어야 할
부처님 말씀 108가지

◇ 당신은 언제나 옳습니다. 그대의 삶을 응원합니다. _라의눈출판그룹

살아있는 동안 꼭 읽어야 할
부처님 말씀 108가지

초판 1쇄 2013년 5월 17일
   9쇄 2025년 11월 21일

지은이 선묵혜자
펴낸이 설응도 편집주간 안은주
영업책임 양경희 전자출판 설동호

펴낸곳 아침단청

출판등록 2020년 9월 3일(제321-251002011000015호)
주소 서울시 강남구 테헤란로 78 길 14-12(대치동) 동영빌딩 4 층
전화 02-466-1283 팩스 02-466-1301

문의(e-mail)
편집 editor@eyeofra.co.kr
마케팅 marketing@eyeofra.co.kr
경영지원 management@eyeofra.co.kr

ISBN : 978-89-966220-7-9 03220

아침단청은 라의눈(주)의 출판브랜드입니다.

이 책의 저작권은 저자와 출판사에 있습니다.
저작권법에 따라 보호를 받는 저작물이므로 무단전재와 복제를 금합니다.
이 책 내용의 일부 또는 전부를 이용하려면 반드시 저작권자와 출판사의 서면 허락을 받아야 합니다.
잘못 만들어진 책은 구입처에서 교환해드립니다.

살아있는 동안 꼭 읽어야 할
부처님 말씀 108가지

| 선묵혜자 스님 엮음 |

아침단청

부처님 말씀을 가슴에 담으며

초가을 이른 새벽, 북한산에서 불어오는 바람소리가 대웅전의 목어를 흔들고, 자비로운 부처님의 미소에 스치다가 마침내 귓가에 와 닿는다. 이런 때면 맑은 고요가 마음속의 화두를 꺼낸다. 이곳에서 부처님의 이름으로 '살아있는 동안 꼭 읽어야 할 부처님 말씀 108가지'를 펴낸다.

불교 경전은 어렵다. 또한 선불교 사상마저도 일반 대중들이 이해하기에는 굉장히 난해하다. 그러나 사실 불교만큼 쉬운 것도 없으며 부처님 말씀보다 더 쉬운 사상은 어디에도 없다. 부처님이 원하는 최상의 말씀은 '마음'에 있기 때문이다.

한국의 대표적인 선지식인 벽안 스님은 열반하시기 전 한국불교의 포교활동에 대해 이런 말씀을 하신 적이 있다.

"팔만대장경이 모두 번역되어도 볼 사람이 없으면 무용지물에 지나지 않으며 포교를 할 사람이 없으면 중생을 교화할 수 없다."

당대의 큰 스님이며 나의 은사였던 청담 스님께서도 "깨달으면 본래 주인이며 모르면 종이로다."라고 하셨다.

나는 이 말씀을 두고 동감하지 않을 수 없었다. 더욱이 달라이 라마나 틱낫한 같은 외국 스님들의 저서가 한국에서 베스트셀러가 되는 것을 보고 반은 기쁘고 반은 아쉬움을 느꼈다. 사실 한국의 대표적인 선지식인 경허 스님이나 경봉 스님, 청담 스님의 선문들은 그들보다 훨씬 뛰어나지만 제대로 일반인들에게 소개되지 않았으며 부처님의 경전들조차 제대로 읽혀지지 않았다. 그 이유는 그분들이 남긴 선문이나 경전들이 일반 신도들이 읽기에는 너무도 어려운 까닭이다. 이것은 나에게는 매우 진지한 고민이었다.

불교의 포교와 대중화를 위해서는 보다 쉬운 부처님 경전을 일반인들에게 보여주지 않으면 안 된다는 생각을 했던 것이다.

그래서 나는 이번에 불교의 포교적인 측면에서 일반인들이 부처님의 팔만대장경에 보다 쉽게 접근할 수 있는 방법이 무엇일까를 고민하기에 이르렀다.

이 책을 펴낸 이유가 여기에 있다.

이 책은 부처님의 전생 이야기, 과거세 이야기, 아함경, 법구경, 숫타니파타, 화엄경, 초기불전인 테라기타, 테라가타 등 여러 위대한 경전을 참고로 하여 원문을 뽑고 일반 대중들이 이해하기 쉽게 간단한 해설을 붙였다. 물론, 불교의 일반 상식과 이해를 돕는 설명들을 접목시켜 일반 신도들이 보다 쉽게 부처님의 말씀을 마음에 새기도록 했다.

일반적으로 경전은 학문을 탐구하기 위함이 아니라 수행인들이 읽고 실천하고 부처님의 뜻을 체득하기 위함이다. 그럼에도 불구하고 경전의 어려움은 일반인들에게 부담으로 다가온다.

부처님의 말씀들은 사람의 마음을 울리고 가슴을 적신다. 한 편, 한 편 실려 있는 내용들은 우리들의 잠든 영혼을 깨우쳐 주는 가르침으로 무한히 녹아 흐르고 있다. 읽으면 읽을수록 절로 마음이 뭉클해지고 그 '깨침'이 주는 부처님의 힘에 고개가 숙여진다.

부디 이 책이 많이 읽혀지기를 간절히 바란다.

향이 녹아 흐르는 시간이다. 불타의 종소리가 바람 소리에 미명을 깨우고 있다. 바위 간間에 서서 멀리 북한산을 바라보면 짙은 아침 해 속으로 부처님의 화신이 걸어오는 듯하다.

바람이 분다. 만법萬法의 울림이다.

2013년 5월
나무마하반야바라밀 도선사 선묵혜자

차례

부처님 말씀을 가슴에 담으며_선묵혜자 5

1장 마음의 깨달음 11

2장 집착을 버려라 89

3장 나를 쳐라 149

4장 연꽃은 더러움에 물들지 않는다 225

5장 깨달음에는 원래 나무가 없다 305

1장 마음의 깨달음

깨달음이란 우리 인생에서 매우 중요하다.
우리는 세상을 살면서 자신의 의지와는 상관없이 가지 말아야 할 어떤 길을 갈 때도 있으며 혹은 하지 말아야 할 어떤 일을 할 때도 있다.
이때 자신의 마음을 다스리는데 중요한 역할을 하는 것이 스스로의 깨달음이다.
마음이 곧 부처이며 법이기 때문에 이 마음을 깨달으면 어떤 고난 앞에도 굴복하지 않으며, 강한 신념을 가지고 어떤 일도 해낼 수 있을 것이다.

1

자신의 입을 잘 단속하고, 자신의 마음을 다잡아라.
몸으로 악한 행동을 저지르지 말라.
이 세 가지를 잘 지키는 사람은
훌륭한 사람이 걸어온 길을 가게 되리라. _{법구경}

인도의 상가세나 스님이 쓴 〈백유경〉에는 화를 잘 내는 사람의 이야기가 나온다. 남의 흉을 잘 보는 어떤 사람이 여러 사람들과 함께 방안에 앉아서 밖에 있는 어떤 사람의 흉을 보고 있었다. 이 이야기를 듣고 밖에 있던 어떤 사람이 이내 방으로 들어와 그의 멱살을 움켜 잡고 주먹으로 때렸다. 이 모습을 본 사람이 두 사람을 다 나무랐다.

"당신은 왜 함부로 남의 흉을 보고 왜 당신은 무턱대고 사람을 때리는가."

"이 사람이 나에게 화를 잘 내고 경솔하다고 흉을 보았기 때문에 내가 저 사람을 때린 것이다."

"잘 생각해보라. 당신은 지금 저 사람의 말대로 경솔하여 화를 내고 있지 않은가. 자신의 허물을 먼저 닦아라."

그제야 그 사람은 머리를 숙이며 미안한 표정을 지었다. 흉을 보던 사람도 마침내 자신의 잘못을 깨달았다.

사람이 살다가 보면 화를 낼 때도 있으며 남에게 경솔하게 보일 때도 있다. 그럴 때도 한번쯤 참아내는 인성人性을 기르는 것이 좋다. 남이 자기의 허물을 말할 때에 화를 내게 되면 오히려 남들은 흉을 본 사람보다 화를 낸 사람의 어리석고 미혹함을 탓하는 경향이 많다. 왜냐하면 그 허물을 스스로 인정하는 것을 보여주기 때문이다. 이는 마치 술 취한 사람이 술에 취하지 않은 사람을 나무라는 것과 같다. 그러므로 화를 참는 것도 세상을 살아가는데 필요한 하나의 방편일 것이다.

화에 대해서 재미있는 일화가 있다. 태조 이성계는 장군시절 길을 가다가 봉사에게 점을 보았다. 그는 봉사가 펴 놓은 글자 중에 하나를 짚었다. 그것은 '물을 문問자'였다. 봉사는 이에 대해 "우문좌문右問左問하니 걸인지상이요."라고 했다. 이리 저리 물어보나 영락없는 걸인의 모습이라는 것이다. 봉사는 눈이 멀었으므로 점을 본 사람이 장군임을 알 까닭이 없었다. 이성계는 순간적으로 화가 나 그 봉사를 죽이고 싶었지만 다시 곰곰이 생각을 해 보았다.

'이것은 나의 덕이 부족한 탓이다. 보리암에 가서 백일 동안 기도를 해야겠다.'

그는 부처님에게 지성껏 백일기도를 드린 후에 그 점쟁이를 찾아 와 다시 점을 보았다. 이상하게도 다시 뽑은 한자도 '물을 문자'였다. 봉사는 이에 대해 "우문좌문 군왕지상"이요 했다. 즉 이리 저리 물으나 군왕의 상이라는 말이다. 이성계는 그리하여 왕이 되었다. 지극히 자신의 화를 짓눌렀던 결과, 그는 부처님의 공덕을 쌓게 되었던 것이다. 물론 이것은 미화된 이야기에 불과할지도 모른다. 그만큼 화를 참는 것은 자신에게 아주 소중한 일이다.

2

어리석은 사람은 물을 반쯤 채운 항아리와 같고
지혜로운 사람은 물이 가득한 연못과 같다. 숫타니파타

    옛날 한 어리석은 사람이 있었는데 그의 곁에는 아름다운 아내가 있었다. 그는 아내를 매우 사랑했으나 그와는 달리 그의 아내는 진실하지 못하고 음탕하여 남편이 없을 때는 외간 남자와 몰래 정을 통하곤 했다. 그러던 중 하루는 남편이 먼 길을 떠나자, 남편을 버리고 외간남자와 함께 몰래 도망을 가려고 했다. 아내는 고민을 하다가 함께 살고 있는 노파에게 찾아가 은밀하게 말을 하였다.

    "내가 떠난 뒤에 어떤 여자의 시체라도 좋으니 우리 집 안방에 두고 내 남편에게 말해 주십시오. 나는 병으로 죽었다고 말입니다."

    노파는 마을에 수소문하여 병으로 죽은 한 여자의 시체를 그 집으로 가지고 갔다. 그리고 그 남편이 집으로 돌아 왔을 때 그에게 이렇게 말을 했다.

"당신 아내가 당신이 없는 동안 병으로 죽었습니다."

남편은 시체를 보자 그것이 자기 아내의 몸이라고 믿고서 밤낮으로 슬피 울면서 괴로워하였다. 심지어 남편은 아내의 시체에 기름을 부어 화장을 하고는 그 뼛가루를 자루에 담아 밤낮으로 안고 잤다. 그러던 어느 날 그의 아내는 함께 도망갔던 외간 남자가 싫어져서 다시 집으로 돌아와 남편에게 말을 하였다.

"내가 당신의 아내입니다."

그러나 남편은 죽었다는 아내가 돌아왔지만 뜻밖에도 조금도 놀라지 않았다. 그리고 이렇게 말을 하였다.

"내 아내는 벌써 죽었다. 너는 누구인데 나에게 내 아내라고 거짓말을 하는가."

아내는 간곡하게 두 번 세 번 거듭 말했으나 남편은 끝까지 그녀를 믿지 않았다.

이것은 어진 남편과 음탕한 한 아내의 이야기이다. 진실한 것을 진실이라고 받아들이는 데는 그 만이 지니는 충분한 가치가 있어야 한다. 어떤 거짓도 도가 넘치면 그것이 진실이 되고 마는 것처럼 말이다. 이는 자신의 욕심을 채우기 위해 남을 희생시키면 도리어 자신이 해를 입게 된다는 이치와 같다.

이것은 마치 어리석은 사람들이 다른 사람의 삿된 말을 믿고 마음이 미혹하여 그것을 진실 그대로 믿는 것과 다름이 없다. 아내가 자신의 잘못을 뒤늦게나마 깨우치게 한 어리석은 사람의 이야기는 법의 진리를 구하는 대중들에게 뜻하는 바가 크다.

'마음이 탐욕으로 물든 사람은 즐거움을 얻을 수 없으며 어리석음으로 뒤덮인 사람은 아는 것이 순수하지 못하다. 그러므로 탐욕을 버리면 마음이 자유로워지며 어리석음을 벗어나면 아는 것이 모두 자유로워진다는 이치와 같다.' 이것이 〈잡아함경〉의 가르침이다.

3

나야말로 나의 주인인데 어떤 주인이 따로 있을까,
자신을 잘 다룰 때 세상에서 얻기 힘든
자기라는 주인을 얻게 된다. 본생담

어떤 상인이 남에게 돈 반 푼을 빌렸는데 오랫동안 갚지를 못하였다. 그는 고민을 하다가 단돈 반 푼의 빚을 갚기 위해 먼 길을 떠났다. 어쩌면 극히 작은 반 푼의 돈 때문에 그에겐 너무나 중요한 신의와 명예를 잃을 수도 있다는 생각이 들었기 때문이다. 그가 가는 앞길에는 큰 강이 있었다.

그는 강을 건너가는 뱃삯으로 두 냥을 주어야 했다. 그런데 그 마저도 돈을 갚을 사람을 만나지 못하고 돌아와야만 했다. 그는 강을 건너기 위해 쓴 두 냥과 돌아오기 위해 쓴 두 냥, 반 푼의 돈을 갚기 위해 네 냥의 돈을 쓰고야 말았다. 이 같은 사연을 들은 사람들은 그를 '어리석은 사람'이라 조롱했다. 그러나 그는 끝까지 자신의 신념을 굽히지 않았다.

이것은 〈백유경〉에 나온 빚진 사람에 대한 이야기다

이 같은 이야기를 두고 우리는 두 가지의 견해를 가질 수 있다. 비록 적은 돈이지만 신의를 잃지 않으려면 많은 손해를 감수하더라도 갚아야 한다는 견해와 지금 당장 갚지 않고 그 사람을 만날 수 있을 때 갚아도 된다는 견해이다. 양자 모두 어떠한 일이 있어도 갚아야 한다는 견해는 같다.

사람이 살아가는 데는 인간적인 도리와 함께 삶의 중요한 법칙이 존재한다. 사람이 태어나 성장하면서 가져야 할 것은 '정직한 마음, 신의를 지키는 마음, 남에게 해를 끼치지 않는 마음, 남의 부인을 탐하지 않는 마음, 어리석음을 구하지 않는 마음' 등이다.

반 푼의 돈을 갚기 위해 네 냥의 돈을 쓰는 것은 남에게 해를 끼칠 수 없다는 신의와 믿음이 작용하였기 때문이다.

물론, 다른 이들이 볼 때는 어리석은 행동에 지나지 않을 수도 있지만 따지고 보면 결코 그렇지 않다. 반 푼의 돈을 갚는 행위는 신의, 믿음, 은혜 등을 소중히 생각하는 행동이기 때문이다.

남이 보기에 그 행동이 어리석다는 것은 중요한 일이 아니다. 만일, 돈을 꾸어 준 사람이 이 같은 사실을 알게 된다면 두 사람의 신의는 더욱 굳어질 것이 확실하기 때문이다.

세상을 살아가는데 필요한 이치도 이와 같다. 작은 명예와 이익을 구하기 위해 더 큰 손실을 보게 되는 일이 많은 세상이다. 그렇기에 아무리 작은 일이라 할지라도 최선을 다하고 예의를 갖추는 것이 큰 사람의 도리이다.

4

세상에는 세 가지 헛된 가르침이 있으니
'사람의 운명은 타고나는 것이며, 그것은 신의 뜻이며,
모든 것에는 아무런 원인이 없다'는 것이 그것이다. 장아함경

미련한 자가 있었다. 그는 너무나 어리석어서 아무것도 아는 것이 없었다. 그러던 어느 날 그는 어느 부잣집에 가서 3층 누각을 보았다. 아주 높고 밝으며 웅장하고 화려하기 그지없었다. 그는 그 삼층 누각이 부러운 나머지 이런 생각을 했다.

"내가 가진 재물은 저 사람보다 절대로 뒤지지 않는다. 그런데 나는 왜 이제껏 이렇게 멋있는 누각을 짓지 않았던가."

그리고 그는 마을에서 가장 뛰어난 목수를 불러 물었다.

"자네는 저 집의 아름다운 삼층 누각처럼 집을 지을 수 있겠는가."

"그 삼층 누각은 바로 제가 지은 것입니다."

목수가 대답했다.

"그렇다면 많은 보수를 주겠으니 지금 나를 위해 누각을 지어라."

목수는 곧 땅을 고르고 나무를 깎아 벽돌을 쌓고 누각을 지었다. 그 모습을 보자 미련한 사람은 의혹이 생겨 목수에게 다시 물었다.

"어떤 집을 지으려 하는가."

목수가 대답을 하였다.

"3층 집을 지으려 합니다."

"허허 나는 아래 두 층은 가지고 싶지 않다. 제일 먼저 삼층부터 지어라."

목수는

"어찌 그리 미련하십니까. 아래층을 짓지 않고 어떻게 둘째 층을 지을 수 있으며, 둘째 층을 짓지 않고 어떻게 셋째 층을 지을 수가 있겠습니까?"

그러나 미련한 사람은 끝까지 고집을 피웠다.

"지금 내게 필요한 것은 3층뿐이다. 맨 위층을 먼저 지으라."

목수는 그 소리를 듣자 마자 짐을 챙기고 그 집을 떠나고 말았다. 이 모습을 본 많은 사람들은 모두 비웃으면서 말하였다.

"미련한 사람, 어떻게 맨 아래층을 짓지 않고서 위층을 지을 수 있겠는가."

이 이야기는 불교의 삼보三寶에 대한 이야기이다. 삼보란 불보

佛寶, 법보法寶, 승보僧寶를 일컫는다. 불보는 부처님에 대한 우리의 영적인 수행과 연결시켜 깨달음으로 향하는 것을 말하는데 곧, 어떤 고통으로부터 벗어나 기쁨을 얻는 것을 말한다. 법보란 무지로부터 벗어나 깨달음으로 들어가는 것을 말하며 수행을 열심히 하면 지혜는 자연스럽게 얻어지는 하나의 과정이다. 승보는 불도를 실천해 나가는 윤리적 측면을 말하는데 부처님의 법을 통해 바른 삶을 닦는 것을 말한다.

부처님의 제자가 이 세 가지를 실천하지 않고 남을 시기하며 게으름을 피우고도 깨달음을 구하는 것에 비유한 내용이다. 바꾸어 말하면 부처님의 제자가 법을 구하는데 있어 지금 세 가지 모두는 필요가 없으며 오직 아라한의 결과만을 얻고 싶어 하는 것과 같기 때문이다. 마치 세상 사람들의 비웃음을 받는 저 어리석은 부자와 다름이 없다.

5

쓸모없이 늘어놓는 말보다
들으면 마음이 가라앉는 진정한 한마디의 말이
훨씬 뛰어난 말이다. 법구경

 부처님이 라자가하의 죽림정사에 있을 때였다. 때 늦은 어느 오후 공양을 위해 식당에 비구들이 모여 앉아 이야기를 나누고 있었다. 이날의 화제는 전쟁과 정치였다가 나중에는 재물과 도둑질에 관한 것으로 바뀌었다. 급기야는 일과 가사袈裟에 관한 이야기를 하다가 마침내는 남녀의 사랑이야기로 번져갔다. 무려 서너 시간이 지나도록 잡담은 그칠 줄을 몰랐다.
 이 때 부처님은 식당 건너편에 있는 나무 아래서 조용히 명상을 하고 있었다. 부처님은 비구들의 잡담이 그칠 줄을 모르자 그들 곁으로 가서 말을 했다. "그대들은 지금 무슨 얘기를 그렇게 재미있게 나누고 있는가?"
 비구들은 부처님께 그동안 나눈 이야기를 자세하게 아뢰었다.

그러자 부처님은 비구들을 나무라지 않고 조용하고 진지하게 타일렀다.

"수행하는 사람들이 어찌 그런 일에 시간을 허비하는가. 아무리 많은 이야기를 나눈다고 해도 바른 이치를 깨닫는 데는 아무런 도움이 되지 못한다. 열반이란 그런 잡담에서 오는 것이 아니다. 그러므로 수행하는 사람은 언제나 진리를 깨닫고 열반에 이르는데 도움이 되는 법담法談을 나누어야 한다. 그렇지 않으면 차라리 침묵하는 것이 좋다."

부처님의 이야기를 들은 비구들은 각자의 처소로 돌아갔다.

이 이야기는 잡아함 〈논설경〉에 있는 부처님의 설법이다.

말이란 그 사람이 가진 생각과 사상에 옷을 입히는 것이라고 한다. 그러므로 말을 들어보면 우리는 그 사람의 사상의 깊고 얕음을 쉽게 예견할 수 있다. 대개 천박한 사람은 쓸모 없는 말들을 늘어놓기 일쑤이며 생각이 깊은 사람은 단 한마디를 해도 그 경우가 깊고 밝다.

우리는 쓸모없는 말을 두고 '알맹이가 없는 말, 혹은 진실이 결여된 말'이라 일컫는다. 그러나 진실로 쓸모없는 말이란 그런 것이 아니라 마음의 화두를 두지 않고 생각 없이 무심코 꺼내는 말이다. 그러나 우리가 내뱉는 위트나 유머 등은 결코 쓸데없는 말이 아니다.

자신의 생각을 담아 남에게 어떤 진실을 던져 줄 수 있다면 그것 또한 좋은 말이 될 수 있기 때문이다. 말의 가치는 대개 '진실이 있느냐 없느냐'에 둔다. 왜냐하면 진실이란 우리가 추구하는 최상의 가치이기 때문이다. 그러므로 진실한 사람은 결코 해야 할 말만을 하고 절대로 잡다한 수다를 떨지 않는다. 말은 자신의 권위를 세우게 하지만 자칫 깊은 화를 만들기 때문이다. 그러므로 현명한 사람들은 자신이 해야 할 말들은 극도로 아끼고 쓸데없는 말들은 삼가한다.

  말을 잘한다는 것은 말을 잘 꾸민다는 것이 아니라 적시적소에 필요한 말, 남에게 위안을 줄 수 있는 말, 오래 오래 가슴에 남는 말을 할 수 있는 스스로의 자질을 갖추는 것이다. 그러므로 사람은 말을 함에 있어 먼저 남에게 해야 할 적절한 말인지를 깊이 생각하는 것이 좋다. 그렇다고 고담준령高談峻嶺 같은 말을 하라는 것은 결코 아니다.

6

사랑하는 사람과 만나지 말라.
미운 사람과도 만나지 말라.
사랑하는 사람은 못 만나 괴롭고
미운 사람은 만나서 괴롭다. **법구경**

부처님이 사밧티의 기원정사에 아난다와 함께 있을 때였다. 한 비구니가 아난다를 찾아와서 이렇게 간청을 했다.

"지금 어떤 비구니가 병이 들어 앓고 있습니다. 그 비구니는 아난존자에게 공양을 올리고 설법을 듣고자 하오니 부디 한번 찾아 오셔서 설법을 전해 주십시오."

아난존자는 다음날 발우를 들고 그 비구니가 있는 거처를 찾아갔다. 그 비구니는 멀리서 아난존자가 걸어오는 것을 보자 일부로 앞가슴을 풀어 헤치고 알몸을 드러낸 채 방바닥에 누워 있었다. 사실 그 비구니의 병은 아난존자를 연모해서 생긴 상사병이었다. 이를 눈치 챈 아난존자는 얼른 자신의 몸에 든 감관感官의 문을 닫고 그 비구니에게 더 이상 다가가지 않았다. 그 사실을 스스로 알아 챈 비구니는 무안해 다시 방바닥에서 일어나 옷매무새를 고치고 아난존자 앞으로 다가가 무릎을 꿇었다. 그제야 아난존자는 그녀를 가엽게 여겨 설법을 시작했다.

"그대여, 이 몸은 세상에 나서 음식과 교만, 또한 탐욕과 음욕으로 자라난 것입니다. 그러므로 부처님의 제자들은 몸을 보존하기 위해 음식을 먹고 목마른 병을 고치기 위해 항상 깨끗한 범행梵行을 닦아야 합니다. 마치 수레를 끄는 상인이 오직 길을 가기 위해 바퀴에 기름칠을 하는 것처럼 말입니다. 그러므로 모든 일에 그 분수를 헤아려 스스로 집착과 애착을 없애야만 하옵니다. 또한 마음에 교만과 애욕과 탐욕이 일어날 때는 스스로 모든 번뇌가 다하여 해탈을 했다고 생각을 해야 하며 이제는 다시 윤회의 삶을 살지 않아야 합니다. 그럼에도 불구하고 왜 나는 아직 여기서 벗어나지 못하는가를 자성自省해야만 합니다. 만약 그대가 이렇게 생각을 한다면 마음의 병에서 벗어나 마침내 식욕과 교만과 탐애와 음욕에서 벗어날 수 있을 것입니다."

아난존자의 설법을 들은 비구니는 깊게 참회를 했다.

"저는 어리석고 착하지 못해 아난존자에게 큰 잘못을 저질렀습니다. 이제 아난존자님 앞에서 모든 것을 고백하고 참회를 하오니 부디 저를 가엾게 여겨 주소서."

잡아함의 〈비구니경〉에 있는 경전이다.

사실 남녀의 사랑은 저지할 수 없는 인간의 본능이다. 누구도

이 본능으로부터 자유로울 수도 없으며 또한 거역할 수도 없다. 동서고금 많은 선인들이 이 사랑을 논해왔지만 그것은 한갓 개인적인 사견일 뿐 정의할 수도 없다. 우리는 아난존자의 행동에서 하나의 사실을 주목해야 한다. 그것은 감관의 문이다. 인간에게는 오욕伍慾의 문이 있다. 이중에서도 가장 강한 것이 바로 감관의 문 앞에 놓인 음욕淫慾이다.

아난존자는 용모가 준수하고 매우 다정다감한 성격의 소유자여서 많은 여자들이 그에게 사랑을 느껴 유혹의 손길을 내밀곤 했다. 그 중에서 가장 유명한 사건은 주술사의 딸 마퉁가의 유혹이었는데 그는 아난다를 연모하다가 비구니가 되었다. 이 경전에서 나오는 비구니가 마퉁가인지는 알 수가 없다. 그러나 아난존자가 알몸으로 유혹하는 여인을 꾸짖기는커녕 오히려 점잖게 타일러 설득하는 것은 그의 결백한 성품을 단적으로 보여 주는 것이다. 여기에서 우리는 간과할 수 없는 하나의 이치를 발견할 수 있다.

사실 부처님은 남녀의 애욕을 끊으라고 한 것이 아니라는 점이다. "사랑하는 사람도 만나지 말고 미워하는 사람도 만나지 말라."고 하신 말씀의 이면에는 "헌신적인 사랑을 할 수 없다면 사랑을 하지 말라."는 깊은 뜻이 숨겨져 있기 때문이다. 그럼 부처님이 말씀하시는 진실한 사랑이란 무엇일까? 그것은 '증오와 미움'이 섞이지 않은 '참된 사랑'을 뜻한다. 참된 사랑에는 어떤 대가가 따르지 않는다.

7

만약 죄를 지었으면 감추지 말아야 한다.
감추지 않으면 죄가 가벼워지고 부끄러움을 느끼면
그 죄악 자체가 소멸돼 버리고 만다. **열반경**

어느 날 부처님께서 대중들과 함께 법당에 앉아 계셨다. 그런데 밤이 다 지나도록 부처님은 미동도 하지 않으신 채로 대중들에게 계율을 설하지도 않고 묵묵히 앉아만 계셨다. 이때 부처님의 제자인 목련이 부처님의 마음을 헤아렸다.

'우리 대중들에게 부처님이 계율을 설법하지 않으신 것을 보면, 분명 이 안에 계율을 범한 자가 있을 것이다.'

목련은 자리에서 일어나 대중들을 둘러보았다. 그리고 그 중에서 계율을 범한 이를 발견하여 그에게 다가가 이렇게 말을 하였다.

"여보시오. 어서 이 자리에서 일어나 떠나시오. 부처님께서는 당신이 계율을 범하였음을 아셨소. 이 자리에 있지 말고 어서 나가시오."

목련은 그의 팔을 끌어 문밖으로 쫓아낸 뒤에 부처님에게 아뢰었다.

"대중들은 이제 티 없이 깨끗해졌습니다. 이제 부처님께서는 저희들에게 계를 설하여 주십시오."

그러자 부처님께서는 목련에게 이렇게 말씀하셨다. "목련아. 너의 행동은 잘못되었다. 다음에도 그래서는 안 된다. 어찌하여 너는 그에게 스스로 자신의 잘못을 고백하도록 시간을 주지 않았느냐. 그가 스스로 뉘우치게 하여야 하거늘. 죄를 자백하기 전에 벌을 주어서는 결코 안 되는 일이다."

"잘못하였습니다."

"너의 행동은 그의 잘못을 뉘우치게 하기는커녕 오히려 원한만 사게 되었구나."

우리는 잘못을 저지르는 사람을 보면 대개 스스로 시간을 두고 깨우치게 하지 못하고, 오히려 더 깊은 잘못에 빠지게 하는 경향이 있다. 만약 그를 위한다면 오히려 자성의 시간을 스스로 가지게 하는 것이 더욱 좋다. 잘못을 인지할 시간을 던져줌으로써 뉘우치게 하는 것이 그 사람을 위해 좋은 것이다.

부처님은 모든 현상을 앞에다 두고 너무 길게 현실의 선을 긋거나 너무 짧게 긋는 것조차 잘못이며 바른 인도란 스스로 잘못을 깨치고 뉘우치게 하여 스스로 참회를 하도록 하는 것이라

했다. 사람이 스스로 잘못을 뉘우치지 못하는 것을 두고 부처님은 '망념'의 늪에 빠져 헤어나지 못하는 것이라고 했다. 죄를 짓고도 스스로 부끄러움을 느끼지 못한다면 그것은 더욱 깊은 늪에 빠지는 것이 아니고 무엇이겠는가. 그러나 더욱 훌륭한 일은 '잘못을 느껴 스스로 부끄러움을 아는 것'이라고 말씀하셨던 것이다.

'스스로 부끄러움을 느껴 아는 것'은 자신에 대한 존재의 자각이다. 사실 우리 마음속에는 선악이 따로 있는 것이 아니다. 우리 자신의 마음에 따라 선이 나타나고 악이 나타난다. 그래서 부처님은 "악한 마음이 일어나지 않도록 마음을 잘 다스려 항상 선한 마음을 머물게 하면 그것이 곧 성불로 가게 되는 지름길이다."라고 하셨던 것이다.

8

마음을 다스려 입을 조심하고 남에게 피해를 주지 말라.
이 세 가지를 실천하면 큰 복을 얻는다. **법구경**

 말을 잘하는 사람을 두고 우리는 그에 대해 신뢰를 하지 않은 경향이 있다. 말에는 우리가 모르는 늪이 있으며 가시가 있기 때문이다. 사람이 내뱉는 수많은 말들 중에 진정으로 옳은 말은 사실 얼마 되지 않는다. 때로는 침묵이 미덕일 때도 있다. 그렇다고 무조건 침묵만을 하라는 것은 더더욱 아니다. 가려서 생각하고 가려서 하는 말은 그 말에 대한 가치와 순도를 높이기 때문이다.
 〈본생담〉에 보면 다음과 같은 이야기가 나온다.
 말하기를 좋아하는 왕이 있었다. 그 왕은 입만 열면 그 옆에 있는 신하들은 단 한마디도 말할 시간적인 여유를 주지 않았다. 이런 모습을 옆에서 지켜 본 왕의 스승이 있었다. 그는 '어떻게 하면 왕의 저 버릇을 고칠 수 있을까.'를 고민하고 있었다. 그러던 어느 날이었다.

왕이 산책을 하고 있었는데 난데없이 지붕위에서 거북이 한 마리가 궁전의 뜰로 떨어졌던 것이다. 왕이 그것을 보고 그의 스승에게 물었다.

"스승님, 하늘에서 거북이 한 마리가 떨어졌습니다. 어떤 연유입니까?"

왕의 스승은 골똘히 생각을 하다가 갑자기 자신의 무릎을 딱 쳤다.

"옳거니. 이 기회가 바로 왕의 버릇을 고쳐주어야 할 때다."

지혜로운 스승은 조리 있고 사려 깊게 궁전에 거북이가 떨어진 연유에 대해 설명을 하기 시작했다.

"왕이시여, 이 거북이는 하늘을 나는 백조와 친구였습니다. 그런데 거북이는 늘 하늘을 나는 백조가 부러워서 자신도 하늘을 날고 싶다고 하였습니다. 그런 거북이의 간절한 소원을 듣자 백조는 거북이에게 저 높은 히말라야 산까지 데려다 주겠다며 약속을 하였습니다. 그리고는 거북이의 입에 막대기를 물린 다음 그 양끝을 두 마리의 백조가 잡고 하늘로 날아 올랐습니다. 그런데 기분이 너무 좋았던 거북이는 혼자 무슨 말로 중얼거리다가 그만 입에 물고 있던 막대기를 놓아버리고 말았습니다. 그리고 거북이는 지상으로 떨어지고 말았습니다. 바로 이 거북이가 그 거북이입니다. 왕이시여 이렇듯이 지나치게 말이 많은 사람은 언젠가 스스로 불행의 늪에 빠지게 되는 것입니다."
 스승의 말을 들은 왕은 그제야 그 뜻을 알아차리고 지나친 말을 삼가게 되었다고 한다.

 우리는 세상을 살면서 너무 많은 말을 하며 살아가는 것은 아닌지 생각해 보아야 한다. 대개 말은 또 다른 말을 낳고 그 말이 씨가 되어 좋지 않은 결과를 낳는 것을 우리는 많이 보게 된다. 입이 있다고 해서 생각 없이 함부로 던지는 말은 분명 자신에게 해를 끼치기 때문이다. 부처님의 경전에서조차 입을 무겁게 하라는 것은 그런 깊은 뜻이 숨겨져 있는 것이다. 말은 아낄수록 무거워지며 남에게도 더욱 진실하게 보이는 법이다. 좋은 말은 향기와도 같다. 또한 남에게는 위안이 되며 행복의 원천이 되기도 한다.

9

삼경이 아니면 잠자지 말라.
한평생을 헛되이 보낸다면
두고두고 한이 될 것이다. 자경문

　부처님은 수행자의 모든 품행品行과 게으름에 대해 많은 경책警策을 하셨다. 여기에서 말하는 '품'은 겉모습을 두고 말한 것이 아니라 비록 가난하더라도 '깨끗한 마음'을 가지는 것이며, '행'은 자신이 생각하는 일이 거짓이 없고 옳다면 당당하게 나아가는 것을 말한다. 이러한 대의를 품은 사람은 항상 해가 뜨나 해가 지나 자신에게 주어진 시간을 잘 다스려야 한다고 했다.
　잠에 대한 경책의 말씀은 여러 경전에도 수없이 나오는데 〈유교경〉에도 잠으로서 하루하루를 아무런 소득도 없이 헛되이 보내는 것은 수행자로서의 도리가 아니며 세상의 덧없는 불길이 온 세상을 불사르고 있음을 빨리 간파하여 자신을 구제하기 위해서는 항상 깨어 있어야 한다.'고 하였다. 그렇다고 해서 잠을 자지 말라는 것은 더더욱 아니다. 부처님은 어떤 일을 함에 있어 항상 극단적인 것을 배격하고 사려 깊은 행동을 할 것을 강조하셨다. 이것은 마치 '거문고 줄이 느슨하면 맑고 청아한 소리'가 나지 않듯이 수행자는 몸과 마음을 단정히 하고 매사에 긴장을 풀지 말 것을 강조하셨던 것과 같다.

여기 부처님의 재미있는 일화가 있다. 부처님이 기원정사에 있을 때였다. 한 젊은이가 찾아와 부처님께 이렇게 물었다 "인생에서 실패하는 일을 미리 알 수가 있습니까. 그러면 그것을 피해 갈 수 있을 터인데."

"젊은이여. 성공할 것과 실패할 것을 미리 아는 일은 너무도 쉽다. 어찌 그대는 그것을 모르는가."

"나쁜 친구를 멀리하고 잡된 것과 술과 여자를 피하고 아내가 정절을 지키고 남편이 아내를 사랑하고 잠을 많이 자지 않고 게으르지 않으면 성공을 한다. 실패는 그 반대의 경우다."

이런 부처님의 가르침을 두고 너무도 빤한 대답이라고 할지도 모르겠다. 그러나 우리가 꼭 알아야 할 것은 진리는 어렵고 힘든 것이 아니라 우리 주위에 아주 가까이 있다는 것이다.

'삼경이 아니면 잠을 자지 말라.'는 부처님의 말씀을 행하는 것은 사실 고통스럽고 힘들다. 그러나 그 말씀의 진의를 파악해 보면 '이 세상 할 일이 많은데 그대는 어찌 잠만을 청하고 있는가.'라는 말과 같다. 이는 쉬엄쉬엄 헛되게 세월을 보내서는 안 된다는 부처님의 강한 가르침이 내포되어 있다.

 이러한 점에서 '부디 깨어 있으라.'라는 말은 언제나 정신을 바로 세우고 자신이 나아가 해야 할 일을 분명히 하라는 큰 뜻을 내포하고 있는 것이다. 미국의 사상가 B. 플랭크린의 "늦게 일어나는 자는 온종일 총총걸음을 걸어야 한다."는 말도 우리에게 많은 것을 생각하게 해준다.

 잠은 하나의 휴식이다. 그것은 새롭게 밝아 오는 날에 대해 몸과 정신을 다시 다지는 하나의 행위에 불과하다. 남들같이 자고 남들같이 휴식을 취하고 그대는 어찌 이 치열하고 바쁜 세상을 살아갈 것인가. 마음속에 불타고 있는 자신의 욕망을 이룰 수 있을 것인가.

10

육신은 배와 같고 감정은 물과 같다.
물은 능히 배를 가라앉히고 뒤집을 수 있다.
물이 순종하면 배가 뜨고 어긋나면 가라앉는다. 선문보훈집

1장 마음의 깨달음

　여기 한 여자가 있다. 그녀는 나이가 서른 살이며 지금 직장을 다니고 있다. 우리는 그를 두고 사람이라고 부른다. 우리가 부르는 '사람'이란 개체는 무엇을 말하는가. 나이가 많든 적든, 지식이 많든 적든, 재산이 많든 적든, 여자든 남자든 우리는 그들을 두고 사람이라고 부르는 것이다. 즉 육신이 있고 두 팔과 두 다리와 머리가 있고 지상을 걸어 다니는 동물이 바로 사람인 것이다. 그러나 실은 그렇지 않다. 사람은 육신이 아닌 이성과 감정을 가졌기 때문에 사람이다. 그렇지 않다면 단순한 동물에 지나지 않는다. 왜냐하면 동물도 사람과 똑같은 몸의 구조를 가지고 있기 때문이다.
　현대에는 사람의 정의를 두고 '권리 · 의무에는 반드시 귀속

자로서 주체가 있어야 하며, 그 주체가 곧 사람이다.'라고 한다. 사람은 '인人'이라고 표현한다. 본인本人, 타인他人, 상인商人, 매도인賣渡人 · 매수인買受人, 임대인賃貸人 · 임차인賃借人, 도급인都給人 · 수급인受給人, 위임인委任人 · 수임인受任人 등이 그 예이다. 따라서 권리 · 의무의 주체가 될 수 있는 지위인 권리 능력을 가진 인격체라고도 한다. 우리는 여기에서 '인격체'에 주목할 수 있다. '인격'이란 그 사람이 가진 이성적 판단을 말하기 때문이다. 그러나 그 이성적 판단이 소멸된 사람을 두고 우리는 짐승 같은 사람이라고 한다. 즉 사람에게 중요한 것은 육신이 아니라 바로 그 인격을 좌지우지하는 판단능력이란 것이다.

일찍이 부처님은 사람을 두고 육근六根과 육식六識을 가진 동물이라고 했다. 육근이란 안근眼根, 이근耳根, 비근鼻根, 설근舌根, 신근身根, 의근意根을 말하며 육식六識은 이 육근에 따라 인식하는 마음작용 즉 안식眼識, 이식耳識, 비식鼻識, 설식舌識, 신식身識, 의식意識을 말한다.

부처님이 우루벨라 지방을 지날 때였다. 그 때는 해질 무렵이어서 온천지가 저녁노을로 불탄 듯하였다. 이것을 보고 부처님이 말씀을 하셨다.

"비구들이여, 사람도 저와 같이 불타고 있다. 사람의 무엇이 불타고 있는가. 눈眼이 타고 인식의 대상인 물질色이 타고 있다. 귀耳가 타고 귀의 인식 대상인 소리聲가 타고 있다. 코鼻가 타고 코의 인식 대상인 냄새香가 타고, 혀舌가 타고 혀의 인식의 대상인 맛味이 타고 있다. 몸身이 타고 몸의 인식 대상인 감촉觸이 타고 있다. 의식意이 타고 의식의 인식 대상인 생각法이 타고 있다. 이것은 무엇 때문에 타고 있는 것인가. 이것은 인간의 탐욕, 성냄, 어리석음 때문에 타고 있는 것이다."

부처님은 인간의 몸이 생로병사의 끝자락에서 헤매는 것은 탐욕, 성냄, 어리석음, 이 삼독三毒 때문이며 이것이 사람이라고 했다. 신은 단순하게 감정을 조절하는 역할을 할 뿐, 진정한 사람이 아니라는 말과 같다.

우리는 세상을 살면서 오직 편안한 육신을 위해 남에게 나쁜 일을 하거나 혹은 거짓말을 하거나 남을 해친 적은 없는가. 한 번 쯤 자성의 시간을 가져보는 것도 좋다. 스스로 자신의 감정을 제어하고 자신의 마음을 다스리는 것은 육신이라는 급한 감정의 물결에 좌초당하지 않는 지름길이 되는 것이다.

그러므로 〈플루타르코스 영웅전〉에 나오는 말처럼 "분노가 일 때는 스물 네 개의 문자를 암송할 때까지 아무런 말이나 행동도 하지 말아야 한다."는 이야기를 되새겨보는 것도 좋은 수양이 될 것 같다.

11

돈이 하늘에서 소나기처럼 쏟아질지라도
사람의 욕망을 다 채울 순 없다.
욕망에는 순간적인 쾌락만이 있을 뿐
기나긴 고통이 따른다. 법구경

　욕망은 아무리 채워도 다 채우지 못하는 밑 빠진 항아리와 같다. 그럼에도 불구하고 인간은 그 욕망의 그늘 아래에서 헤매다가 결국 쓰러지고 만다. 그렇다고 욕망을 가지지 말라는 것은 아니다. 인간에게 욕망이 없었다면 오늘날의 현대문명 사회도 없었을 것이다. 인간의 욕망이 자동차와 비행기, 컴퓨터를 만들었으나, 그 욕망 때문에 인간은 스스로 자멸의 길을 갈지도 모른다.
　여기 욕망에 관한 재미있는 이야기가 있다.
　하루는 왕이 충신인 신하에게 소원을 물었다.
　"그대의 소원이 무엇인가."
　"많은 재물을 가지는 것이 소원입니다."

"만약, 그대가 그렇다면 그 소원을 들어주겠다. 그런데 한 가지 조건이 있다. 해가 지기 전에 이 땅 위에 그대가 금을 긋고 왕실로 다시 돌아온다면 그 금을 그은 만큼 재물을 줄 것이다."

신하는 왕의 이야기를 듣고 매우 기뻐하였다. 그는 왕실의 마당에서부터 손에 작대기를 들고 왕실 밖의 멀리까지 금을 긋기 시작했다. 금을 긋기 위해 그는 잠시도 허리를 펴지 않았다.

그는 욕심이 지나친 나머지 해가 지기 전까지 왕실로 돌아오지 못했다. 그는 멀리까지 금을 그을 생각만 한 나머지, 미처 왕실로 돌아올 시간을 계산하지 못한 까닭이었다. 당연히 왕은 그의 소원을 들어 주지 않았다. 그는 결국 병들어 죽고 말았다.

이것은 사실 황당한 이야기에 지나지 않는다. 그러나 불교의 경전이 우리에게 들려주는 이야기의 본질은 여기에 있는 것이 아니다. 왕은 애초부터 헛된 신하의 욕망을 알고 있었기 때문에 그것을 꾸짖기 위한 하나의 경책을 썼던 것이다.

인간의 욕망은 이와 같다. 욕망과 인간의 행복은 언제나 반비례한다는 말이 있다. 인간의 욕망이 강할수록 행복은 적어진다.

그리스의 철학자 소크라테스도 "나는 욕심을 가장 적게 가졌기에 행복과 친해졌다."고 말했다. 또한 〈회남자〉에서도 '대지의 곡식을 다 주고 강물을 다 준다 해도 배를 채우는 것은 한 줌의 곡식이며 갈증을 달래주는 것은 한 사발의 물'이라고 했다.

이것은 인간의 헛된 욕망에 대해 비유를 한 것이다. 우리에게 필요한 것은 먹고 살 만큼의 재물과 우리의 몸을 누일 집 한 채 뿐이다. 인간이 이것만을 추구한다면 세상엔 욕심이 사라지고 그것으로 인한 인간의 범죄 또한 사라질 것이 틀림없다.

부처님이 말하는 삼독三毒, 탐진치貪瞋痴, 즉 욕망, 성냄, 어리석음을 버린다면 인간의 번뇌 또한 사라질지 모른다. 우리가 부처님의 가르침을 일상생활을 통해 직접 깨닫는다면 바로 삶의 보약을 섭취하는 것과 같다.

12

초대하지 않았어도 인생은 저 세상으로부터 찾아왔고
허락하지 않아도 이 세상으로부터 떠나간다.
찾아왔던 것처럼 떠나가는데,
거기에 무슨 탄식이 있을 수 있으랴. 본생담

우리는 인생에 대해 많은 이야기를 나누지만 인생에 대해 명확한 해답을 내릴 수 있는 위대한 학자는 이 세상 어디에도 없다. 왜냐하면 우리의 인생은 '온 곳을 모르며 가는 곳'을 모르기 때문이다.

인도에 어떤 왕이 살고 있었다. 그는 '인생이란 무엇인가'에 늘 집착을 하고 있었고, 인간의 늙고 죽음에 대해 늘 깊은 의문을 갖고 있었다. 어느 날 그는 모든 학자들에게 '인생'에 대해 깊이 연구하여 발표하라고 명령을 내렸다. 그 나라의 학자들은 무려 30여 년에 걸쳐 인생에 대해 연구한 방대한 논문을 수레에 싣고 왕을 찾았다. 왕은 인생에 대한 수많은 연구 자료를 보고 놀라워했다.

"모두 수고했다. 그러나 나는 이미 늙어 이 방대한 연구 논문들을 읽을 힘과 여력이 없다. 다시 돌아가 내가 읽을 수 있도록 단 한권으로 정리하라."

학자들은 다시 돌아가 제각각 한 권으로 묶어 돌아왔다. 그러나 그 연구서들은 무려 10여권이 넘었다. 왕은 이미 수명이 다해 귀도 나빠지고 눈도 나빠졌다. 왕은 다시 학자들에게 명령하였다.

"이제 나는 늙어 죽을 때가 다 된 것 같다. 나의 건강은 책 한 권을 읽을 수 없을 정도로 쇠약해졌다. 그러나 인생이 무엇인가를 알고 싶으니 단 한 마디로 요약하여 말하라."

학자들은 난감했다. 그러나 왕의 명령을 거역할 수 없었다. 그러던 어느 날 왕의 병이 악화되어 모든 학자들이 급히 왕실로 불러들여졌다.

"학자들이여, 나의 생명이 곧 꺼질 때가 된 것 같구나. 그대들은 세상에서 가장 훌륭한 학자들이거늘 어찌하여 인생에 대해 단 한 마디로 요약을 하지 못하는가."

학자들은 다시 모여 의논을 한 후, 결론을 내었다. 그리고는 왕의 침전에 들러 그의 귓가에 대고 소리쳤다.

"왕이시여, 사람의 인생이란 태어나 늙고 병들어 죽는 것입니다."

왕은 그제야 빙그레 웃으며 말하였다.

"옳지, 그렇구나. 이렇게 태어나 늙고 병들어 죽는 것이 바로 인생이구나!"

왕은 그 순간 목숨이 끊어졌다.

우리는 진정으로 인생의 의미에 대해 잘 알지 못한다. 다만 순간순간 얻어지는 쾌락과 욕망에 근거하며 살고 있다. 부처님이 인간의 생에 대해 '다만 모를 뿐'이라고 했던 것도 다 이 같은 이유 때문이다.

사실 인생을 살아가는 데 필요한 것은 그렇게 많지 않다. 우리는 재물과 명예를 위해 남에게 지나친 거짓말을 하며 수많은 죄를 짓고 있는 것이 아닌지 생각 해 보아야 한다. 인간의 삶은 다만 태어나 늙고 병들고 죽어가는 것에 지나지 않는다. 그런 생 속에서 진실로 우리가 추구해야 할 것은 인간답게 살다가 온 곳으로 되돌아가는 일이다.

우리는 세상을 살면서 온갖 명예와 재물에 집착하여 왔다. 그러나 사실 따지고 보면 그런 것들은 한갓 일장춘몽一場春夢에 지나지 않으며 인생이란 그 이상도 그 이하도 아니다. 그러나 인생이 헛된 것에 지나지 않는다는 생각도 위험한 생각이다. 왜냐하면 그 순간 삶이 무기력해질 수 있기 때문이다. 욕심을 버리고 살라. 버리는 것이 바로 인생이다.

13

온화한 마음으로 성냄을 이겨라.
착한 일로 악을 이겨라.
베푸는 일로 인색함을 이겨라.
진실로 거짓을 이겨라. 법구경

　부처님께서는 일찍이 탐貪, 진瞋, 치痴 이 삼독三毒을 버려야만 인간이 최상의 도道를 깨칠 수 있다고 했다. 불교에서 말하는 최상의 도란 열반에 있다. 그것을 위해서는 진리에 눈뜨는 것이 가장 중요하다. 그 진리를 깨닫는 데에 있어 인간의 마음을 괴롭히는 것이 있는데 이것이 불교에서 말하는 삼독이다.
　삼독은 인간의 망상과 집착을 이끌어내는 악惡이다. 이것에 스스로 구속된 나머지 인간은 올바른 진리의 길을 찾지 못하고 끊임없이 헤매고 있는 것이다. 심지어 이것은 행복으로 가는 궁극적인 길마저 붕괴시킨다.
　불교는 단순히 이론적인 종교가 아니라 스스로의 수행을 통해 얻어지는 실천적 종교에 매우 가깝다. 인간이 인간으로서 참되게 살아가는데 방해가 되는 것이 있다면 욕망, 성냄, 어리석음이며 또 한 가지를 덧붙인다면 거짓이다. 이것은 꼭 불교의 관점에서뿐만이 아니라 우리의 삶속에서도 수없이 적용되는 것들이다. 인간이 욕망과 성냄, 어리석음을 버리지 못하는 것은 남을 위하는 배려와 베풂이 없는 까닭이다. 그것은 곧 거짓된 삶이다.

여기 〈대장엄론경〉에 나오는 재미있는 이야기가 있다.

어떤 마을에 예전에는 아주 큰 부자였으나 현재는 가세가 기울어 몹시 가난하게 사는 사람이 있었다. 마을의 모든 사람들과 심지어 친척들마저 그를 돕기는커녕 업신여기기까지 했다. 그러던 그가 고향을 떠나 열심히 일하여 몇 년 만에 많은 재물을 모아 마침내 고향으로 돌아오게 되었다.

그는 일부러 헌 누더기 옷을 입고 그 행렬의 맨 앞에 서서 걷고 있었다. 마을 사람들과 친척들은 그를 알아보지 못하고 그가 어디에 있는지를 물었다.

"저 맨 뒤에 오는 분이 그 분이옵니다."

사람들은 긴 행렬의 뒤로 달려갔다.

"주인님은 어디에 계시는가."

하인들이 대답했다.

"저 맨 앞에서 헌 누더기를 입고 걷고 있는 분이 바로 그 분입니다."

사람들은 다시 헌 누더기를 입은 사람에게 달려갔다. 자세히

보니 그가 틀림없었다.

"우리는 당신을 영접하기 위해 일부러 기다렸는데 어찌하여 거짓말을 했는가."

"그대들은 나를 기다린 것이 아니라 행렬 끝에 있는 수레의 많은 재물들을 기다린 것이 아닙니까? 그러니 영접을 받아야 할 것은 내가 아니라 수레에 실린 재물이지요."

우리가 세상을 살다 보면, 뜻하지 않은 곤경에 빠져 어렵게 사는 이웃들을 많이 만난다. 남에게 베풀고 사는 것, 이것이 바로 부처님에게 공덕을 받는 일이다. 어리석음과 화냄, 욕망을 버리는 것은 남에게 좋은 일이 아니라, 진정으로 자신에게 좋은 일임이 틀림없다.

중생은 무엇 때문에 사느냐 어떻게 사느냐에 달려 있다_청담스님

14

애욕에 걸린 사람은 욕망의 흐름을 따라 간다.
거미가 자신이 만든 줄에 매달리 듯…… **법구경**

인간이 가장 끊지 못하는 것이 있다면 바로 애욕일 것이다. 이것은 욕망을 버리지 못하게 되는 궁극적인 이유이기도 하다. 부부간의 사랑이란 한 가정을 이루게 하는 절대적 요소이다. 그러나 이러한 부부의 사랑에도 서로가 지켜야 할 일이 있으며 해야 할 의무가 있는 법이다. 남편은 가족을 위해 열심히 일을 하여 부양할 의무를 지니고 있으며 아내는 남편을 공양하고 아이들을 올바르게 키워야 한다.

그러나 단순하게 애욕에만 묶인 사람은 자신에게 주어진 의무를 이행하지 못한다. 자신의 욕망만을 추구할 뿐, 그에 대한 어떤 의무조차도 하지 않는 사람이 이 세상에는 태반이다.

부처님이 사위국에 있을 때 한 장자의 아들이 있었다. 그는 열두 살 때 부모들이 모두 병으로 세상을 떠났다. 마침 부모가 남겨 준 재물이 많았으므로 그가 세상을 살아가는 것은 그리 어렵지 않았다. 그러나 그는 천성이 게을러 몇 년이 지나자 거지가 되고 말았다. 이를 지켜 본 친구의 아버지가 그를 가엾게 여겨 집안으로 불러들여 자신의 딸과 결혼을 시키고 약간의 재산을 떼어 그가 일을 하도록 도와주었다.

그러나 그의 천성은 변하지 않았다. 일을 하기는커녕 그는 애욕에만 물들어 여기저기 여자들만 탐하다가 결국 재산을 탕진해 버렸다. 친구의 아버지는 그래도 그를 계속 도와주었다. 그러기를 여러 번, 그의 생활은 달라지지 않았다. 결국 친구의 아버지는 자신의 딸을 다른 곳으로 시집보내기로 그의 친척들과 의논을 하였던 것이다.

이를 몰래 엿들은 그는 "지금 아내를 빼앗기면 거지가 될 수밖에 없다. 그리고 정든 아내와 살 수 없다면 이 세상을 살아야 할 이유가 없다."

그는 그제야 자신의 아내가 자신에게 소중한 존재임을 깨닫게 되었다. 그러나 이미 때는 늦었다. 그는 고민 끝에 스스로 목숨을 끊었다. 그의 아내와 아버지는 근심을 이기지 못해 사위국에 있는 부처님께 찾아가 그동안 있었던 일들을 소상히 아뢰었다. 그때 부처님이 이렇게 말씀을 하셨다.

"사람에게 있어 애욕과 분노는 세상에 늘 존재하는 커다란 병이다. 사람이 스스로 목숨을 끊는 것은 어리석음과 무지 때문인데 이것이 재앙을 불러들이는 근심의 문이다. 사람들은 이것 때문에 끊임없이 윤회를 하게 되는데 그럼에도 불구하고 고통에 빠져 스스로 참회를 할 줄 모른다. 이렇듯이 애욕의 독은 제 몸을 망치고 남을 죽이게 하는 등 중생에게 모든 해를 미치게 한다."

오늘 날 우리는 세상을 살아가면서 남편과 아내가 얼마나 소중한지를 잘 모른다. 남편이 다른 여자를 탐하고 아내가 정절을 함부로 버리는 사회를 살고 있다. 이것은 사회의 구성원인 가족을 와해시키는 주범이다. 이것이 바로 애욕의 문인 것이다. 만약, 이 애욕을 버리지 못하고 거기에만 얽매여 세상을 산다면, 그것은 마치 거미가 자신의 거미줄에 매달려 살듯이 자신이 만든 고통 속에 살게 되는 것이다.

엄격하게 말하자면 이 세상에는 고통이란 것이 없다. 그 고통은 오직 자신만이 만들어 내는 것이다.

15

모든 중생이여, 항상 행복하여라.
태평하고 안락하여라. **숫타니파타**

철학자 니체는 "사람이 훌륭한 창조력을 개발하기 위해서는 첫 번째로 낙타와 같은 생활을 해야 한다."고 했다. 낙타는 사막에서 무거운 짐을 지고 나른다. 일반적으로 사람을 위해서 좋은 일을 많이 해주는 짐승이라 하면 소를 생각하기 쉬운데, 소는 물과 풀이 있는 좋은 환경에서 살지만 낙타는 풀도 물도 없는 뜨거운 사막에서 오직 사람들의 무거운 짐을 실어 나른다. 이렇듯이 사람은 고된 인욕을 하는 낙타와 같이 고통을 인내하며 살아야 한다. 니체는 낙타와 같은 인내를 가지면 과거의 잘못을 비판할 수 있는 자주적인 비판력이 생긴다고 했다.

그리고 니체는 낙타와 같은 생활을 한 뒤에는 사자와 같은 생활을 해야 한다고 했다. 무거운 짐을 진 낙타가 비판력을 가지게 되면 용맹한 사자가 된다는 것이다. 그리고 이 두 가지를 가지게 되면 마음에 사심私心을 끊어 버리고 어린 아이 같은 천진함으로 돌아서야 한다고 강조했다. 사심이 없으면 모든 것을 올바르게 비판하고, 용맹하게 모든 일을 처리할 수 있으며, 또한 아이와 같은 천진한 마음으로 모든 세상사에 접근할 수 있게 되는 것이니 세상에 두려울 것이 하나도 없다.

사실 우리들 삶의 끝에는 후회뿐이다. 사람이 오직 자신만을 위해 살다가 보면 남에게 눈물을 흘리게 하는 일이 많다. 이것은 사람으로서 해야 할 도리가 아닌 것이다.

불교 경전 가운데 가장 빨리 완성된 경전은 〈숫타니파타〉인데 부처님의 육성에 가까운 말씀을 많이 담고 있다. 내용들은 짧고 간결하나 그 속에 담긴 뜻은 우주와 같은 많은 진리를 담고 있다. 이것은 '사람이 후회 없는 삶을 살아가기 위한 하나의 경책'을 진술한 책이다.

"만족할 줄 알고 검소하게 살며 가치 없는 일에는 접근하지 말고 자신이 가진 감관感官을 언제나 편안하게 하고 항상 깨어 있어 남의 것에는 탐욕을 가지지 말라."

또한 "남을 속여서는 아니 되며 또 어느 자리에 있든지 남을 멸시하거나 골려주어서는 안 되며 화를 내어서는 절대로 안 된다."

"어머니가 자신의 외아들을 목숨을 걸고 보호하듯이 모든 생명이 있는 것에는 최대한 자비심을 베풀어야 한다."

"서 있거나 앉아 있거나 걷거나 누웠거나 잠자거나 잠자지 않거나 항상 자비심을 지녀야 한다. 이와 같은 상태를 두고 숭고한 경지라 한다."

〈숫타니파타〉의 내용들은 한마디로 사람이 세상을 살아가면서 취해야 할 바른 법도들을 가르쳐 준다. 이와 같이 부처님의 가르침을 단적으로 말하면 다음과 같다. '모든 세상사가 자업자득自業自得이다. 행복도 불행도 모두 자신의 행동에서 나오는 하나의 결과물이다.' 사실 세상을 살다 보면 저절로 되는 것은 아무 것도 없다. 부처님 말씀은 노력하지 않고 무엇인가를 얻으려는 마음을 경계하라는 것이다.

니체가 낙타와 사자의 비유로 인간의 마음을 경계했다면 부처님 또한 어리석음과 게으름을 버리고 냉철한 비판력을 가져야 한다고 말씀하셨다. 어리석음과 게으름을 두고 부처님은 하나의 파렴치한 범죄라고 했던 것도 이 탓이다.

그러므로 우리는 낙타와 같이 인내하며, 사자와 같이 용맹하며 어린아이같이 천진난만한 마음을 지녀 자신의 인생에 행복을 구해야 할 것이다.

16

마음속이 탐욕과 성냄과 어리석음으로 가득한 중생들은 고요하고 안락한 최고의 진리를 알 수가 없다. **화엄경**

달마대사의 〈관심론〉에 보면 "무명의 마음속에는 팔만 사천 개의 번뇌와 정욕이 있다. 이 악한 것들은 헤아릴 수 없이 많다. 이것들은 모두 인간의 탐진치 즉 성냄, 어리석음, 탐욕이 그 근본이 된다."고 적혀 있다. 이 말은 비단 달마대사의 말이 아니라 부처님이 수행자들에게 끊임없이 하신 말씀이기도 하다. 인간의 마음은 근본적으로 착하다. 그러나 그러한 착한 마음을 탐욕과 성냄, 어리석음이 끊임없이 해치게 하여 인간의 마음속에 든 불성佛性을 사라지게 한다. 그래서 불교에서는 이를 두고 삼독이라고 하는 것이다. 이것을 스스로 제거하지 않으면 그 어떤 이상도 구할 수 없으며 불교에서 말하는 적정 열반도 얻을 수가 없는 것이다.

부처님이 이러한 삼독을 통해 외도들을 꾸짖어 뉘우치게 한 일화가 있다. 당시 부처님이 살았던 네란자라 강변의 우루벨라 마을에 갸사파라는 바라문 3형제가 있었다. 그들은 불의 신인 아그니를 숭배하였는데 그들은 무려 천여 명의 제자들을 거느리고 있어 당시 그들의 영향력은 엄청났다. 부처님은 그들을 깨우치기 위해 스스로 수행을 자처하며 갸사파의 제자들을 데리고 왕사성으로 가는 중이었다. 어느 산에 올랐을 때였다. 그 때 부처님은 갸사파의 제자들에게 이렇게 말씀하셨다.

"어리석은 사람들이여, 보라. 세상의 모든 것은 저렇듯 이글이글거리며 타오르고 있다. 눈이 타고 있으며 눈에 비치는 형상이 타고 있다. 그 형상을 인식하는 모든 생각도 타고 있으며 눈으로 보아서 생기는 즐거움과 괴로움 그 모든 것이 타고 있다. 너희들은 아는가. 그것이 무엇으로 인해 타고 있는가를. 탐욕의 불, 성냄의 불, 어리석음의 불로 인해 지금 세상이 타고 있는 것이다."

갸사파의 제자들은 그 순간 부처님의 거침없는 설법을 듣고 눈물을 흘렸다. 그들 스스로 자신의 닫힌 눈을 뜬 순간이었던 것이다. 그들은 아그니라는 불의 신을 섬겨 왔지만 인간의 마음 속에 든 탐욕과 성냄, 어리석음의 불이 타고 있음을 진정으로 몰랐던 것이다. 결국 그 외도들은 바라문 형제들을 떠나 부처의 제자가 되었다.

불교가 다른 종교보다 더욱 철학에 가까운 것은 바로 일체 현상을 마음으로 투영하고 있기 때문이다. 그럼 마음이란 무엇인가. 그것은 '나'라는 존재를 끝없이 묻고 답하며 추구하여 맨 나중에야 파악되는 존재의 근원이다. 그래서 불교에서 '나'는 육신이 아니라 오온伍蘊으로 만들어진 하나의 고기 덩어리라고 하는 것이다.

오온은 색色 · 수受 · 상想 · 행行 · 식識의 다섯 가지이다. 처음에는 오온이 인간의 구성요소로 설명되었으나 더욱 발전하여 현상세계 전체를 의미하는 말로 통용되었다.

오온이 인간의 구성요소를 의미하는 경우에는 '색'은 물질요소로서의 육체를 가리키며, '수'는 감정 · 감각과 같은 고통 · 쾌락의 감수感受작용, '상'은 심상心像을 취하는 취상작용으로서 표상 · 개념 등의 작용을 의미한다. '행'은 수 · 상 · 식 이외의 모든 마음의 작용을 총칭하는 것으로, 그 중에서도 특히 의지작용 · 잠재적 형성력을 의미한다. '식'은 인식판단의 작용, 또는 인식주관으로서의 주체적인 마음을 가리킨다. 사실 이러한 것은 꼭 불교적 관점에서만이 아닌 오늘날의 사회생활에서도 마찬가지다. 현대 인간 사회에는 모순과 갈등, 끊임없는 대립, 분쟁이 항상 일어나고 있다. 사실 이것들은 인간의 삼독에서 흘러나온 것이 틀림없다. 이 삼독을 버리는 수행이야말로 현대 사회에서도 성공의 지름길이 된다.

17

수천의 생을 반복한다 해도 사랑하는 사람과
다시 만날 수 있는 가능성은 아주 드물다.
그러니 지금 후회 없이 사랑하라.
사랑할 시간이 그리 많지 않다. 입보리행론

〈법화경〉에 종불구생從佛求生이란 말씀이 있다. '불자佛子란 부처님에 의해 새로운 삶을 부여받은 사람'을 일컫는다. 우리에게 있어 부처님과의 만남은 최고의 인연이며 만남이라고 할 수 있다.

〈열반경〉에서 부처님께 마지막 공양을 올렸던 대장장이 춘다는 부처님과의 만남을 "60년 만에 꽃을 피우는 우담바라를 얻음과 같고, 눈먼 거북이가 바다를 떠다니는 나무토막의 구멍으로 머리를 내민 것과 같은 기쁨이 있다."고 찬탄했다. 이는 부처님의 가르침이 우리의 인생을 근본적으로 변화시키는 힘을 가지고 있기 때문이다. 이는 우리에게 만남의 소중함을 일깨워주는 말이기도 하다.

불교에서는 '옷깃만 스쳐도 인연이다.'라고 한다. 이 말을 바꾸어 말하면 '나와 소중한 만남을 한 사람을 귀중히 여겨라.'는 뜻이 포함되어 있다. 우리는 평생을 살아가는 동안 수많은 인연의 매듭을 엮는다. 그것이 좋은 인연이든 나쁜 인연이든 자의든 타의든 자신도 모르게 인연을 맺게 되는 것이다.

사실 우리는 왜 이 땅에 왔으며 이 땅에 내가 왜 있는지도 모른다. 즉 '온 곳을 모르며 가는 곳을 모르는 것'이 바로 인생이다. 그러나 우리가 간과하지 말아야 할 사실이 있다. 과거세, 현세, 미래세, 이 삼세 중 나는 현세에 살고 있는데 이 현세의 나는 수많은 인연의 끈으로 이어져 있다는 것이다. 예를 들면 당신이 어느 누구의 31대 손이라고 하자 우리는 단순이 31대손이라는 말에 대해 그냥 무심코 넘기는 경향이 있다. 그러나 그 속에 수많은 인연의 비밀이 숨겨져 있는 것이다. '31'이라는 그 숫자의 의미 속에는 현재의 '나'가 존재하기 위한 수많은 조상, 즉 인연들이 포함되어 있다. 아버지 어머니가 있어야만 내가 존재하므로 무려 2의 31승이란 인연이 얽혀있는 것이다. 수억 만 명의 인연이 현재의 나를 있게 한 것이 틀림없다. 이런 귀중하고 소중한 나를 함부로 해서야 되겠는가. 부처님이 말하는 위대한 인연이란 바로 이것이다.

우리는 평생을 살아가면서 단 한사람, 특별한 사람을 만난다. 그 사람이 바로 나의 아내요 남편이다. 이 두 사람의 인연은 수천의 생이 반복한다고 해도 다시 만날 수 없는 위대한 인연임을 알아야 한다.

〈옥야경〉에 이런 말이 있다. '어머니 같은 아내란 밖에서 남편이 남들에게 흠 잡히지 않게 어머니가 자식 생각하듯 하는 아내이며, 누이 같은 아내란 혈육을 나눈 형제처럼 순수한 마음으로 누이가 오라비를 섬기듯 하는 아내이며, 친구 같은 아내란 서로 의지하고 사랑하며 그 어떤 비밀도 없고 잘못을 보면 충고하는 어진 벗과 같은 아내이다.'

이렇듯이 아내를 사랑하고 남편을 사랑하는 것은 비단 두 사람만의 일이 아니라 올바른 가정을 유지시키는데 필요한 가장 큰 덕목이다.

우리는 스쳐 지나가는 만남을 단순하게 생각하는 경향이 있다. 이것은 어리석은 마음 때문이다. 현재 나의 곁에 있는 모든 사람들은 귀중한 인연을 통해 만난 것이다. 그런 그들을 마음껏 사랑하지 않는다면 이 세상에 살아야 이유가 어디에 있겠는가? 사랑은 위대한 힘이다. 사랑으로 만들어진 가족은 그 사랑으로 인해 모든 고난을 이길 수 있는 것이다.

# 18

어리석은 사람은 남보다 뛰어나지도 않으면서
자신이 제일이라고 생각한다.
그런 사람은 진실조차 자신의 틀에 맞춘다. 테라가타

인도의 상가세나 스님이 쓴 〈백유경〉에는 재미있는 우화 한 토막이 있다. 옛날 암수 두 마리의 비둘기가 한 둥우리에서 살았다. 그 비둘기들은 부지런하여 언제나 익은 과일들을 물어다 둥우리 가득 채워 두었다. 그런데 과일들은 시간이 흐르자 차츰 말라들기 시작하여 나중에는 반 둥우리밖에 차지 않았다.

이것을 본 수컷이 화를 내며 암컷에게 말하였다.

"내가 과일을 모으기 위해 얼마나 애를 썼는데 어찌하여 너는 혼자서 다 먹고 반만을 남겨 두었느냐."

암컷이 대답하였다.

"나는 과일을 먹지 않았다. 과일이 말라서 저절로 줄어든 것이다."

그러나 수컷은 암컷의 말을 끝내 듣지 않았다. 다시 수컷이 화를 내며 다시 말했다.

"네가 먹지를 않았으면 왜 과일이 줄어들었겠느냐."

수컷은 부리로 암컷을 쪼아 죽이고 말았다.

며칠이 지나지 않아 큰비가 내려, 줄어든 과일이 비를 맞아 전과 같이 부풀어 올랐다. 수컷은 비로소 그것을 보고 후회를 하였다.

"내가 어리석어 너를 죽였구나."

수컷은 슬피 울면서 암컷을 목메어 불렀다.

"너는 지금 어디로 떠나갔느냐."

대개 사람들은 진실과 거짓 사이에서 언제나 왔다갔다 헤매고 산다. 그러나 그 진실이 곁을 떠나가고서야 비로소 그에 대한 진정성을 깨우치는 과오를 적지 않게 범하고 있다. 사실 사람이 마음 내는대로 다 이루어진다면 이 세상의 삶은 하등 재미가 없을 것이다.

어리석은 범부들의 생각도 이와 같다. 사람이 악한 곳으로 내몰리는 것은 진실과 거짓을 뒤바꿔 생각하기 때문이다. 한평생 쾌락만을 추구하며 살아가다가 뒤늦게 후회를 한들 어쩔 수가 없는 것이 인생인 것이다. 이것은 마치 사랑하는 암컷을 죽이고 뒤늦게 후회하는 수컷 비둘기의 슬픔과 어찌 다르다고 할 수 있겠는가?

여기에서 탐스런 과일은 탐욕이다. 눈앞의 탐욕을 아지랑이처럼 보지 못하고 집착을 한 나머지 사랑하는 암컷 비둘기를 죽인 것은 수컷 비둘기의 어리석음 때문이다.

일찍이 부처님은 재물에 대해 이렇게 말했다.

"생각해 보면 세상은 덧없어 오래가기 어렵다. 보물이 산처럼 쌓였어도 내게 이익이 될 것은 아무 것도 없다. 탐욕이란 고통만 가져다주어 오히려 생사의 길목을 드나들게 한다. 그러므로 탐욕은 차라리 무위無爲의 도구를 구함만 못하다. 그러므로 내가 만약 산더미 같은 보물을 가지고 있다고 해도 나는 이를 버릴 것이다."

이것은 부처님 시절에 다미사라는 외도에게서 많은 보물을 받은 뒤 되돌려 주면서 외도를 꾸짖었던 말이다. 부처님이 이 이야기를 통해 인간의 탐욕을 깨우치게 한 것과 상가세나 스님이 수컷 비둘기의 이야기를 통해 인간의 어리석음을 뉘우치게 한 것은 모두 같은 뜻이다.

모든 재물과 명예를 한갓 아지랑이처럼 본다면 이미 그대는 죽음조차 바꿀 힘을 가지게 된 것이다.

19

**때가 되어서야 행하는 노력은 할 일을 다 하지 못한다.
미리 기울이는 노력이야말로 할 일을 다 한다.** 밀린다왕문경

우리 속담에 '소 잃고 외양간 고친다.'는 말이 있다. 이것은 화를 당한 뒤에 그 잘못을 뉘우친다는 말과 같다. 〈밀린다왕문경〉의 말씀을 보면 예나 지금이나 하등 다를 바가 없다. 우리는 항상 일이 닥쳐야만 일을 행하는 어리석은 과오들을 반복하는 경우가 많다. 평상시에는 많은 일들을 앞에다 두고서도 게으름을 피우는 것이 다반사다. 그러다가도 일이 닥치면 언제 게으름을 피웠나 싶게 일을 순식간에 해치우는 경향이 있다.

그러나 그것은 사실 일을 완벽하게 처리한 것이 아니다. 어딘가 모르게 허술하여 일을 한 뒤에는 항상 실수가 뒤따르기 마련이다. 그때는 소용이 없다. 이 이야기는 우리 현대 사회를 살아가는데 매우 귀중하고 소중한 경전의 일깨움이다.

우리가 열심히 일을 하고 있는 것은 보다 나은 미래를 위해서이다. 지금 내가 해야 할 일들을 다하지 못한다면 나에게 미래는 없다. 하루에는 하루의 준비가 있듯이 1년에는 1년을 위한 준비가 있어야 한다는 것이다. 여기에서 말하는 준비란 새로움을 위한 '마음의 여유'를 뜻한다.

시간이 나에게 주어졌을 때 '깊은 생각과 마음의 여유'를 가지고 대하면 적어도 자기 자신에게 주어진 일에 대한 실수는 현저히 줄어든다. 이것이야 말로 진정하게 자신을 위하는 길이 되는 것이다.

옛날 인도에서는 하룻밤을 3등분 했다고 한다. 그만큼 장자들은 시간을 소중히 여겼던 것이다. 하룻밤을 보내면서도 단 한번이라도 깨어있으라는 뜻을 내포하고 있다. 이와 마찬가지로 그들은 인생도 3등분을 하였다. 즉 청년기, 장년기, 노년기가 바로 그것이다. 이중에서 가장 깨어 있어야 할 시기가 바로 청년기다. 이때는 시간의 여유가 많으나 이 시기를 지나면 깨어 있으려고 해도 깨어있지 못한다고 했다. 곧 청년기를 잘못 보내면 장년기와 노년기에 대한 미래는 없다고 생각을 했던 것이다. 예나 지금이나 이와 같은 견해는 사실 다를 바가 없다.

중국의 산초 스님은 "시작은 터럭 같아도 나중에는 대천세계만큼이나 그 차이가 벌어진다."라고 말했다. 이것은 현실에 대처하는 법을 가르쳐 주는 명언이 아닐 수 없다.

우리는 오늘 할 일을 내일로 미루고 있지 않은가. 또한 내일을 위해 오늘을 헛되게 보내고 있지 않은가. 인생에 있어 가장 중요한 것은 사실 내일, 모레, 10년 후, 20년 후가 아니라 오늘 내가 어떻게 하루를 알차게 보내느냐이다. 오늘 내가 시작한 일이 먼 훗날 '대천세계를 이루게 될 일'을 만드는 것이기 때문이다.

부처님은 모든 사람이 보배를 지니고 있다고 했다.

"선남자여, 비유컨대 가난한 집에 귀한 보배가 있는 것과 같다. 그 보배는 내가 어디에 있다고 말할 수 없는 것이므로 주인은 보배가 있는지 알지도 못할 뿐더러 일러주는 사람조차 없어 그 사람은 제가 지닌 보배의 창고를 열어 활용하지 못한다. 중생도 이와 같아 여래의 큰 보배 창고가 그 몸 안에 있건만 그것에 대해 들은 바가 없기에 알지 못한다. 부처님은 중생의 몸 안에 보배 창고가 있음을 관찰하고 이 법을 설하시는 것이다."

부처님이 말씀하시는 보배 창고란 바로 사람에게 주어진 각자의 시간이며 착한 마음이었던 것이다. 누구나 주어진 시간은 같다. 이 시간의 보배 창고를 어떻게 자신의 것으로 만드는가가 생의 실패와 성공을 나누게 된다.

20

바닥이 얕은 개울물은 큰 소리를 내며 흐르지만
깊은 강물은 소리 없이 흐른다. **숫타니파타**

우리가 세상을 살아가다 보면 하는 일이나 사업이 잘 풀리지 않아 짜증을 내는 경우가 많다. 또한 아주 작고 사소한 일에도 항상 투덜거리며 불평불만으로 가득 찬 사람을 우리 주변에서 심심찮게 본다. 대개 이런 사람들의 짜증은 거의 습관적이다. 옆에서 듣기에 민망스러울 정도로 심하게 욕설을 내뱉기도 한다. 이런 사람들의 대부분은 모든 것을 주변의 탓으로 돌리지만 사실은 내면적으로 불안한 심리적 구조가 깔려 있다.

이와 반대로 항상 모든 일에 대해서 차분하고 만족하는 마음으로 언제나 웃음을 잃지 않고 살아가는 사람들도 우리 주변에는 많이 있다. 대개 이런 사람들의 내면은 '여유로운 삶'이 자리하고 있기 때문인데 사실은 자기의 마음속에 남을 포용하는 어진 마음을 가지고 있기 때문이다.

부처님은 일찍이 이 두 가지 인간의 모습을 '바닥이 얕은 개울물'과 '고요한 큰 강물'로 비유한 적이 있다. 불교적 관점에서 보면 고요하지 못하고 항상 불평불만이 가득한 사람은 자기 속에 깃든 마음을 보지 못하기 때문이다. 자기 자신이 마음과 인생의 주인임을 모르고 모든 대상을 대립적 관계로만 보는 것이다. 반대로 마음이 고요한 사람은 모든 사물에 대해 마음의 작용이 일관되게 이루어져 어떤 대립에도 흔들리지 않는 큰 생각을 갖고 있다.

사실, 이 우주의 삼라만상을 지배하는 것은 우리 인간이지만 그 인간을 지배하는 것은 사람이 가진 각자의 마음인데 이 마음은 항상 사물과 충돌한다. 그래서 철학자 데카르트는 물질과 정신의 이원론을 일관되게 주장해 왔던 것이다. 사람이 불평불만에 가득 찬 것은 사물과 마음의 대립 때문인데 이는 우리의 마음이 그런 물질과의 대립적 개념으로 전락한 탓이다.

사람은 마음이 불안정한 상태에 놓이면 정신과 마음이 불일치를 이루어 안절부절 못하게 된다. 이 때 정신의 혼란으로 인해 잡념이 생기는데, 부처님은 이를 두고 '혼침'에 빠져 헤어나지 못하는 마음이라고 했다. 이것에 빠지면 마음의 주인이 자기를 잃어버리게 되어 외도에 빠진다고 가르쳤던 것이다. 이것이 바로 '얕은 개울물이 요란스런 소리를 내며 흐르는 것'이다. 이와 반대로 항상 마음이 평온하고 차분한 사람은 정신과 마음이 항상 평행을 이루어 깊은 생각에 빠져 함부로 자신의 마음을 들추어 내지 않는다. 이러한 사람이 바로 '큰 강물의 고요함을 가진 사람'인 것이다.

〈숫타니파타〉에는 또 이런 말이 있다.

'사람은 태어날 때 입안에 도끼를 가지고 나온다. 어리석은 사람은 말을 함부로 함으로써 그 도끼로 마침내 자신을 찍고 만다.'

부처님의 이야기는 바로 입을 조심하라는 말과 같다. '얕은 개울물의 시끄러움보다 깊은 강물의 고요함을 가져라.'는 것도 '입을 조심하라.'는 뜻을 내포하고 있다. 침묵과 깊은 생각 속에서 던지는 한마디의 말이 나와 남에게 유익함은 두말할 필요가 없다. 사실 세상을 살면서 말을 하지 않아 후회하는 일보다 말을 너무 해서 후회스러운 일이 더 많다.

그대여, 부디 불평불만을 하지 말라. 모든 것은 그대의 탓이다.

21

말을 잘 한다고 해서 현명한 이가 아니라
마음이 충만한 사람이 현명한 이다. **법구경**

말에는 품격이 있다. 한마디의 말 속에는 그 사람의 인격과 사상이 숨겨져 있다. 그래서 말을 두고 '그 사람의 사상에 입히는 옷'이라고 한다. 대개 천박하고 품위가 없는 사람들은 쓸모가 없는 잔소리만 늘어놓을 때가 많다. 사람이 사람의 속마음을 알려면 상대방의 말을 들어보면 된다. 우리의 삶에서 최상의 가치를 꼽으라고 한다면 그것은 '진실'이다. 진실이란 대나무처럼 곧으며, 갈대처럼 쉽게 부러지지 않는다. 그런 진실의 본체를 떠난 말은 흔히 잔소리에 지나지 않는다. 우리는 세상을 살면서 얼마나 많은 헛소리를 하며, 또 들으며 살아 왔는가.

말은 인간관계를 맺어주는데 '필요악'이다. 칭찬의 말 한마디가 절망에 빠진 사람을 구할 수 있으며 나쁜 말 한마디가 죽음으로 몰아갈 수 있기 때문이다. 이 중요한 말을 그대들은 어찌 함부로 사용할 수 있겠는가.

거짓과 헛소리가 난무하는 세상 속에서 나 스스로도 그 소리에 휘둘리며 스스로 진실을 외면하고 있지 않은지 반성할 필요가 있다. 마음이 진실한 사람은 결코 많은 말을 하지 않는다. 꼭 필요한 말, 상대방에게 도움을 줄 수 있는 말만을 선택한다. 우리는 자칫 말 때문에 남에게 깊은 상처를 주거나 자신 스스로 피해를 입을 때가 많다. 그러므로 진실한 사람은 생활 속에서 스스로 말을 삼갈 줄을 안다.

말에는 여러 종류가 있다. '위트'나 '유머' 혹은 '시적인 말' '직선적인 말' '우회적인 말' 등이 있다. 일상을 살아가는데 '위트'나 '유머'는 꼭 필요한 말이다. 그러나 이 말들은 빡빡하게 살아가는 현대인들에게 가벼운 웃음거리를 제공하는 데는 더 없이 좋은 말이지만 사실, 우리의 마음속을 정화시키고 진실하게 만드는 데는 별로 도움이 되지 못한다.

상대방이 위기에 처해 있거나, 어떤 아픔을 당했거나 혹은 잘못을 했을 때 우리는 말의 선택에 있어 매우 신중할 필요가 있다. 물론 이러한 말의 '선택'은 상대방에게 큰 실망을 던져 주거나 희망을 심어 줄 수 있기 때문이다. 그 만큼 말의 '선택'은 깊은 생각을 전제로 해야 한다.

옛날에 절친한 두 친구가 있었다. 이 두 친구는 과거에 급제하기 위해 서로를 격려하며 열심히 공부했다. 그러나 한 친구는 과거에 급제하여 한 지방 수령이 되었으나, 한 친구는 과거에서 낙방을 하였다. 과거에 낙방한 친구는 상심이 큰 나머지 공부를 놓아 버리고 거의 매일 빈둥빈둥 놀았다. 당연히 집안은 먹을 양식이 없을 정도로 매우 곤궁해졌다. 그는 과거에 급제해 수령으로 있는 친구를 찾아갔다. 그러나 그 친구는 전혀 그를 반가워하지 않았다. 오히려 '나는 당신을 잘 모른다.'라고 일언지하에 문전박대를 하였다.

그는 우정을 배신한 친구에 대한 원한으로 며칠 밤을 고민했다.

"좋다. 내 공부를 열심히 하여 필히 과거에 급제 하리라."

그는 단 하루도 쉬지 않고 열심히 공부를 하여 다음해 마침내 과거에 급제를 하였다. 그는 임금이 내려준 마차를 타고 '금의환향'을 하였는데 그의 집에는 마침 수령으로 있는 친구가 와 있었다.

"내 그대에게 베풀지 못한 것은 미안하네. 내가 만약 그때 그대를 도왔다면 오늘날의 영광은 없을 것이네."

그는 그제야 친구의 진심을 알았던 것이다. 자신이 과거 공부를 하는 동안 모든 생계를 도와주었던 친구도 바로 그 친구였던 것이다.

이렇듯이 우리는 '말의 선택'을 두고 깊이 생각을 해보아야 한다.

부처님은 "어진 이의 가르침은 결코 시들지 않는다."라고 말씀을 하셨다. 마음이 어진 사람은 어떤 말을 해도 그 말 속에는 고요함이 깃들어 있고 진실이 담겨져 있다는 뜻이다. 그대는 단 한마디의 말을 할 때도 거듭 신중해야 할 것이다.

22

과거는 이미 지나가 버린 것이고, 미래는 아직 오지도 않은 것이다. 중부경전

인생에 있어 아주 중요한 세 가지가 있다. 그것은 과거와 현재, 그리고 미래이다. 어리석은 사람은 과거를 먹고 살며, 현명한 사람은 미래를 먹고 산다는 말이 있다. 이 말을 되새겨 보면 보다 중요한 시점이 있는데 바로 현재이다. 과거는 이미 흘러간 망각인 것이며 미래는 아직 도래하지 않은 것이다. 이런 분명한 명제 앞에 중요한 것은 바로 내가 있는 시간, 현재 이 자리인 것이다.

과거가 불우했던지 아니면 화려했던지 간에 지금은 사실 중요하지 않다. 중요한 것은 성공을 위해서 필요한 것은 오늘이라는 이야기다. 사람은 한두 번의 실수를 저지른 과거를 잊지 못하고 지나치게 자학하는 경우가 많다. 또한 과거 속에 내가 어떤 사람이었다는 등, 화려했던 지난날에 대한 꿈속에서 벗어나지 못하는 사람이 많다. 그러나 실상 오늘의 내겐 그것들은 중요하지 않다.

왜냐하면 과거는 이미 흘러간 시간이기 때문이다. 이미 엎질러진 물이 되어버린 지난 과거에 대한 회상은 사람을 깊은 자괴감에 빠지게 하는 원인이 된다. 차라리 과거를 후회하고 그것을 거울삼아 현재의 나를 더욱 강하게 만드는 것이 중요하다. 그럴 때 자신에게도 미래의 행복과 성공이 보장되는 것이다.

사람을 어리석게 만드는 것은 과거와 미래에 대한 지나친 집착이다. 미래는 아직 오지 않은 것에 불과할 뿐, 오늘 현재를 열심히 사는 것이 중요한 명제인 것이다. 이 분명한 이치를 우리는 너무도 모르고 살아가고 있다. 그렇다. 오늘을 제쳐두고 어찌 미래를 기다릴 수 있겠는가. 사람의 생은 내일을 모르고 모레를 모르고 1년 후를 모른다. 이렇듯이 현재의 삶이 바탕이 되지 않고 어찌 미래를 꿈꿀 수 있겠는가.

일찍이 부처님은 "흘러가 버린 것은 쫓지 말며 오지도 않은 것에 지나치게 매달리지 말라. 과거는 이미 지나가버린 것, 미래는 오지도 않은 것"이라고 말씀하셨다. 후회 없이 살아온 과거란 매일 찾아오는 현재를 통해 구현된다. 또한 눈부신 미래에 대한 답도 바로 충실한 현재의 삶 속에 있는 것이다.

여기 재미있는 일화가 있다.

부처님이 사밧티의 기원정사에 있을 때였다. 어느 날 사밧티

왕이 부처님을 찾아왔다.

"부처님, 이 나라 최고의 갑부였던 한 부자가 죽어서 그의 재산을 모두 국고에 귀속시켰습니다. 그의 재산을 상속할 가족들을 찾았으나 그에게는 아무도 없었습니다."

"재산이 얼마나 되던가."

"실로 천만금이 넘습니다. 그는 평생 싸라기밥과 시래기죽을 먹으며 그 많은 재산을 모았습니다. 하지만 그는 재산을 모으기만 했을 뿐 도무지 가난한 사람을 위해 쓸 줄을 몰랐습니다."

사밧티왕의 이야기를 들은 부처님은 다음과 같이 말씀하셨다.

"왕이여, 그는 결코 훌륭한 재산가가 아니오. 그는 자기의 재물을 널리 써서 큰 이익을 얻을 줄 모르는 바보에 지나지 않소. 이것은 마치 넓은 들판에 물을 가두었으나 그 물을 마시지도 않고 목욕을 하지도 않아 물이 말라 버린 것과 같소. 그는 엄청난 재산이 있으면서도 복을 짓지도 못하였으니 그의 인생은 헛된 것이오. 재산이란 쓰려고 모으는 것인데 그는 오직 모으는 데만 집착을 했으니 그의 과거와 현재 미래도 없는 것이오."

이 부자는 미래에 대한 강한 집착 때문에 현재의 나를 버린 것이다.

여기에서 우리가 보다 중요하게 경계해야 할 것이 있다면 그것은 바로 '집착'이다. 과거와 미래에 대한 지나친 집착이 오늘의 내 삶을 깊은 나락으로 빠지게 한다는 것이다. 부처님의 교훈은 바로 이것이다.

23

네가 만일 그르다 하면 저도 또한 너를 그르다 할 것이니 중도를 취하지 않으면 그것이 바로 괴로움이다. 잡아함경

부처님이 말씀 하시기를 인간이 세상을 살아가는 데 취하는 두 가지의 극단적인 길이 있다고 하셨다. 그 중의 하나는 육신이 이끄는 대로 쾌락에 빠지는 일이며, 또 한 가지는 스스로 고통에 빠져 자신을 괴롭히는 일이다. 그러나 이 두 가지는 사람이 취해서는 안 될 길이라고 단언을 하셨다.

인간이 쾌락에 빠져 헤어나지 못하는 것은 자신에게 백해무익한 것이며, 스스로 고행에 빠져 자신의 몸을 학대하는 것은 자신에게 이익이 없는 아무런 쓸모없는 일이라고 하셨던 것이다. 인간이 쾌락과 고행의 그 두 길을 선택하는 것은 사실 육체적인 문제보다 정신에 있다. 인간이 타락하기 시작하는 것은 마음의 분별심을 잃어버린 까닭이요, 사람이 스스로 고행의 길로

들어서는 것은 자제력이 부족한 까닭이다. 이 두 가지는 사람이 극단적으로 맨 나중에 취하는 행동이다.

부처님의 말씀을 빌면, 오늘날의 사람들에게 가장 무서운 것은 쾌락에 빠져 스스로 타락의 길로 가는 것이며, 무지에 빠져 스스로 고통 속으로 걸어 들어가 자신을 학대하다가 자살을 하는 것이다. 스스로 자신을 버리는 것만큼 무서운 것은 없다.

"나는 쾌락도 고행도 무익하고 열등한 것이기 때문에 모두 버렸다. 이 두 극단을 버림으로써 중도를 깨닫게 되었고, 중도를 깨달음으로써 인간 세상의 일들을 바르게 통찰하고 바르게 인식하는 눈을 뜨게 되었다."

사실 부처님께서 진리를 깨닫게 되었던 것은 모두 중도의 눈으로 세상을 바라보았기 때문이다.

우리는 항상 나와 타인의 관계 사이에 있다. 이 거미줄 같은 관계 속에서 우리는 사랑과 미움, 배신, 질투, 다툼을 경험하게 된다. 때로는 알게 모르게 남의 관계 속에 끼어들어 피해를 입기도 하며 오해를 쌓기도 한다.

이 같은 관계 속에서 우리가 정말 알아야 할 것은 바로 '중도'와 '긍정'이다. 아무리 남이 나에게 나쁜 행각을 했다 하더라도 사랑과 따뜻함으로 그를 대한다면 그 역시 나를 따뜻하고 진실한 마음으로 대할 것이기 때문이다.

칼은 칼로, 욕은 욕으로 돌아오기 마련인 것이 세상사의 이치이기 때문이다. 항상 남을 용서하고 배려를 한다면 세상은 더

없는 사랑으로 가득할 것이 분명하다.

 불교에서는 마음과 부처를 둘이 아닌 하나로 보고 있다. 세상사의 모든 이치가 그런 것이다. 그것이 바로 불이문不二門이다. 선과 악도 마찬가지이다. 선악도 둘이 아닌 하나이며 이것은 우리의 인연에 따라 선도 되고 악도 된다는 부처님의 말씀이다. 세상에는 선도 없으며 악도 없다. 거꾸로 이야기를 한다면 선도 있으며 악도 있다. 그러한 선과 악은 누가 만든 것이 아니라 자기 스스로 그 인연을 엮어 내는 것이다. 그것이 바로 세상사이다. 그러므로 주어진 현실을 받아들이고 항상 극단의 편에서 비껴나 중도의 마음을 가지는 일이 평화를 가져다준다.
 항상 남을 꾸짖지만 말고 칭찬을 하라. 고통이 있음으로 해서 즐거움이 있으며 즐거움이 있기 때문에 고통이 있음을 깨닫는 것도 매우 중요하다.
 모든 죄악은 마음의 집착으로부터 오는 것이기 때문에 '중도의 마음'을 가진다면 그 집착도 빨리 끊을 수 있다.

24

비록 적게 얻었다 하더라도
그것을 가볍게 여기지 말라. 법구경

'티끌모아 태산', '천리 길도 한걸음부터'라는 말이 있다. 우리는 살아오면서 수없이 이 말들을 들어 왔다. 그러나 우리들은 언제부터인가 이 말을 부정하기 시작했다. 소위 '대박'이라는 단어가 우리의 일상에서 자리잡고부터이다. 그래서 열심히 일을 하여 무엇인가를 구하고자 하는 것이 아니라 오직 '한방'만을 기대하며 사는 사람들이 의외로 많다.

사실 이 같은 생각은 오늘날 개인적인 문제만이 아니라 사회의 구조적 문제로 인해 생기는 병폐이다. 주식, 로또, 복권, 카지노, 스포츠 토토, 경마, 경륜, 경정, 아파트 투기, 땅 투기 등이 일으키는 사회적 병폐는 성실하게 살아가는 일반인들에게 적지 않은 자괴감을 던져준다. 이러한 문제는 심각한 사회문제로까지 부각되고 있다.

열심히 일을 하여 재산을 모으기 보다는 오직 '대박'만을 쫓는 현대인의 심리적 구조는 비단 개인적인 문제라고 치부하기에는 뭔가 모를 문제점이 도사리고 있다. 그러나 분명한 것은 모든 문제의 출발은 자신이라는 것이다. 이 사회는 개인의 문제에 대해서는 그 어떤 보상도 해주지 않는다. 인간의 '욕심'이 빚어낸 하나의 사회적 현상이다.

언제부턴가 우리는 작은 것에 대한 소중함을 잃어버린 사회 속에서 살고 있다. 큰 것을 얻기 위해 자신이 가진 작은 것마저 잃어버리고 절망에 빠지는 사람들이 많다. 작은 냇물이 큰 강을 이루 듯이 작은 것이 모여 큰 것을 이룬다는 이 평범한 진리를 우리는 쉽게 망각하고 있는 것이다.

일찍이 공자는 작은 것에 대한 소중함을 피력하기 위해 다음과 같은 예를 든 적이 있다.

"높이 백 척이 되는 둑을 쌓기 위해 99척까지 쌓아 올린 사람이 있었다. 마지막 1척만 더 쌓으면 그 둑은 완성된다. 한 삼태기의 흙만 더 올리면 1척을 높일 수 있으나, 한 삼태기쯤이야 하고 그냥 내버려둔다면 그 둑은 완성되지 못할 것이다."

세상에서 가장 작은 숫자는 사실 1이 아니라 0이다. 1은 있는 것이며 0은 없는 것이다. 0이란 1을 가지기 위해 존재한다. 0과 1의 차이는 거기에 있다. 가지고 있지 않다는 것과 가지고 있다는 것은 사실 엄청난 차이를 지니고 있는 것이다.

　사실 인간은 누구든지 어떤 것을 할 능력을 가지고 있다. 1은 1천만, 1억의 출발점인 것이다. 내가 무엇인가를 할 작은 능력을 가지고 있다면 그것은 후에 1천, 1억을 만들 가치를 가지고 있다는 논리가 되는 것이다. 그래서 작은 것은 소중하다.

　작은 것의 소중함을 일깨워 준 부처님의 재미있는 일화가 있다.

　하루는 부처님이 헌 누더기 옷을 입고 다미사 왕을 찾아갔다. 왕은 부처님에게 일곱 개의 보물을 모두 주었다. 그런데 부처님은 그것을 받지 않고 오히려 왕에게 이렇게 말하였다.

　"왕이시여. 내가 얻은 것은 그냥 재물에 지나지 않다. 생각해보니 세상 모든 것은 덧없어 오래 가기 어렵다. 보물이 산더미처럼 쌓여 있어도 내게 이익 될 것은 하나도 없다 탐욕이란 고통만 가져오니 차라리 무위無爲의 도를 구함만 못하다. 그래서 이 보물은 받지 않겠다."

　왕은 그제야 부처님의 큰 뜻을 알아차리고 가르침에 따랐다.

　여기에서 말하는 부처님의 '무위의 도'란 바로 '없음으로 얻는 마음의 안식'이다. '있고 없음'은 사실 중요하지 않다. 현재 내가 가진 것에 대한 소중함을 가지는 마음이 정말 귀중한 것이다. 그대 오늘도 열심히 일하라.

25

남을 죽이면 자기를 죽이는 자를 만나고,
남에게 이기면 자기를 이기는 자를 만난다. 잡아함경

사람은 종교에 관계없이 자신이 저지른 일에 대한 대가를 반드시 받게 된다. 왜냐 하면 이것이 인생의 수레바퀴이기 때문이다. 굳이 이것을 종교적 관점에서 풀어보면 불교에서 말하는 인과因果의 법칙이다. 즉 원인이 있으면 반드시 결과가 있다는 말이다.

지금 내가 가지고 있는 마음가짐, 말과 행동들은 인因이며 이것들은 나중에 어떤 연緣을 만나 그에 상응하는 과果를 만들게 되는 것이다. 이것이 인연과因緣果이다.

〈불설삼세 인과경〉에서는 '만일 전생 일을 묻는다면 금생에 받고 있는 고통이 바로 그것이요, 만일 미래의 일을 묻는다면 금생에 짓고 있는 것이 바로 그것이다.'라고 말한다.

즉 인간의 삶은 과거 현재 미래라는 윤회의 틀 속에서 움직인다는 것이 바로 불교의 관점이다.

여기 재미있는 이야기가 있다.

살아생전 살인을 저지른 어떤 젊은이가 또 다른 남에게 죽임을 당해 염라대왕 앞에 불려갔다. 그는 젊은 날에 죽은 것이 너무나 억울하여 염라대왕에게 이렇게 항의를 하였다.

"대왕님, 이렇게 일찍 생을 뜨게 하시려면 미리 예고장이라도 보내 주셔야지 갑자기 저를 부르시면 어떻게 합니까?"

염라대왕이 청년에게 대답을 하였다.

"네가 사는 마을에는 병들어 죽은 사람, 권세를 부리다 잃은 사람, 부자로 살다가 가난해진 사람, 남을 죽이려다가 죽은 사람이 있지 않았는가. 이것이 모두 나의 경고장이었다. 그래 너는 그들을 보고서도 어찌하여 남을 해쳤느냐."

청년은 아무런 소리도 못하고 염라대왕이 내린 벌을 받았다고 한다. 물론 우스개 이야기로 생각할 수 있지만 그 이야기 속에 큰 진실이 숨겨져 있다.

옛날 인도에는 16개의 크고 작은 나라들이 할거하여 하루가 멀다 하고 전쟁을 했다. 하루는 그 중에서 제일 큰 강대국인 마가다국이 제일 작은 코살라국에 쳐들어갔다가 그 나라의 왕이 겨우 목숨만 건지고 돌아간 적이 있다. 이를 들은 부처님은 인과에 대하여 다음과 같이 말씀하셨다.

"자신에게 이익이 되는 일이 있을 때 사람은 남의 것을 약탈

한다. 그러나 약탈당한 자는 복수의 칼을 갈고 약탈을 꾸민다. 어리석은 자는 악의 열매가 아직 익지 않았을 동안은 기뻐하며 당연하게 여기지만 악의 열매가 익으면 고통을 받는다. 남을 죽이면 자기를 죽이는 자를 만나고 남에게 이기면 자기를 이기는 자를 만난다. 남을 비방하는 자는 자기를 비방하는 자를 만나고 남을 괴롭히는 자는 자기를 괴롭히는 자를 만난다. 이렇게 업은 수레바퀴같이 돌고 도는 것이다."

 우리는 수많은 관계 속에서 살고 있다. 다만 칼만 들지 않았을 뿐, 도처에 항상 자신을 노리고 있는 적들과 함께 살고 있는 것이다. 무서운 세상이 아닐 수 없다. 이러한 세상에서 자신이 온전하게 서있을 수 있으려면 오직 스스로 자비심을 가져야 할 것이다. 남을 포용하는 마음, 남을 사랑하는 마음이 스스로 자신을 지키는 유일한 길이다. 남을 사랑한다면 어찌 남이 나를 사랑하지 않을 수 있으며, 남을 미워한다면 어찌 남이 나를 미워하지 않겠는가.
 사실, 이러한 평범한 진리를 우리는 모르고 살아가고 있다. 인因과 연緣은 자신이 만들며 그 과果도 자신이 만든다. 그러니 남을 항상 사랑하라.

2장
집착을 버려라

사람이 괴로움을 당하는 것은 마음속 집착 때문이다.
이 집착은 내면에 든 진실들을 보지 못하게 하여 분별력을 잃게 만든다.
또한 연속적인 번민과 사소한 생각으로 자신의 건강을 해치는 원인이 되기도 한다.
부처님이 강조하는 것이 바로 여기에 있다.
창조적인 삶을 살기 위해서는 항상 세상을 긍정의 관점에서 바라보고 내면의 소리에
귀를 기울여야 한다.
그것이 바로 눈을 밝게 하여 정견(正見)을 얻는 비결이다.

26

사람은 나면서부터 제 짝이 있으니
사람의 힘으로 어쩔 수 없다. 인연이란 짝을 만나면
서로 끌려 허락하는 것이니,
뭇 짐승들 역시 마찬가지이다. **구잡비유경**

 옛날 한 부인이 딸을 낳았는데 예쁘기 그지없었다. 그 소문을 들은 그 나라의 국왕은 그 아이가 장차 자라 혼기가 차면 자기 아내로 삼으려 하였지만, 도인들은 이 아이가 다른 남자와 결혼할 것이라고 예언하였다. 이 예언을 들은 국왕은 그 아이를 세상과 단절시키기 위해 높은 설산 중턱에 살고 있는 백조를 불러 그곳에서 키우도록 하였다.
 백조는 국왕의 명령을 받고 아이를 자신의 둥지로 데려가 혼기가 찰 동안 궁중에서 밥을 날라다 먹였다.
 아이는 어느새 성숙한 여인으로 자랐다. 그러던 어느 날이었다. 마을에 홍수가 나서 한 사내가 통나무를 안고 물길에 떠밀려오다가 천신만고 끝에 백조의 둥지 위에 오르게 되었다.

사내는 그 둥지 위에 웅크리고 있는 천하절색의 미인에게 한눈에 반하게 되었다. 그녀 역시 사내를 연모하여 백조의 눈에 띄지 않게 숨겨주었다. 백조가 둥지를 벗어났을 때 그들은 서로 만나 애정을 키워 나갔다.

날마다 여자를 살피던 백조는 어느 날 그 여자의 몸에서 사내의 흔적을 발견하였다. 이상하게 여긴 백조는 둥지의 주위를 샅샅이 뒤져 한 사내를 발견하였고 당장 궁으로 날아가 왕에게 이 사실을 고하였다.

그러나 이미 그 여자는 사내의 아이를 뱃속에 잉태하고 있었다.

흔히 우리는 사람을 만날 때 '인연'이라는 말을 많이 쓴다. 인연이란 말은 좋은 뜻으로 쓰는 경우가 많으나, 사실 인연은 좋고 나쁨과 관계가 없다. 좋은 만남도 인연이며 나쁨 만남도 인연이다. 인연이란 말은 원래 불가에서 유래된 말이다. 인은 원인을 말하며, 연은 원인에 따라 가는 것이다. 즉 인이 씨앗이라면 연은 밭이다.

그러므로 인만 있어서는 결과가 있을 수 없으며, 연만 있어서도 그 결실은 없는 것이다. 그렇기 때문에 인과 연은 필수 불가결한 것이다.

'이 세상 아무리 사소한 사물일지라도 인연으로 일어나 인연으로 사라지지 않는 것은 없다.'

용수 보살의 〈중론〉에 나오는 말이다. 즉 인과 연은 함께 존재하는 것이며 악이 연을 만나면 악과(惡果)를 얻을 것이며 선이 연을 만나면 선과(善果)를 이루게 된다.

부부의 연도 이와 같다. 만나야 할 사람이 만난 것이고, 그 만남이 좋은 결실이 되든지 때론 악연이 되든지 하는 것은 그 후의 인연과에 의해 드러난다. 그러므로 부처님이 바람처럼 스쳐 지나가는 작은 인연이라 할지라도 하나도 헛된 것이 없다고 했음이다.

왕이 권력과 권세로 자기와 인연이 없는 사람을 아무리 탐한다 해도 그 인연은 맺어지지 않는다는 말과 같다.

이와 같이 우리가 일상적으로 만나고 스치는 것은 그냥 무심한 것이 아니라는 말이다. 이것은 오늘날 우리가 말하는 일종의 텔레파시와도 같은 것이다. 부부의 인연도 이와 같다.

27

아내에게는 남자에게 없는
다섯 가지의 힘이 있다. 증일아함경

〈증일아함경〉에는 이렇게 적혀 있다.

'아내에게는 다섯 가지의 힘이 있다. 첫째, 색色의 힘이며 둘째, 자기 주위의 가족과 친척의 힘이며, 셋째는 농사를 지어 살림을 하는 힘이며, 넷째는 아이를 통해 얻는 힘이며, 다섯째는 자기 스스로 정절을 지키는 힘이다.

그러나 남편은 아내와는 달리 오직 한 가지 힘만 있으면 그 여자를 눌러 버릴 수 있으니 이것이 바로 부귀富貴의 힘이다. 남편이 부와 명예가 있으면 여자가 가진 어떠한 색의 힘으로도 당하지 못하고, 가족과 친척, 농사와 아이와 스스로 정절을 지키는 힘으로도 당하지 못한다. 그것은 이 한 가지 힘으로 저러한 힘들을 능히 이기기 때문이다.'

그러나 세상을 움직이는 힘은 남자도 여자도 아니고 남녀가 함께 화합하여 이루는 힘이다. 이것을 바꾸어 말하면 조화라고 할 수 있다.

부처님이 말씀하시는 원천은 바로 이것이다. 남자는 여자를 지배할 수 있는 부귀와 권력이 있어야 하며 아내는 스스로 정절을 지키며 아이를 가르치고 집안을 잘 돌보는 현명함이 있어야 한다는 것이다. 그리고 보다 중요한 것은 스스로의 정절을 지키는 힘이다.

남자가 부귀와 권력을 얻기 위해서는 남보다 언제나 열심히 일해야 하며 항상 바른 생각을 가지고 있어야만 가능한 일이다. 즉 아내와 가족을 거느리기 위해서는 그에 대한 합당한 노력이 있어야 한다는 이치와 같은 것이다.

그러나 오늘 날에는 이러한 남자와 여자의 역할이 많이 퇴색되었다. 이미 무분별한 성의 가치관으로 인해 남편은 아내 몰래 다른 여자와 간통하고 아내도 마찬가지이다. 그만큼 '겉과 속'이 다른 부부가 많다.

부부라는 것이 둘이 함께 살고 있다는 것만으로는 안 된다. 그것은 단지 환경적인 요인에 불과할 뿐이다. 또한 육체가 한 곳에 함께 있어 몸을 섞고 산다고 하여도 그것으로 부부의 인연을 다 이야기할 수 없다. 그것은 다만 육체적인 사랑에 불과할 뿐, 영혼의 결합이라고 할 수 없기 때문이다. 부부란 하나의 가르침에 의해 같은 마음을 길러내야만 한다.

부처님께서 일찍이 부부의 화합이 세상의 그 무엇보다도 중요하다고 말씀하셨던 것도 다 이 같은 이유에 있다.

금슬이 매우 좋은 노부부가 어느 날 부처님께 이렇게 여쭈었다.
부처님, 저희들은 어려서부터 함께 자라다가 이렇게 부부가 되어 한평생을 살아왔습니다. 그리고 자신하건데 저희 부부는 단 한 번도 서로에게 상처를 주지 않았으며 그 어떠한 부정도 저지르지 않았습니다. 이제 저희들이 죽어서 다음 세상에 태어난다면 현생에서 함께 지내왔던 것처럼 부부의 연을 맺게 해 주십시오."
그러자 부처님께서 말하였다.
"두 사람이 함께 한다는 것만으로 되지 않는다. 두 사람은 함께 신앙생활을 하는 것이 좋다. 하나의 가르침을 받들고 똑같이 마음을 기르며, 똑같이 보시를 하고 똑같이 지혜를 기른다면 다음 생에도 한 마음으로 살아갈 수 있을 것이다.
이렇듯 부부란 함께 있는 것만으로 최선을 다하고 있다고 볼 수는 없는 것이다.

28

서로 사귀는 사람에게는 사랑과 그리움이 생기고,
사랑과 그리움에는 괴로움이 따르는 법이다.
연정에서 근심 걱정이 생기는 줄 알고,
무소의 뿔처럼 혼자서 가라. 숫타니파타

옛날 소티세나 왕자에겐 더할 수 없이 아름다운 왕자비가 있었다. 게다가 왕자비는 진심으로 왕자를 사랑하고 있었다.

그런데 어느 날 왕자의 손등에 작은 종기가 나기 시작하더니 온몸이 종기와 고름으로 뒤덮였다. 숱한 궁녀와 신하들은 흉측한 왕자를 피하였고 왕자는 몸과 마음이 함께 병들어 버렸다.

왕자는 자신이 놀림감이 되는 것 같아 아내와 함께 숲속으로 도망쳐 들어갔다.

자연 속에서 아내는 극진하게 남편을 보살폈다. 열매를 따와서 식사준비를 하였고 맑은 물을 길어 와서 고름으로 가득 찬 남편의 몸을 씻어 주었다. 아내는 남편의 극진한 병간호로 하루하루를 보냈고, 그렇게 세월이 흐르자 남편의 아픈 병이 조금씩 치유되기 시작하였다.

어느 날 아내는 맑은 샘에서 머리를 감으려고 검은 머리를 풀어헤쳤다. 바로 그때 숲에 살고 있던 귀신이 아름다운 여인의 모습을 보고 반하여 겁탈하려 하였다. 자신이 변을 당하면 남편이 얼마나 괴롭고 힘들어 할까만을 걱정한 아내는 필사적으로 반항하였지만 역부족이었다. 그러다 귀신에게 붙잡힌 순간, 아내는 이렇게 소리 질렀다.

"네 아무리 귀신이라지만 이렇게 무도한 짓을 범해도 좋단 말이냐! 정의를 지키고 있는 하늘의 신들은 모두 어디에 계신단 말인가!"

아내의 목소리는 제석천의 궁전을 두드렸고 제석천의 도움으로 아내는 귀신의 손에서 풀려날 수 있었다. 하지만 남편은 돌아온 아내의 흐트러진 모습을 보고 깊은 의심에 사로잡혔다. 자신의 결백을 주장하던 아내는 마침내 물 항아리를 들고 이렇게 노래하였다.

"진실이야말로 그대를 지켜 주리니
진실이여! 내게 가피를 내리소서.
나는 남편 아닌 다른 이를 사랑하지 않았네.
남편보다 더 사랑하는 이가 내겐 없나니
오오, 이 말이 진실하다면
내 남편의 병은 치유되리라."

그녀가 남편의 머리에 물을 붓자 기적처럼 온 몸에 났던 종기가 씻은 듯이 사라지고 허물이 벗겨진 피부도 예전의 몸으로 되돌아갔다. 마침내 그들은 궁으로 돌아올 수 있었다. 하지만 여전히 아내에 대해 불만이 가득 찬 남편은 궁으로 돌아가서 다시 왕자의 신분을 회복하자 아름다운 궁녀들과 어울릴 뿐 아내의 처소에는 발길을 돌리지 않았다. 남편의 사랑을 얻지 못한 아내는 차츰 야위어 갔고 아름답던 피부도 거칠어져 빛을 잃어갔다. 이런 일들을 지켜본 부왕은 왕자에게 일러주었다.

"다른 여인들은 네가 병들었을 때나 건강했을 때나 한결같이 아름답게 치장하고 있었지만 왕자비는 오직 너와 함께 지내면서 사랑으로 마음을 주고받았다. 여인의 응석을 받아주는 남자는 많지만 남자에게 진정으로 도움이 되는 여인은 찾아보기 힘들다. 왕자여! 그런 여인을 배신해선 안 되느니라."

부왕의 가르침으로 아내를 찾아간 왕자는 자신의 잘못을 뉘우치고 아내에게 진심으로 용서를 빌었다. 왕자비는 그런 남편을 사랑으로 받아들이고 평생 행복하게 살았다. 왕자비는 바로 승만 부인의 전생이다.

이것은 〈본생경〉에 나오는 부처님 말씀이다.

우리는 지금 사랑하는 사람을 진실로 위하고 있는가를 생각해 보아야 한다. 사람을 사악하게 만드는 것은 진실을 잊어버리는 그 '마음' 때문이다.

29

부부 사이야말로 인간관계의 기본이다.
그 기초 위에서 자식과의 관계가 성립되고
이어서 형제, 상하의 관계가 성립된다.
그러므로 그 기초가 올바르다면
나머지 인간관계는 잘못될 것이 없다. 본생담

어느 넓은 들판에 5백 마리의 사슴을 거느리고 있는 왕사슴이 살고 있었다. 그런데 어느 날 사냥꾼 한 사람이 사슴을 잡으려고 들판에 덫을 만들어 놓고는 때가 오기를 기다렸다. 그런 줄도 모르던 왕사슴은 무리들을 이끌고 가다가 그만 덫에 걸려들고 말았다.

사슴들은 이 광경을 보고 모두 놀라 달아났다. 하지만 왕의 아내인 암사슴만은 남편이 걸린 그물 곁을 떠나지 않고 있었다.

왕사슴은 그물을 끊으려고 무던히도 애를 썼지만 그럴수록 그물은 사슴의 몸을 더욱 파고들었다. 아내는 남편의 이런 모습을 옆에서 지켜보면서 어서 그물을 끊고 도망치라며 애원하였다. 하지만 남편은 그물에서 벗어나지 못하였고 사냥꾼은 그렇게 발버둥치는 사슴을 잡으려고 다가갔다. 그러자 아내가 남편을 살리기 위해 사냥꾼 앞에 나서서 이렇게 말하였다.

"사냥꾼이시여, 그 활과 화살을 버리십시오. 칼을 들어 나를 죽이고 그런 뒤에 왕사슴에게 달려드시오."

사냥꾼은 이 두 사슴이 부부 사이임을 알았다. 그리고 남편을 위하여 아내가 제 목숨을 버리려는데 감동하여 사슴을 풀어주었다.

"나는 너를 해치지 않겠다. 왕사슴도 죽이지 않겠다. 부부가 다시 사랑하고 즐겁게 살아가길 바란다."

암사슴은 기쁨에 겨워 이렇게 말하였다.

"남편과 나란히 다시 삶을 얻어 사랑의 보금자리를 찾아갑니다. 자비로운 그대 집안에도 행복이 있기를 기원합니다."

그 암사슴이 지금의 아난존자요, 왕사슴이 지금의 부처님이시다.

이 이야기는 부처님의 전생에 대하여 전해오는 이야기를 정리한 본생담에 실려 있다. 본생담이 많이 읽히는 것은 부처님과 같은 인격자가 이 세상에 태어난 이후부터, 닦은 수행만으로 무한한 진리를 터득한 부처가 될 수 있다는 것을 알려주기 때문이다.

이전까지는 부처님이 깨달음을 이룬 것은 '먼 과거세부터 수많은 생애를 거쳐 오면서 쌓아온 무수한 선근善根과 공덕의 힘'이라고 여기고 있었다. 이러한 본생담의 이야기는 주로 고대 인도의 민중 속에서 생겨난 '교훈이야기'인데 이것이 불교에 접목

되어 부처님의 전생으로 바뀌어져 불교도 사이에서 널리 구전된 것이다. 본생경은 대개 붓다가 사슴이나 원숭이, 코끼리, 토끼로 화化한 것이 대부분이다.

  부처님은 부부란 이 세상에서 아주 특별한 인연으로 만난 것이며 이것은 그 누구도 바꿀 수 있는 것이 아니라고 역설하고 있다.
  그런데 우리는 오늘날 이 부부관계를 너무도 쉽게 생각하고 있는 것은 아닌지 모르겠다. 자식은 남이 아니라 자신의 인연으로 만든 하나의 천륜인 것이다. 그런데 그런 자식조차 버리고 서로 남남으로 살아가는 부부가 너무도 많다.
  붓다의 전생 이야기는 '부부란 이전의 생에서 인연을 맺었던 사람'이라고 말하고 있는 것이다. 심지어 자식과 부모조차도 그러하다. 우리는 한번쯤 아내와 남편의 관계에 대해 생각해 보아야 한다.
  부부의 사랑이란 우리가 쉽게 생각하고 버릴 수 없는 그 어떤 특별함이 있기 때문이다. 부부란 특별한 인연으로 맺어진 '천륜'이라고 한다.

30

집에서는 부모를 효로 섬기고
가정을 다스려 처자를 보살피며
부질없는 짓을 행하지 않는 것,
그것이 가장 좋은 길상이다. 법구경

깊은 산 속에 코끼리 떼가 살고 있었다. 그 중 어미 코끼리 한 마리가 새끼를 낳았는데 새끼 코끼리는 생김새가 단정하여 보는 이는 누구나 좋아하였다. 그 새끼 코끼리는 태어나 얼마 되지 않아서 위대한 코끼리 왕이 되었다. 그는 왕답게 행동하였는데 특히 부모에게 극진하게 효도하였으며 공양을 올릴 때에는 온갖 먹을 것과 과일, 풀뿌리를 공경하는 마음으로 부모에게 먼저 받들어 올려서 배부르게 드시게 한 뒤에야 자기가 먹었다.

어느 날 이 코끼리 왕이 사람의 왕인 범덕왕에게 붙잡혔다. 왕은 매우 기뻐하면서 친히 코끼리를 사육하였다. 그러나 왕의 보살핌에도 불구하고 코끼리 왕은 오히려 야위어 갔으며 언제나 크게 신음하고 울부짖었으며 잠시도 쉬지 않고 눈물을 흘리며 구슬피 울어댔다.

점점 초췌해지는 코끼리 왕을 보다 못한 범덕왕이 하루는 그 앞에 가서 합장하고 이렇게 물었다.

"내가 온갖 좋은 먹이를 너에게 주고 있는데 너는 살이 찌지 않고 기력이 줄어들고 몸이 수척해 가기만 하는구나. 나는 너를 사랑하여 잠시도 쉬지 않고 보살피건만 너는 무슨 일로 그러는 것이냐?"

그러자 코끼리 왕이 말하였다.

"대왕은 굽어 살피소서. 저 숲속에는 나의 부모가 계시는데 나이가 많고 쇠약합니다. 제가 생각하건대 왕에게 잡히기 이전에 단 한 번도 제가 먼저 음식을 먹은 기억이 없습니다. 먼저 부모에게 드린 뒤에야 먹었으며, 물과 음료도 역시 부모님이 먼저 마신 뒤에 제가 먹었습니다. 저는 지금 조금도 모자라는 것 없이 왕에게 보살핌을 받고 있으나 저의 부모는 저 숲속에서 외롭게 지내면서 커다란 고통을 받고 있습니다. 저는 지금 부모님을 뵙지 못하니 그 때문에 근심에 싸여 즐거울 수 없는 것입니다."

이 말을 들은 범덕왕은 크게 감동하여 코끼리 왕을 풀어주며 말하였다.

"참으로 신기하고 불가사의하구나. 사람 가운데도 이런 이를 만나기 어려운데 하물며 코끼리가 이와 같은 생각을 하고 있구나. 이제 풀어줄 터이니 부모에게 가서 공양 올리고 맘껏 즐겁게 살아라."

범덕왕에게 풀려난 코끼리 왕은 천천히 숲을 향해 나아갔다.

한편 그즈음 어미 코끼리는 자식이 보이지 않자 근심걱정하고 괴로워하면서 눈물을 흘리며 구슬프게 울부짖다가 결국 두 눈을 잃고 말았다. 앞을 보지 못하자 사방을 헤매면서 뛰어다녔기 때문에 어미 코끼리는 자기가 살던 곳에서 멀리 떨어진 곳으로 가 있게 되었다.

코끼리 왕이 다시 그 숲에 돌아왔는데 어미가 보이지 않자 코끼리 왕은 소리 내어 크게 울부짖었고, 그때 어미 코끼리는 그 부르짖는 소리가 자기 자식의 소리인 줄 알고서 또한 소리 내어 구슬피 울부짖었다.

코끼리 왕은 그 소리를 듣고 마침내 어미 코끼리가 있는 곳에 이르렀다. 코끼리 왕은 어미 코끼리가 물가 가까운 곳에서 머물고 있는 모습을 보자 기쁨이 온몸 가득 차올라 어머니 곁으로 가서 어머니에게 물을 뿌리며 목욕을 시켜 드렸다. 어미 코끼리는 아들이 물을 가져와 몸을 씻기자, 순간 시력을 되찾았는데 예전보다 눈이 더 밝아졌다.

어미 코끼리는 아들을 보자 물었다.

"너는 어디 갔다가 오늘에야 돌아왔느냐? 나는 오랫동안 너를 보지 못하였구나."

그러자 코끼리 왕은 어미 코끼리에게 범덕왕이 보낸 사람들에게 잡혀서 왕궁으로 끌려갔던 일과 왕의 공양을 받은 일, 그리고 다시 풀려나 집으로 돌아오게 된 사연 등 모든 일을 자세히 들려주었다.
 어미 코끼리는 아들의 말을 듣고 나서 크게 기뻐하며 이렇게 외쳤다.
 "아들아, 내 오늘 너를 다시 만날 수 있게 되었고 기쁨과 즐거움이 이토록 크니, 부디 범덕왕도 그 부모처자와 남녀 권속들과 친척과 대신과 백관, 옆에서 보좌하는 모든 사람들과 함께 잘 살아가며, 내가 지금 이렇게 기쁨을 느끼는 것과 같이 그들도 기쁘게 살아갔으면 좋겠구나."

 〈불본행집경〉에 나오는 이야기다.
 부처님은 효에 대해 많은 설화를 바탕으로 이야기를 하셨다. 또한 자식이 왜 부모에게 효를 다해야 하는지를 아주 명쾌하고 정확하게 설법하셨다.
 "부모가 병들면 자식은 갖가지 방법으로 병고를 빨리 제거하도록 해야 한다. 그리하여 오근伍根이 경쾌하고 편안하게 조화되며 양질의 음식으로 체력이 견고해져서 온갖 고통을 떠난 가운데 장수를 누리도록 해드려야 한다. 왜냐하면 지금의 이 몸이 세상에 있는 것은 부모의 생육을 받았기 때문인데, 이런 이유로 부모의 은혜가 무거운 까닭이다."
 오늘날 내가 존재하는 것은 부모가 있기 때문이다. 이 하나만으로도 우리는 부모를 공경하고 효를 다하지 않으면 안 된다.

우리의 육신은 자동차와 같고 마음은 운전기사와 같다_청담스님

31

엄청나게 많은 재산과 귀금속과 먹을 것을 가진 사람이 혼자서 독식한다면 이것은 파멸의 문이다. 숫타니파타

옛날에 큰 부자이면서도 자신에게조차 인색하여 좋은 옷과 맛있는 음식을 즐겨하지 않는 이가 살고 있었다. 그 부자의 옆집에는 가난한 노인이 살고 있었는데 그는 날마다 흡족하게 고기를 먹었고 손님이 끊이지 않았다.

그러자 인색한 부자는 엄청난 재산을 가지고 있으면서도 '나는 저 노인보다 못하구나.'라고 생각하고서 닭 한 마리를 잡고 한 되의 쌀밥을 지어 수레에 싣고는 아무도 없는 곳으로 가서 먹으려 하였다.

음식을 내려놓고 먹으려 할 때 제석천왕이 개로 변하여 그의 주위를 서성이며 그의 눈치를 살폈다. 그러자 부자가 개에게 말하였다.

"만일 네가 공중에 거꾸로 매달리면 너에게 음식을 주겠다."
개는 곧 공중에 거꾸로 매달렸다.
"네가 눈을 빼어 땅에 놓으면 이 음식을 주겠다."
그러자 개의 두 눈이 빠져 땅에 떨어졌다. 하지만 음식이 아까웠던 부자는 다른 곳으로 옮겨 갔고 제석천왕은 그 부자의 몸으로 변신하여 그의 집으로 갔다. 대문에 도착한 그는 문지기에게 누구든 이 집의 주인이라고 하는 자가 있거든 때려서 내쫓으라고 하였다. 뒤늦게 돌아온 부자는 문지기에게 내쫓겼고, 제석천왕은 부자의 재물을 모두 가져다 보시하였다. 집에 들어가지도 못하고 온 재산이 다 사라지고 만 부자는 그만 미쳐 버렸다.
그때 제석천왕이 부자에게 말하였다.
"대개 사람은 재물이 많으면 걱정이 많은 법이다. 죽음이란 오가는 기약도 없이 갑자기 오는 것인데, 재물을 쌓아 두고 먹지도 않고 보시도 하지 않으면, 죽어서는 아귀가 되어 언제나 의식이 모자랄 것이요, 혹 아귀를 벗어나 사람이 되더라도 천한 데 떨어질 것이다. 너는 죽음을 생각하지 않고, 부자이면서도 인색하여 먹지도 않으니 또 무엇을 바라는가?"
'개처럼 벌어 정승처럼 쓰라.'는 말이 있다. 이것은 재산을 모으는데 있어서는 개처럼 열심히 일하여 모으라는 뜻이고 그것을 쓸 때는 아주 귀중하고 좋은 곳에 쓰라는 말일 게다. 사실 재산을 모으는 것은 힘들다. 그러나 그것을 쓰는 것은 아주 쉽다.
그런데 재산을 모으기만 하고 가난한 사람을 돕는데 인색하고 심지어 자신에게 쓰는 것조차 인색하다면 재산을 모을 이유가 하나도 없는 것이다. 재산이란 쓰기 위해 있는 것이다.

 부처님은 "모든 것은 이 마음에 있으며 저 마음에 있다."라고 하셨다. 재산을 모으는 것은 어쩌면 이 마음이요, 쓰는 것은 저 마음인지도 모른다. 사람에게는 이 마음과 저 마음이 따로 따로 앉아 있기 때문이다. 마음이란 어찌 보면 추상적이다. 어느 마음도 온전하게 가지고 있지 않다.

 죽어서 재산을 가지고 갈 수는 없다. 오늘날 오히려 없는 사람이 남을 돕는데 더 앞장서는 것을 우리는 많이 본다. 그러나 없는 사람이 내어 놓는 것은 재물이 아니라 '더 없는 마음의 복'이다.

 만약 있는 사람이 자신의 재산을 털어 가난한 사람을 돕는다면 그야말로 현실적으로 크게 도울 수 있는 것이다. 그러나 결코 쉬운 일이 아님은 분명하다. 왜냐하면 그 재산을 모으기 위해 많은 시간과 정열을 쏟았음이 분명하기 때문이다. 그러나 한 생각을 달리 한다면 그것은 많은 사람을 구할 수 있고 그 복덕은 죽어서도 크다.

 이러기 위해서는 적어도 마음을 비우는 작용, 즉 '허심(虛心)'이 있어야만 가능하다. 허심은 언어 표현 이전에 마음의 깊은 통찰과 자기 수련을 한 연후에 나올 수 있다. 그것이 바로 모든 재물로부터 벗어 날 수 있는 진정한 마음일 것이다.

32

자기만의 독단적인 견해를 미리 정해놓고 거기에 편중하여
자신에게만 좋은 결과가 있다고 생각하는 사람은
정말 크나큰 착각 속에 살고 있는 것이다. 숫타니파타

옛날 어떤 숲에 나무 신이 두 명 살고 있었다. 그 숲속에는 무시무시한 사자와 호랑이가 많이 살고 있었다. 숲에는 호랑이와 사자가 잡아먹고 남은 짐승의 시체가 어지럽게 뒹굴고 있었다. 그래서 숲속은 언제나 썩어가는 시체 냄새가 진동하였고 사람들은 이런 위험한 숲에 절대로 접근하지 않았다.

어느 날 우둔한 나무 신은 세상의 이치도 알지 못한 채 현명한 나무 신에게 불만을 말하고 있었다.

"사자와 호랑이 때문에 우리 숲은 부패한 시체 냄새로 진동하고 있어. 이런 식으로는 매일 매일이 불쾌하기 짝이 없잖아. 당신은 어떻게 생각하고 있는지 모르겠지만 나는 놈들을 쫓아버릴 참이야."

그러자 현명한 신이 답하였다.

"그들 덕분에 우리가 사는 숲이 지켜지고 있는 것을 알아야지. 그들이 없다면 인간들은 반드시 숲의 나무를 베어버리고 말걸! 그리고 마을을 만들고 논밭을 일구어서 우리의 삶의 터전을 파괴하고 말 거야. 그렇게 되면 자네야말로 곤란에 처할 텐데……."

그러나 우둔한 나무 신은 그 말에 조금도 개의치 않았다. 그 후 오래지 않아 이 신은 법의 힘을 마구 행사하여 사자와 호랑이를 숲에서 모조리 쫓아버리고 말았다.

사자와 호랑이가 완전히 사라지자 인간들은 금세 알아챘다. 그들은 재빨리 숲의 한 귀퉁이를 허물기 시작하였다. 우둔한 나무 신은 숲의 나무들이 차츰 잘려나가는 것을 보자 걱정이 되어 인근 숲으로 쫓겨 가서 사는 맹수들을 찾아가 다시 돌아오라고 간절하게 노래를 불렀다. 하지만 맹수들은 코웃음을 치며 나무 신의 하소연을 비웃었다. 그러고 나서 며칠 지나지 않아 나무는 모조리 베어졌고 마을이 들어서고 밭이 만들어졌다. 그리고 나무 신들이 살던 곳도 영영 사라지고 말았다.

부처님의 전생 이야기인 〈본생담〉에 나오는 이야기다.

우리는 세상을 살아가면서 여러 가지의 견해로 인해 충돌할 때가 많다. 이 우화는 환경을 파괴하지 말라는 본질적인 문제를 담고 있지만 정작 주장하는 것은 자신의 견해를 너무 고집하지 말라는 깊은 뜻도 숨겨져 있다. 즉 남의 견해를 존중하라는 것이다.

세상은 혼자서 살아갈 수 없다. 다만 더불어 살아갈 뿐이다. 자연이 눈에 보이지 않는 법칙에 의해서 움직이듯 인간도 눈에 보이지 않는 어떤 법칙에 의해서 움직이고 있다. 그러므로 남의 견해도 아주 중요하다. 우둔한 나무 신은 단순히 현재에 처한 상황만을 감지했을 뿐 미래에 일어 날 일을 전혀 예견하지 못했다. 그러나 현명한 나무 신은 사자와 호랑이가 있음으로 해서 자연이 유지된다는 것을 알고 있었던 것이다.

우리는 먼저 두 신의 견해에 대해 생각을 하지 않으면 안 된다. 나만 옳다고 해서는 안 되는 것이다. 여기에는 일정한 타협과 화합이 필요하다. 부처가 말하는 진리의 핵심은 바로 여기에 숨겨져 있다.

이 세상에 홀로 되는 것은 아무것도 없다는 것이다.

33

성실, 자기절제, 관대함, 인내심,
이 세상에서 이 네 가지보다 더 나은 것이 있다면
다른 수행자들에게 물어 보라. 숫타니파타

사람이 세상을 살아가는데 가장 필요한 것은 자기만이 꼭 가져야 할 마음가짐이다. 우리는 이 세상을 살면서 마음속에 단 한가지만이라도 생활 속의 교훈을 가지려고 노력해 본 적이 있는가. 누가 '당신은 세상을 살아가는데 최상의 가치를 어디에 두고 있는가.'를 묻는다면 과연 당신은 어떻게 대답할 것인가?

누구든지 그것에 대해 명쾌한 답을 내리지 못할 것이다.

부처님은 "사람은 성실해야 하며 어떤 일을 하더라도 깊이 생각하고 자기를 절제해야 한다. 비록 어려운 일이 닥치고 극한 상황이 오더라도 참고 견디는 인내심이 필요하며 누군가가 자신에게 해를 입히더라도 그에 대한 관대함을 가져야 한다. 또한 성실, 자기절제, 인내심, 관대함 이 네 가지가 사람이 가져야 할 최상의 가치이며 이를 마음속에 가지고 있다면 사람은 어떠한 위험과 고난이 오더라도 명쾌하게 스스로의 해답을 구할 수 있다고 했다."

그러나 우리는 이 중 단 한 가지도 가지고 있지 않은 사람이 많다. 어쩌면 단 한가지만이라도 가지고 있다면 세상을 사는 것이 그리 힘들지 않을 것이다. 성실하다면 가난에서 벗어 날 것이며, 자기 절제가 있다면 헛된 욕심에서 벗어나 돈을 모을 것이며, 관대함을 가지고 있다면 많은 사람으로부터 덕망을 얻을 수 있고 인내심이 있다면 어떤 고난도 극복할 수 있기 때문이다.

우리가 이런 삶을 구하기 위해서는 우선 자기만의 교훈을 가지는 것이 매우 중요하며 이를 실천할 수 있는 각오가 필요하다. 마음만 먹고 행하지 않는다면 이것은 오히려 아니한 것만 못하기 때문이다.

그러기 위해서 무엇보다도 필요한 것은 자기 자신을 뒤돌아보아야 한다는 것이다. 자기를 뉘우쳐 깨닫지 않고서는 이 네 가지 중 단 하나라도 실천할 수 없다. 왜냐하면 알 수 없는 그 무엇으로부터 끊임없이 시달리는 것이 바로 중생의 삶이기 때문이다. 욕망으로부터 시달리고, 분노로부터 시달리고, 어리석음으로부터 끊임없이 시달리기 때문이다.

이 시달림의 원인조차 모르는 것이 바로 자기 자신이다. 그러므로 굳은 신념으로 마음의 중심中心을 잡지 않으면 안 된다. 그래야만 자신의 마음가짐이 새롭게 달라질 수가 있는 것이다.

〈여왕십붕서與王十朋書〉에는 천리나 되는 튼튼한 둑도 개미 떼에게 무너지고, 아름다운 흰 구슬도 흠 때문에 쪼개어진다고 적혀 있다. 하물며 오묘한 도를 둑이나 옥 따위에 비하며, 탐욕과 성내는 마음을 개미의 파괴나 옥의 흠집 정도에 비하겠는가.

중요한 것은 뜻을 확고부동하게 세우고 성실하게 닦아 나아가며 어떠한 유혹에도 굴하지 않고 스스로 절제하며 스스로 인덕을 쌓아 관대함과 인내심을 가진다면 어떠한 일도 완벽하고 훌륭하게 할 수 있을 것이다. 그런 뒤에야 자신을 이롭게 하고 다른 사람도 이롭게 할 수가 있는 것이다.

이렇듯이 우리는 항상 마음속에 삶의 좌우명을 가지고 살아가지 않으면 안 된다. 사람이 좌우명을 가지는 것은 자신에 대한 무분별한 생각과 마음의 적을 없애기 위한 하나의 선線이기 때문이다.

34

**만약 사람의 마음이 정직하면
금과 같이 귀중하다.** 제법집요경

대개 성공하는 사람들의 생활태도는 정직하다. 정직하다는 것은 남에게 깊은 신뢰를 주기 때문이다. 사실, 이것은 남의 문제가 아닌 자신의 문제에 더 가깝다. 우리 자신에게 정직하다면 자연스럽게 타인에게도 정직해질 수 밖에 없다. 그러나 과연 우리는 자신에게 정직한가? 이 물음에 대해 쉽게 '그렇다.'라고 대답할 사람은 별로 없을 것이다.

부처님의 전생 이야기인 〈본생경〉에는 정직하지 못해 곤욕을 치른 부처님과 그의 부인 야소다라와의 재미있는 이야기가 적혀 있다.

어느 날 인도의 바라나시국의 태자가 부왕의 미움을 사서 궁에서 쫓겨났다. 부인과 단 둘이 산 속으로 쫓겨난 태자는 어느 날 사냥하러 나갔다가 큰 짐승 한 마리를 잡게 되었다. 그는 집으로 돌아와 부인에게 주며 삶으라고 하였다. 한참을 삶자 물이 졸아들었기에 부인은 물을 길어오려고 집을 나섰다. 그 사이 태자는 너무나 배가 고파 반쯤 익은 고기를 꺼내 다 먹어버리고 부인 몫은 하나도 남겨놓지 않았다.

물을 길어온 부인은 고기가 없어진 사실을 알고 남편에게 물었는데 남편은 고기가 갑자기 살아나 제 발로 달아났다고 딱 잡아뗐다. 너무나 완강하게 잡아떼는 남편의 진실하지 못한 태도에 질려버린 부인은 그 후 남편과 지내는 날들이 조금도 즐겁지 않았다.

세월이 흘러 부왕이 세상을 떠나자 태자는 신하들의 간청으로 왕위에 올랐다. 자연히 태자비도 궁궐로 돌아갔다. 왕이 된 태자는 나라에서 가장 값비싼 보물을 왕비에게 선물하였지만 왕비의 얼굴은 조금도 밝아지지 않았다. 영문을 모르는 왕은 왕비에게 그 이유를 물었고, 왕비는 산 속에서 가난하게 지내던 당시 자신을 속인 남편에 대한 원망이 가득 차 그때의 서글픈 마음을 씻을 수 없음을 고백하였다.

그때의 왕자가 지금의 부처님이고, 그 왕자비가 야소다라이다. 그때 왕자가 몰래 고기를 먹고 왕위에 오른 뒤 재물을 왕비에게 주어 친근한 마음을 나타내었지만 왕비는 조금도 마음을 열지 않고 원망만을 더하였다. 그 인연으로 말미암아 부처님께서 보배를 야소다라에게 주어도 부인의 마음을 기쁘게 할 수가 없었던 것이다.

이 이야기는 부처가 깨달음을 얻기 전에 일어난 일이다. 이러한 위대한 성인도 배고픔을 이기지 못해 자신의 부인에게 거짓말을 하였다. 어찌 보면 아주 사소하고 작은 거짓말일지도 모른다. 그러나 그것을 받아들이는 사람의 마음은 상처가 크다는 것을 명심해야 한다.

우리는 세상을 살아가면서 알게 모르게 남에게 사소한 거짓말을 하는 경우가 있다. 그러나 사실 따지고 보면 거짓말에는 작고 큰 것이 없다. 거짓말이면 그것은 그냥 거짓이고 그것이 진실이면 그냥 진실인 것이다.

그런데 우리는 이러한 거짓과 진실 사이를 스스로 혼동하며 살아가는 경향이 있다. 그러나 그것을 받아들이는 사람의 마음은 아주 다르다는 것을 명심해야 한다. 자칫하면 큰 오해를 낳을 수 있으며 나중에는 불화不和로 치닫게 되는 큰 원인이 되어 자신에 대한 신용이 떨어지게 된다.

그러므로 우리는 어떠한 경우에라도 거짓말을 해서는 안 된다. 설사 그 순간이 고통스럽다 할지라도 마음속의 진실을 토로한다면 언젠가는 그 진실은 빛을 발하게 된다.

부처님조차도 왕비에게 배고픔을 이기지 못하고 거짓말을 한 뒤에 왕비로부터 미움을 산 이 이야기를 우리는 되새겨 보지 않으면 안 된다.

35

빚이 있어 돌려 달라고 독촉을 받을 때
'갚아야 할 빚이 없다'고 발뺌을 하는 사람은
천한 사람이다. 숫타니파타

빚에 대하여 〈중아함경〉에는 이렇게 나와 있다. '세상에서 빈궁은 고통이어서 다른 사람에게서 재물을 빌리고 남의 재물을 빌린 뒤에는 남에게 구박받아 고뇌가 된다. 또한 빚쟁이가 찾아와 독촉하여 그 때문에 끝내는 결박당하나니 그 결박은 너무도 괴롭고 괴로워라. 세상의 욕심을 즐거워했기 때문이네'

빚은 남으로부터의 결박과 심적인 고통을 크게 얻고 영원히 빈궁에서 벗어나지 못하게 되는 원인이 된다. 그러므로 자신의 생활이 어렵다고 하더라도 되도록 빚을 지지 말아야 한다. 빚은 또 다른 빚을 낳기 때문에 영원히 가난에서 벗어날 수 없고 견딜 수 없는 고통을 당한다.

일찍이 부처님은 "자칫하면 재물 때문에 사람도 잃고 재물까지 잃는다."고 경고를 했으며 벤자민 플랭크린은 "적에게 돈을 꾸어주면 그를 얻을 것이고 친구에게 돈을 꾸어주면 그를 잃는다."고 했다. 이는 돈에 대한 양면성을 그대로 보여주는 것이다. 인간의 마음은 태어날 때부터 맑은 시냇물처럼 깨끗하다. 그러나 물질에 대한 욕심과 재물에 대한 탐욕이 커지면 사람의 마음 또한 탁해진다.

여기 부처님의 재물에 대한 탐욕을 없애는 이야기가 있다.
옛날 다미사多昧寫 왕은 칠보七寶를 산더미처럼 쌓아놓고 구걸하러 오는 이가 있으면 한 줌씩 가져가게 했다. 부처님은 그를 제도하기 위해 바라문으로 변하여 그 나라로 가셨다.
"저는 외국에서 왔는데 보물을 얻어 집을 지으려고 합니다."
"좋습니다. 그렇다면 보물을 한 줌 집어가십시오."
부처님은 보물을 집다가 다시 내려놓았다.
"왜 보물을 다시 내려놓는 겁니까?"
"이것으로는 집 한 채밖에 지을 수 없습니다. 결혼 비용을 대자면 턱없이 부족합니다."
"그렇다면 세 줌 정도 가져가십시오."
"이것으로 장가는 갈 수 있지만, 논과 종과 소와 말을 사자면 모자랍니다."
"그러면 일곱 줌쯤 더 가져가십시오."
"자식을 낳으면 시집, 장가를 보내야 하는데 이 보물로도 모자랍니다."

"그러시면 여기 있는 보물을 모두 드릴 테니 전부 가져가십시오."

그러자 부처님이 대답했다.

"처음에는 끼니를 해결하려 이곳에 왔습니다. 그런데 사람의 목숨을 생각해 보면 긴 것이 아니며 만물 또한 덧없기 그지없습니다. 인연이 겹쳐감에 따라 근심과 괴로움은 깊어만 가니, 설사 산더미 같은 보물을 갖는다고 해도 무슨 소용이 있겠습니까? 탐욕으로 일을 꾀하면서 스스로 괴로워하기보다는 차라리 마음을 비우고 한없는 도를 추구하는 것이 낫다고 생각됩니다. 그래서 보물을 받지 않는 것입니다."

그제야 왕은 부처님의 높은 법언을 듣고 알아차렸다.

부처님은 구걸하는 거지들에게 재물을 던져 주는 것이 잘못된 일이라는 것을 왕에게 가르쳐주었다. 거지들에게 무작정 재물을 던져 주게 되면 오히려 무기력해져 게으르게 되고 마침내는 영원히 회생 불능의 사람이 된다는 것을 일러 주었던 것이다.

36

어머니와 아버지를 하늘처럼 공경하라.
어머니와 아버지를 큰 스승 섬기듯이
공경하고 예배하라. 잡보장경

부모의 은혜는 이루 말할 수 없이 참으로 크다. 동서고금을 막론하고 부모가 자식에게 베푼 사랑을 주제로 다룬 많은 글들 중에서도 이솝우화 같은 재미있는 이야기를 한 토막 소개한다.

게으른 자식을 둔 어떤 농부가 죽음을 앞두게 되었다. 그는 자나 깨나 자식 걱정이 태산이었다. 그동안은 자신이 부지런히 농사를 지은 덕에 먹고 살았지만 죽고 나면 필시 게으른 자식들은 일을 하지 않아 굶어 죽을 것이 틀림없어 고민 끝에 묘안을 짜내었다. 그리고 아들 둘을 불러 유언을 남겼다.

"내가 죽은 뒤 너희들을 위해 밭에다가 금 항아리를 하나를 묻어 두었다. 그러니 내가 죽거든 밭을 뒤져 그 금 항아리를 찾아라. 아마 너희들이 평생 먹고 사는데 부족함이 없을 것이다."

아버지가 돌아가시자 자식들은 그 금 항아리를 찾기 위해 온 밭을 파헤치기 시작했다. 그러나 그 금 항아리를 찾지 못했다. 자식들은 돌아가신 아버지를 원망했지만 어쩔 수 없었다. 이대로 있다가는 그냥 굶어 죽을 판이었다. 당장 생계를 마련할 길이 없었던 그들은 파헤쳐 놓은 밭에 씨나 뿌려 보자고 했다. 농사는 풍작을 이루었다. 그제야 자식들은 아버지의 유언을 깨닫고 진실로 뉘우쳤다. 그들은 그 후부터 열심히 농사를 지어 생계를 꾸려 나갈 수 있었다.

부모의 중한 은혜는 이루 다 말할 수 없다.

〈출요경〉에는 '만일 어떤 효자로 하여금 부모의 은혜를 갚게 하려면, 오른쪽 어깨에는 아버지를 업고 왼쪽 어깨에는 어머니를 업은 다음에 백 천 겁 동안 천지를 돌아다녀도 부모가 자식에게 해 준 하루의 은혜마저도 다 갚지 못할 것이다. 왜냐하면 부모는 내 몸을 기르고 내 마음을 열어주어 광명을 보게 하였고, 진자리 마른자리를 가리면서 때때로 보살펴 주었기 때문이다. 그러므로 아무리 효자라도 그 은혜의 천 분의 일도 갚지 못할 것이다.'라고 적혀 있다.

또한 〈증일아함경〉에는 '우리들을 안아 길러 주셨고, 수시로 보살펴 시기를 놓치지 않았기 때문에 우리가 저 해와 달을 보게 된 것이다. 이런 사실로 보아 부모의 은혜를 갚기란 참으로 어렵다. 그런 까닭에 마땅히 부모에게 공양을 해야 할 것이요, 항상 효도하고 순종하여 그 시기를 놓치지 말아야 하느니라.'고 했다.

사회가 획일화될수록 부모에 대한 공경심이 많이 사라진다. 부모는 자식을 낳았으니 마땅히 자식을 공부시켜야 할 의무가 있고 재산을 물려주어야 한다고 생각하는 젊은이가 많이 있다.

이 같은 생각은 한마디로 궤변이 아닐 수 없다. 부모가 있어 세상에 태어난 것인데 오히려 부모가 자식을 낳았기 때문에 당연히 잘 길러줘야 한다는 생각은 도저히 납득하기 힘들다. 물론 이 땅의 모든 부모들에게 자식을 잘 길러야 할 의무가 있는 것은 당연하다. 오늘날 도덕은 무너질 대로 무너져 내리고 있다.

부처님께서 말씀하였다.

"범부 백 사람을 공양하는 것은 착한 한 사람을 공양하는 것보다 못하고, 착한 사람 천 명을 공양하는 것은 오계伍戒를 지닌 한 사람을 공양하는 것보다 못하며, 오계를 지닌 사람 만 명을 공양하는 것은 수다원 한 사람을 공양하는 것보다 못하고, 수다원 백만 명을 공양하는 것은 사다함 한 사람을 공양하는 것보다 못하고, 사다함 수천만 명을 공양하는 것은 아나함 한 명을 공양하는 것보다 못하고, 아나함 일억 명을 공양하는 것도 아라한 한 명을 공양하는 것보다 못하며, 아라한 십억 명을 공양하는 것은 벽지불辟支佛 한 명을 공양하는 것보다 못하고, 벽지불 백억 명을 공양하는 것은 세존의 가르침으로 한 세상의 어버이를 제도하는 것보다 못하기에 이 세상에서 어버이가 가장 신령하다."

그러므로 세상의 모든 어버이들은 가장 위대한 것이다.

37

그대들에게 이르노니
잡초를 뿌리째 뽑아버리듯 욕망을 뽑아 버려라.
그리하면 거센 물살이 갈대를 쓰러뜨리듯
마라가 그대를 쓰러뜨리지 못하리라. 법구경

인간의 욕망은 항상 고통과 비례하고 행복과는 반비례 한다는 말이 있다. 재물 욕심이 많으면 많을수록 거기에 따르는 고통은 그와 같다는 말일 것이다. 이와 같이 인간이 만든 욕망의 항아리는 채워도 채워도 다 채워지지 않는 밑 없는 독과 같다.

이것 때문에 끊임없이 싸우고 질투하고 심지어 남을 죽이기까지 한다. 인간이 동물보다 어리석은 것이 있다면 바로 욕망으로 가득 찬 마음이다. 일찍이 그리스의 철학자 소크라테스는 "나는 가장 적은 욕망을 가지고 있었기에 행복했다."라고 말했다.

인도의 상가세나 스님이 쓴 〈백유경〉에도 인간의 욕심에 관한 이야기가 있다.

옛날 한 마을에 비사사라는 두 귀신이 살고 있었다.

그들은 작은 상자와 지팡이 한 개, 그리고 신발 한 켤레를 가지고 있었다. 그들은 그것을 서로 가지려고 다투었지만 해가 지도록 싸움은 끝나지 않았다.

그 때 그것을 본 어떤 사람이 두 귀신에게 물었다.

"이 상자와 지팡이와 신발은 그 어떤 진기한 힘을 가지고 있기에 너희들은 그토록 서로 가지려고 다투고 있는가."

두 귀신이 대답을 하였다.

"이 상자는 의복, 음식, 평상, 침구 따위의 생활 도구들을 모두 만들어내는 진기한 힘을 가지고 있으며, 이 지팡이는 어떤 원수를 만나더라도 능히 물리칠 수 있는 힘을 가지고 있으며, 이 신발만 있으면 세상 그 어느 먼 곳이라도 날아갈 수 있다."

어떤 사람은 그 두 귀신의 말을 듣고 이렇게 말을 하였다.

"지금 너희 둘은 잠시 이 자리에서 이 물건들을 두고 떨어져 있으라. 그러면 내 이를 고루 나누어 주리라."

귀신들은 이 말을 듣고 잠시 멀리 피해 있었다. 어떤 사람은 곧 상자와 지팡이를 들고 신을 신고는 눈 깜짝 할 사이에 날아가 버렸다.

두 귀신은 깜짝 놀랐으나 어쩔 수가 없었다. 어떤 사람이 두 귀신에게 소리쳐 말하였다.

"너희들이 다투고 있는 물건들을 지금 내가 가지고 간다. 이제 너희들은 다투지 않아도 될 것이다."

이는 두 귀신이 지나친 욕심으로 인해 오히려 자신들이 가진 보물조차 잃어버리게 되는 웃지 못 할 우화 같은 이야기이다. 사실, 우리가 이 세상을 살아가는데 필요한 것은 많은 돈도 아니며 고래등 같은 집도 아니다. 그저 먹고 살며 아이들을 교육시키며 살아가는 정도의 재물만 있으면 된다. 그런데도 불구하고 재산에 대한 욕심을 버리지 못하고 아직도 재산 모으기에만 혈안이 된 사람들이 많다.

인간의 본능인 욕망을 버리라는 것이 아니다. 그리고 그러한 욕망 때문에 사람이 가져야 할 최소한의 양심마저 버리라는 것은 더 더욱 아니다. 욕망이 없다면 이 세상을 살아야 할 가치 또한 없다. 그러나 그 욕망을 조절하는 것도 사람의 마음이 아니겠는가.

항아리도 비워 두어야 새로 채울 공간이 생기는 법이다. 행복은 끊임없이 빈자리와 빈 곳을 채우는 과정에서 오는 것이며 이미 채워진 곳에 더 채워야 할 행복은 없다.

38

장하다! 이것이야말로 내가 찾던 길이다. 부처님의 생애

이 말은 어린 싯다르타가 출가 수행자와 마주쳤을 때 한 말이다. 한마디로 이 말 속에는 절대의 진리로 향하는 깨달음이 가득 차고 신념 어린 탄성이 녹아 있음을 알 수 있다.

우리가 일생을 살아가면서 우리가 추구하는 일이 이루어졌을 때 이러한 탄성을 내지를지 모른다. 어쩌면 이러한 절대의 깨달음을 경험한다는 것은 결코 녹녹한 일이 아니다.

우리는 성장하면서 자신이 이 세상에서 해야 할 일을 무수히 고민하며 살아 왔다. 그러나 분명한 것은 그 어떤 일 앞에서 우리는 이것이 내가 앞으로 해야 할 일이며 몸담아야 할 것인가를 판단하기가 어렵다는 것이다.

이 일이 내가 이루어야 할 필생의 과업이라고 느낀 사람은 분명히 그 어떤 분야에서도 반드시 성공을 할 것이다. 그러나 꿈이라는 것은 사회의 환경이나 역할에 따라 혹은 개인의 취향에 따라 변하기 쉽다. 그런 와중에서도 반드시 내가 이루고 말아야 할 꿈을 가지고 있다면 그것은 성공한 삶으로 이어질 것이다.

하지만 오늘날 많은 젊은이들, 특히 다변화 시대에 사는 우리들이 뚜렷한 확신없이는 불안한 삶을 살게 될 것임이 분명하다.

싯다르타 왕자는 열일곱 살이 된 어느 화사한 봄날, 수레를 타고 궁을 빠져 나와 한 늙은이와 마주쳤다. 그는 백발에 이가 빠지고 허리가 굽어 손에 지팡이를 쥔 채 후들후들 떨고 있었다.

싯다르타가 마부에게 물었다.

"마부야, 저 늙은이는 어떤 사람인가? 어째서 저렇게 가여운가."

"왕자님 저 사람은 나이가 든 늙은이이옵니다. 사람은 누구나 다 늙으면 저렇게 됩니다."

"그럼, 늙으면 나도 저렇게 되는가."

"그러하옵니다. 왕자님."

그 때 싯다르타 왕자는 병들어 신음하는 자를 보았고 장례 행렬을 보았다. 결국 싯다르타 왕자는 인간의 생로병사生老病死를 다 보았던 것이다. 그는 깊은 고뇌에 빠졌다.

그러다가 싯다르타는 출가 수행자와 마주쳤다.

"그대는 누구인가? 무엇을 하는 사람인가."

"왕자님, 저는 출가한 사문입니다."

"출가 사문이라. 그것은 무슨 일을 하는 사람인가."

"내가 이 세상을 보니, 모든 것이 무상無常합니다. 이것을 관觀하고 나서 세상의 모든 것과 친족을 버리고 해탈을 구하기 위하여 출가하였습니다. 어떻게 하면 모든 생명을 살릴 수 있을 것인가. 나는 항상 이런 생각을 하며 한 생명도 해치지 않으려고 애쓰고 있습니다."

싯다르타는 이 말을 듣고 깊이 생각하다가 말을 하였다.

"장하다, 이것이야말로 내가 찾던 길이다."

이후 고타마 붓다(싯다르타)는 보리수 아래에 풀을 깔고 동쪽으로 향하여 앉았다.

그리고 스스로 맹세를 하였다.

"설령 살갗과 근육과 뼈가 다 닳아지고 몸의 피와 살이 말라 없어진다 해도 깨달음을 얻지 못한다면 나는 가부좌를 풀지 않을 것이다."

열일곱 살 어린 왕자는 마침내 자신이 정한 길을 갔다.

그로부터 6년간의 고행 끝에 싯다르타는 보리수 아래에서 깨달음을 얻었다.

싯다르타의 탄성은 놀라울 만큼 확신에 찬 신념에서 나온 것이다. 우리는 지금쯤 자신의 미래에 대해 생각해 봐야 한다. 그 길이 설령 실패의 삶이라 할지라도 우리는 우리 앞에 놓인 분명한 길을 찾아 선택해야 한다.

39

사람이 무엇인가를 소유하다 도리어
괴로움을 당하는 일을 흔히 보게 된다.
사람은 사람에게 속박되어 있기 때문이다. 초기불전 우다나

    우리는 세상을 살아가면서 알게 모르게 무엇인가로부터 속박 당하게 된다. 그 속박이란 돈, 사랑, 미움, 번민 등 이루 말할 수 없는 것들이다. 그러나 그러한 속박은 사실, 무엇인가를 소유하고자 하는 마음에서부터 생겨나는 것들이다.

    부처님은 많은 제자들에게 기쁨의 언어(우다나)와 진리의 언어(이티붓타카)를 설법했다. 이것은 살아생전 그 제자들을 위하여 친히 가르침을 던진 짧은 잠언이나 시구詩句들이다. 그러나 이 짧은 글 속에는 감히 말할 수 없는 깊고도 깊은 우물 같은 진리의 언어와 기쁨의 언어들이 가득하다. 초기 불전의 예를 들어 보자.

    어느 날 부처님이 사밧티 교외의 제타 숲 아나파틴다카 장자

의 동산에 계실 때였다. 그 때 잇챤난가라 마을에 사는 재가 신자인 한 남자가 볼일이 있어 사밧티에 왔다가 부처님을 만난 것이다. 그는 부처님께 예를 올리고 곁에 앉았다.

"그대여, 그대는 아주 오랫동안 여기에 오지 않았구나."

"부처님이시여 저는 항상 스승을 뵈러 가고 싶었지만 저에게 주어진 일이 너무 많아 스승님을 뵈러 올 수가 없었습니다."

이 말을 들은 부처님이 다시 말씀하셨다.

"진리를 찾고 가르침을 잘 받는 사람은 몸에 아무것도 지니지 않아도 즐거운 법이다. 사람이 무엇인가를 소유하다 도리어 괴로움을 당하는 일을 흔히 보게 된다. 사람은 사람에게 속박되어 있기 때문이다."

부처님이 재가 신자에게 한 말의 깊은 뜻은 바로 속박 당하지 말라는 것이다. 스스로 진리를 위해 자신의 일을 열심히 하고 있으므로 이미 자신의 할 일을 다 하고 있다는 깊은 뜻이 내포되어 있다.

우리는 오늘날 그리움이 그리움을 속박하고, 사랑이 사랑을 속박하는 무수한 과정들을 겪으며 세상을 살고 있다. 그러나 사실, 이러한 속박은 오히려 또 다른 괴로움을 만드는 행위인지도 모른다. 그러나 우리는 이러한 속박에서 결코 벗어날 수가 없다. 왜냐하면 기본적으로 사람은 사람에게 속박되어 있기 때문이다.

가족으로부터 친구로부터 사랑하는 사람으로부터 속박 당하지 않을 수는 없다. 그것이 이 세상을 살아가는 궁극적인 이유이기 때문이다. 만약, 그대가 아름다운 속박에서 벗어난다면 그대는 결코 삶이 주는 기쁨의 흔적들을 발견하지 못할 것이다.

그러므로 우리는 아름다운 속박을 꿈꾸지 않으면 안 된다.

40

제 몸보다 남의 몸을 사랑하고
제 목숨으로 남의 목숨에 견주는 이는
남을 해치지 않는다. 출요경

아주 먼 옛날에 제석천이 이끄는 천자들과 아수라왕이 이끄는 아수라 무리들이 크게 전쟁을 일으켰다. 이때 아수라들이 승리를 하자 패배한 제석천의 군대는 겁에 질려 마차를 되돌려 자신들의 궁으로 황급히 달아났다. 서둘러 궁으로 돌아가는 길에 숲 근처를 지나게 되었는데 마침 숲 아래에는 금시조 둥지가 있었고 그 속에는 금시조 새끼들이 많이 살고 있었다. 제석천은 도망치는 와중에도 새끼들을 발견하고서 마부에게 말했다.
"어린 새들을 죽이면 안 된다. 마차를 돌려라."
마부가 말했다.
"아수라의 군대가 뒤쫓아 오고 있습니다. 마차를 돌리면 우리가 죽음을 면하지 못할 것입니다."

"차라리 돌아가 아수라들에게 죽음을 당할지언정 저 중생들을 밟아 죽일 수는 없다."

마부는 하는 수없이 마차를 되돌렸다. 이때 아수라들은 제석이 마차를 돌리는 것을 보고는 엄청난 전술이 숨어 있으리라고 생각하고 지레 겁을 먹고 뿔뿔이 흩어져 달아났다.

부처님은 이 일을 두고 이렇게 말씀하셨다.

"삼십삼천의 최고 왕인 제석천은 남을 사랑하는 자비심을 지녔던 까닭에 그 위력으로 아수라 군을 물리쳤다. 바른 믿음을 지니고 수행하는 너희들도 언제나 남을 사랑하는 마음을 닦고 또 남을 사랑하는 마음의 공덕을 찬탄하여야 한다."

인간의 자비심에 대해 〈잡아함경〉에 실려 있는 이야기다.

자비심이란 불, 보살이 중생을 측은히 여기고 동정하는 마음을 말한다. 인간은 근본적으로 이러한 마음을 타고 났다. 그러나 욕망이 생기고부터 인간의 마음속에는 이러한 자비심이 사라진 것이다.

오늘날 세상은 테러와의 전쟁에 휩싸여 있다. 아프리카, 중동은 사람의 목숨이 파리 목숨보다 못하다. 같은 종족을 향해 총질을 하고 칼로 찌르는 것은 인간만이 할 수 있는 잔악무도한 행위이다.

사실 불교의 근본적인 이념은 자비심에 있다. 인간세계가 가진 모든 부조리와 모순은 인간 개개인의 욕망에서 비롯되었다.

이러한 욕망을 인간이 가진 지혜와 혜안으로서 없애려는 것이 불교사상이라고 할 수 있다.

불교적 관점에서 보면 인간이나 짐승들은 모두 생명을 가진 평등체다. 그러나 약자인 짐승들이 자비심을 베풀 수 없으며, 약한 사람이 강한 사람을 상대로 자비심을 베풀 수도 없다. 인간의 관점에서 보면 약자인 짐승과 약자인 인간에게 한없는 자비심을 베풀 수가 있는 것이다. 이것이 불교의 근본적인 이념인 것이다.

그러므로 인간이 자비심을 가진다면 어찌 사람을 죽일 수 있겠는가. 생명이란 오직 하나뿐이다. 죽는다는 것은 이 세상에서 사라진다는 것이다. 이 땅의 모든 생명은 살아야 할 이유가 있으며 그 가치가 있다.

만약, 그대가 이 세상에 없다는 것을 가정해 보라. 그것은 하나의 공포가 아니고 무엇이겠는가.

오늘 내가 사랑했던 사람을, 그를 영원히 볼 수 없다면 그것은 악몽이 아니고 무엇이겠는가. 지금 곁에 있는 사람을 사랑하고 용서하라. 그것이 바로 자비심이다.

41

남의 죄를 자주 드러내지 마라.
자신의 몸과 입이 깨끗하지 못하면서
남의 죄를 자꾸 들추는 자가 있다면
곧 상대방은 '당신이나 잘하라'고 대꾸할 것이다. 사분율

인생에는 아쉽게도 두 가지의 길뿐이다. 하나는 승자요 하나는 패자다. 그러나 우리는 이러한 승자와 패자를 가지고 논할 가치가 있는가에 대해 생각할 필요가 있다. 역설적으로 말하면 사실 승자도 패자도 없다. 과연 누가 승자이고 패자인가.

돈이 많고 학벌이 뛰어나고 지혜가 뛰어나다고 해서 승자라고 할 수 없으며 가난하고 배우지 못하고 머리가 나쁘다고 하여 패자라고 할 수도 없다. 인생이란 스포츠와 같이 승패가 뚜렷하게 드러나는 것이 아니다.

가난한 사람은 가난한대로 사는 것이 바로 그의 인생이며 배우지 못해 배우지 못한 대로 살아가는 것 또한 그 사람의 몫이다. 그러므로 우리는 그를 두고 패자라고 할 수가 없다.

그것은 전적으로 그 사람의 몫이기 때문이며, 인생이란 짧은 순간에 언제라도 뒤바뀔 수 있다. 그러므로 우리는 그 누구도 남의 인생에 대해 논할 수는 있어도 그의 가치에 대해 평가할 수는 없다. 힘든 것도 그의 몫이며 괴로워하는 것도 그의 몫이기 때문에 우리는 그를 두고 우리의 입장에서 패자라고 할 수가 없는 것이다.

왜냐하면 그는 이미 스스로 패자인 것을 알고 있기 때문이다. 그러나 그는 결코 패자가 아니라 다만 힘이 없고 어리석은 사람에 불과할지도 모른다. 그것이 자신에 의해서든, 아니면 부모로부터 물려받은 가난 때문이든, 그런 그를 두고 패자라고 부르는 것은 잘못된 일임은 분명하다.

우리는 종종 사람에 대해 자신도 모르게 폄하하거나 남의 잘못을 피력할 때가 많다. 그러나 그것은 결코 좋은 일이 아니다. 그러는 사이 자신도 모르게 남에게서 그러한 말들을 들을 지도 모른다.

부처님께서 우팔리에게 말씀하셨다.

"너희들은 남의 죄를 자주 드러내지 마라. 자신의 몸과 입이 깨끗하지 못하면서 남의 죄를 자꾸 들추는 자가 있다면 곧 상대방은 '당신이나 잘하라.'고 대꾸할 것이다. 우팔리여, 만일 자신이 깨끗하면 상대방이 이렇게 대꾸하지 못할 것이다. 말이 깨끗하지 않거나 생활이 깨끗하지 못하거나, 지식이 많지 않거나 계율의 내용을 모르고 말씨가 똑똑하지 않은 것도 이와 같다. 우팔리여, 남의 허물을 드러내려면 때를 놓치지 말고 제때에 해야 하며, 거짓이 아닌 진실로 해야 하고, 이로움을 주기 위해서 해야 하며, 청정하면서 부드럽게 해야 하고, 성내는 마음이 아닌 인자한 마음으로 해야 한다."

부처님의 이러한 말씀은 남의 죄를 이야기할 때는 진실로 뉘우치게 하고 진실로 그를 위해서 해야 한다는 것이다. 단순하게 빈정거려 상대방의 화를 돋게 하거나 오히려 더 나쁜 길로 빠지게 한다면 그것은 오히려 그 사람보다 더 나쁜 사람이 될 수도 있다는 것이다.

여기에서 우리가 주목해야 할 사실은 그를 용서하고 바른 사람으로 인도하고자 하는 자비심이다. 이미 사회의 약자가 되어 버린 사람에게 더 많은 죄를 들추어낸들 무엇 하겠는가. 오히려 그 사람의 마음속은 분노로 차 있을 지도 모른다.

이 세상은 혼자만 살아가는 곳이 아니다. 이런 사람도 있으며 저런 사람도 있다. 다만 중요한 것은 그들과 더불어 세상을 살아가는 것에 있다. 죄를 지은 사람이 진실로 뉘우치고 스스로 참회할 수 있는 길을 열어 주는 것도 우리들의 몫인 것이다. 만일 그렇지 않다고 생각다면 그를 용서하지 말고 그냥 멀리서 지켜보는 것도 좋은 방법이다.

'죄는 미워하되 사람은 미워하지 말라.'는 말이 있다. 바로 이를 두고 하는 말이 아니겠는가.

42

아무리 아름답고 훌륭한 말도
실천이 따르지 않으면 아무런 보람이 없다. 법구경

'구슬이 서 말이라도 꿰어야 보배'라는 속담이 있다. 이 말은 아무리 보배라도 그 쓰임새가 있어야만 그 가치를 인정한다는 말이다. 우리는 가끔 청산유수처럼 말은 잘하나 일에 있어 실천을 하지 않는 사람을 많이 본다. 이런 부류의 사람들은 사실 신뢰하기가 어렵다.

그러나 그 뛰어난 아이디어나 상상력들은 도대체 어디에서 흘러 나왔을까하는 의구심이 들기도 한다. 만약 성실함과 진실성을 함께 갖추고 있다면 큰일을 할 수 있는 사람임은 분명하다. 그러나 대개 말을 잘 하는 사람들의 성향은 깊이 생각하지 않고 말을 함부로 내뱉으며 게으르다. 남의 치적에 대해 잘 깎아내리고 폄하를 잘한다. 자신이 하고 있는 일이 무엇보다 우선

되어야 하고 남이 하고 있는 일은 안중에도 없다.

　사실, 진리라는 것은 먼 곳에 있는 것이 아니라 우리 생활 속에 숨겨져 있다. 진리는 우리가 생각하는 아주 가까운 곳에서 뜻하지 않게 어느 날 갑자기 나타나기도 하고 발견되기도 한다. 다만 우리는 무엇이 진리인가를 모르고 살 뿐이다.

　대개 사람들은 생각만 가지고 행동으로 옮기는 것을 주저한다. 그 과정에 있어 적지 않은 고민이 발생하기 때문이다. 물론 고민을 하는 것은 좋다. 그러나 고민만 하고 실천을 하지 못한다면 오히려 생각을 하지 않는 것만 못하다. 옛 성인의 말씀 중에 '천 가지 생각이 한 번의 실천보다 못하다'는 말이 이것을 뜻한다.

　소설가 서머 셋 모음은 무명시절에 첫 소설집을 펴내었다. 그런데 출판사에서는 이름이 알려지지 않은 무명이라는 이유로 일절 광고와 서평을 실어주지 않았다. 서머 셋 모음은 "이 소설은 대박이 날 것이다. 왜 광고를 하지 않는가."라고 출판사에 끊임없이 부탁을 했으나 그들은 코웃음만 쳤다.

　그는 여러 날을 깊이 생각했다. 이대로 흘러간다면 자신이 힘들게 쓴 소설집은 그냥 사장될 것이 분명했다. 마침내 그는 기발하고 좋은 생각 하나를 떠올렸다. 그러나 그것은 하나의 모험이었다. 어쩌면 정신병자나 사기꾼으로 몰릴 수도 있었기 때문이다. 오랜 생각 끝에 그는 자신의 돈으로 신문 광고를 내었다. 그런데 그 광고의 내용은 책 광고가 아니라 구혼求婚광고였다.

'나는 스포츠와 음악을 사랑하고 성격이 온화한 젊은이로 백만장자입니다. 저는 결혼 상대자로 서머 셋 모옴의 소설에 나오는 여주인공처럼 부드러운 마음씨와 아름다움을 동시에 가진 여성과 결혼을 하고 싶습니다. 만약, 자신이 그 소설 속의 여주인공과 닮았다고 생각되면 저에게 전화를 주십시오.'

사실 그는 백만장자가 아니었다. 그는 이 소설로 곧 백만장자가 될 것이라는 것을 알고 있었던 것이다. 며칠 후 소설은 그의 예상대로 불티나게 팔려 나갔다. 그는 이 단 한 권의 소설로 명성과 부를 동시에 거머쥐게 되었고 그 소설의 주인공처럼 그는 아름다운 여자와 결혼할 수 있었다.

물론, 서머 셋 모옴의 행동은 정신분석학적으로 말하면 일종의 도박에 가깝다. 그러나 그런 기발한 생각을 하고 실천에 옮길 수 있었던 것은 그만이 가진 용기 때문이다. 만약 생각만 하고 행동으로 옮기지 못했다면 그는 영원히 무명으로 남아 있었을 지도 모른다.

부처님이 지혜로운 사람과 어리석은 사람에 대해 이야기를 한 적이 있다.

첫 번째 지혜로운 사람은 누가 병들어 죽었다는 말을 듣고는 생사를 두려워하여 바른 생각을 일으켜 공부하는 사람이다. 두 번째 지혜로운 사람은 죽은 사람의 상여가 지나가는 것만을 보아도 생사를 두려워하여 바른 생각을 일으켜 공부하는 사람이다. 세 번째 지혜로운 사람은 가족이나 친척이 죽는 것을 옆에서 보아야 생사를 두려워하여 바른 생각을 일으켜 공부하는 사람이다. 네 번째로 지혜로운 사람은 자신이 병들어 고통 받아야 생사를 두려워 하여 그때부터 바른 생각을 일으켜 공부하는 사람이다.

부처님의 말씀에서 지혜로움과 어리석음의 차이를 만드는 것은 깨달음을 얻기까지 시간의 차이이다. 이것이 부와 명예와 가난한 자와 비천한 자를 만든다.

8만 6천 400초, 이것은 우리에게 주어진 하루라는 시간이다. 자! 이 시간을 어떻게 쪼개어 사용할 것인가.

43

항상 즐거운 말만을 하라.
불쾌한 말은 결코 해서는 안 된다.
참으로 즐거운 말을 하는 사람을 위해
소는 무거운 짐을 날라 그에게 재산을 가져다준다. **본생담**

부처의 전생 이야기인 〈본생담〉에는 재미있는 우화가 있다.

그 옛날 간다라 왕국의 탓카실라 성에서 간다라 왕이 왕국을 다스리고 있었다. 그런데 보살은 한 암소의 태 속에 머물고 계셨다.

그 암소의 주인은 한 바라문이었다. 암소가 태속의 보살로 화한 송아지를 낳자 바라문은 지극정성으로 어린 송아지를 키웠다. 어린 송아지는 자라 힘이 센 숫소로 자랐다. 숫소로 화한 보살은 자신을 지극정성으로 키워준 바라문에게 은혜를 갚기 위해 묘안을 짜내었다.

어느 날 숫소는 마침내 바라문에게 말문을 열었다.

"주인님은 어릴 적부터 나를 키워 이만큼 장성하게 해주었으니 그 은혜를 갚으려고 합니다. 지금 소를 가진 상업조합장에게 가서 내기를 하십시오. 내가 짐을 가득 실은 수레 백 대를 백 미터까지 끌 수 있다고 말하고 금 천 냥을 거십시오. 그러면 그 어리석은 상업조합장은 필시 그 내기에 응할 것입니다."

바라문은 곧 상업조합장에게 가서 자랑을 하였다.

"우리 소는 힘이 아주 세기 때문에 짐을 가득 실은 수레 백 대를 백 미터까지 끌 수 있다."

상업조합장이 코웃음을 쳤다.

"세상에 짐을 가득 실은 수레 백 대를 단 한 번에 끌 만큼 힘이 센 소는 이 세상에 없다."

"그럼 내기를 하겠는가."

바라문은 소가 시키는 대로 천 냥의 금을 내걸었다. 상업조합장은 흔쾌히 바라문의 내기에 응하였다. 다음날 거리에는 짐을 가득 실은 수레 백 대가 서 있었다. 상업조합장은 굵은 밧줄을 이용해 수레를 하나씩 연결하여 모든 준비를 마쳤다.

바라문은 소의 어깨에 그 밧줄을 매고 그는 수레의 맨 앞에 앉아서 소리를 질렀다.

"가자, 허풍쟁이야. 어서 끌어라, 허풍쟁이 소야!"

그런데 어쩐 일인지 소는 움직이는 흉내만 낼 뿐 조금도 수레를 끌지 않았다. 소는 바라문이 허풍쟁이라는 소리에 그만 화가 나서 움직이지 않았던 것이다.

결국 바라문은 천 냥의 금을 잃어버리고 상심에 빠지고 말았다.

그날 밤 숫소는 어슬렁어슬렁 바라문에게 다가가 다시 말했다.

"주인님은 어찌하여 허풍쟁이가 아닌 나에게 허풍쟁이라고 하였습니까. 내가 어찌 하지도 못할 일을 한다고 거짓말을 한 적이 있으며 함부로 아무데나 똥오줌을 눈 적이 있습니까."

그제야 바라문은 깨달았다.

숫소가 다시 바라문에게 이야기를 했다.

"주인님, 다시 상업조합장에게 가서 제가 수레 백 대를 이백 미터 끌 수 있으니 다시 금 이천 냥을 걸고 내기를 하십시오. 그는 틀림없이 다시 내기에 응할 것입니다."

바라문은 다시 상업조합장에게 가서 내기를 제안했다. 상업조합장은 흔쾌히 내기에 응했다.

다음 날 짐을 가득 실은 수레 백 대가 준비되었다.

수레의 맨 앞자리에 앉은 바라문은 이렇게 외쳤다.

"가자, 슬기로운 자여! 어서 끌어라, 현명한 자여!"

소는 그때부터 거침없이 수레 백 대를 끌었다. 마침내 바라문은 내기에서 이겨 천금을 얻게 되었다.

부처님은 이를 두고 "비구들이여 잔혹한 말은 그 누구에게도 하지 말라. 결국 그 말은 자신에게 상처를 입힐 것이다."라고 말했다.

얼마나 재미있는 우화인가. 사람에게 악한 말은 절대로 해서는 안 되며 심지어 우리가 기르고 있는 가축에게조차 나쁜 말을 해서는 안 됨을 일러주는 것이다.

  우리는 세상을 살아가면서 알게 모르게 남에게 나쁜 말을 할 수도 있다. 이런 말들은 자칫하면 습관이 될 수도 있다. 인자하고 좋은 말은 항상 자신에게 많은 복을 가져다준다.

  입을 항상 조심하라!

3장
나를 쳐라

이 세상은 무상(無常)하고 무상하기에 괴로운 것이다.
부처님은 일찍이 우리에게 생명의 무상함을 일러주셨다.
존재하는 것, 그 자체가 괴로움이라는 말이 있다.
세상의 모든 존재들은 인연으로 인해 생성되고, 화합하고 끝내 소멸된다.
사람이 죽는다는 것은 그 인연이 흩어져 떠남을 말한다.
그러한 고통 속에서 벗어나기 위해서는 끊임없이 자기반성이 따르지 않으면 안 된다.

44

사람은 태어날 때 입 안에 도끼를 가지고 나온다.
어리석은 사람은 말을 함부로 함으로써
그 도끼로 자신을 찍고 만다. 숫타니파타

항상 인간관계에서는 말이 '화근'이 되는 경우가 많다. 친한 친구사이에서도 농담으로 한 말로 인해 가끔 다투기도 한다. 사실 말이란 하는 사람의 입장과 듣는 사람의 입장이 일치되면 좋지만 그것은 불가능하다. 왜냐하면 태어나 자란 환경이 다르고 받은 교육이 다르며 제각각 성격이 다 다르기 때문에 아무리 좋은 말도 듣는 사람의 입장에서는 '화'를 불러일으킬 수 있다.

그래서 〈증일아함경〉에는 다음과 같은 말이 있다.

"말할 때 말하고 침묵할 때 침묵할 줄 알아야 마음의 평온을 얻고 때를 놓치지 않는다."

이 말의 깊은 뜻은 말을 할 때는 항상 깊이 생각하고 자중하여야 한다는 것이다.

부처님이 사위성의 기원정사에 계실 때였다. 어느 날 제자들이 모여 서로 진리에 관하여 많은 이야기를 나누고 있었는데 그때 부처님께서 길을 지나다가 멈추어 물었다.

"그대들은 지금 모여서 무엇을 하고 있느냐."

제자들은 서로서로 진리에 대하여 주장을 하고 있었는데 이를 듣고 있었던 부처님이 한 말씀을 하셨던 것이다.

"저희들은 진리에 대하여 서로 의견을 나누고 있었습니다."

"그렇구나. 너희들이 지금 진리에 대해 의견을 나누고 있는 모습이 좋구나. 너희들과 같이 출가한 수행자들이 진리에 대하여 이야기를 나누는 것은 당연한 일이다. 하지만 너희들이 더욱 중하게 여겨야 할 것이 있다. 지혜로운 사람은 해야 할 말을 하고 침묵할 때 침묵해야 한다. 그러므로 너희들은 이 두 가지를 명심하지 않으면 안 된다. 하나는 진리를 논해야 하는 것, 또 하나는 지혜로운 사람의 침묵을 배우는 것이다."

말이란 이처럼 사람을 화나게 하고 때론 기쁘게 한다. 속담에도 '말 한 마디가 천 냥 빚을 갚는다.'고 하지 않는가. 그만큼 말이란 우리 일상생활 속에서 절대적인 역할을 한다.

아무리 화가 나더라도 말을 아끼고 참을 줄 안다면 이미 그대는 덕을 갖춘 사람임이 틀림없다. 그러나 무조건 자신이 생각하는 말들을 아껴서는 안 된다. 해야 할 말과 하지 말아야 할 말들을 분별 있게 가릴 수 있다면 그대는 분명히 타인으로부터 존경과 신뢰를 받을 것이다.

공자의 자연론도 이와 같다.

어느 날 제자들이 강의 중에 한마디도 하지 않는 공자를 향해 물었다.

"스승께서는 오늘 저희들에게 단 한마디도 하지 않았습니다. 우리는 무엇을 배워야 합니까."

"이 놈들아! 어디 침묵하는 것이 나쁘냐. 저 밖을 보아라. 어디 대자연이 말을 하고 있느냐. 그래도 산초초목은 제대로 푸르지 않느냐?"

공자는 제자들에게 침묵에 대한 높은 지혜를 자연 속에서 배우게 했다.

사실, 말은 사람과 사람 사이의 교감을 위해 필수적이다. 말이 없다면 사람 사이의 교감도 이루어지지 않는다. 그러나 그 말이 천 냥 빚도 갚게 하고 사람을 죽이게도 하는 원인이 된다. 그래서 불가에서는 묵언수행默言修行이라는 것이 있다. 보통 안거기간(3개월) 동안 많이 하지만 몇 년씩 하는 스님도 있다.

'달마야 서울 가자'라는 영화를 보면, 한 스님이 묵언수행 중에 산 로또가 1등 당첨이 되었는데 이 상황을 설명하기 위해 손짓 발짓을 하는 우스꽝스러운 장면이 나온다.

그대도 오늘 하루 동안 묵언 수행을 해보라.

45

산만한 잡념은 가치 없는 것,
산만한 잡념은 안심하고 받아들일 수 없는 하찮은 것,
하지만 그것은 마음을 거만하게 만들고
마음은 그것에 이끌려 다닌다. 초기불전 우다나

우리는 하루 종일 일을 하거나 집에 있거나 길을 걸을 때 잡념에 사로잡힐 때가 많다. 그러나 그 잡념이라는 것은 깊은 생각을 하는 상념과는 달리 욕정과 성냄에 갇힐 때, 남을 해롭게 하려 할 때 생긴다. 이것을 다른 말로 하면 망상妄想이다.

사람이 이와 같은 망상에 사로잡히게 되면 자신이 해야 할 일을 잊고, 책임도 잊어버린다. 곧 망상이 많아지면 현실을 잊어버리게 되고 급기야는 폐인으로 가기 쉽다.

사회가 복잡해지고 고도화될수록 인간은 이러한 망상에 자주 빠진다는 사례가 정신분석학자의 설득력 있는 통계로 나와 있다. 즉 잡념이 망상으로 변하고 급기야 자아의 주체성을 잃어버리게 되는 것이다.

특히 스님이나 종교인 같은 성직자에게 이러한 잡념과 망상은 금기 사항으로 되어 있다. 사람이 잡념에 빠지게 되면 분별력이 사라져 해서는 아니 될 욕정과 성냄으로 인해 나락으로 떨어지게 되는 것이다. 출가자의 대부분이 파계를 하는 것도 산만한 잡념으로 인해 생기는 욕정과 성냄을 이기지 못해서다.

옛날 기원정사에서 부처님의 상좌였던 메기야와 부처님과의 이야기도 산만한 잡념이 어떻게 우리들의 마음에 나쁜 기운을 주는가를 단적으로 보여 준다.

어느 날 메기야는 탁발을 나가다가 아름답고 훌륭한 망고 숲을 발견하게 되었다. 그는 이 숲을 보자 이렇게 생각을 하였다.

"참으로 아름답고 훌륭한 숲이다. 이곳은 수행하기에 정말 좋은 곳인 것 같다. 만일 여기에서 정진을 한다면 큰 수행을 할 수 있을 것이다. 부처님께 가서 이야기를 하고 수행을 해야겠다."

메기야는 곧 돌아와 부처에게 이렇게 말하였다.

"스승이시여, 산책을 하던 중 정말 아름다운 망고 숲을 발견하였습니다. 이 숲은 수행해야 할 선남자가 정진하기에 좋은 곳이라는 생각이 들었습니다. 부처께서 허락해 주신다면 저는 그곳으로 가서 수행을 하고 싶습니다."

부처는 그 말을 듣고 이렇게 말하였다.

"메기야여! 나는 지금 혼자이니 누군가 너 대신 올 때까지 기다려주지 않겠는가."

그러나 메기야는 부처의 청을 세 번씩이나 거절하고 망고 숲으로 떠났다. 그는 망고 숲으로 들어가 한 나무 아래 앉아 오후의 한나절 휴식을 취했다. 그런데 그 순간부터 메기야는 끊임없이 잡념에 시달렸다. 남을 해치려는 생각과 욕정 그리고 성냄들이 동시에 일어났다. 그는 거듭 일어나는 망상에 시달려 결국 부처에게로 돌아와 용서를 빌었다.

그 때 부처께서 메기야에게 이렇게 말을 했다.

"탐욕을 떠나기 위해 부정관不淨觀을 닦아야 하고, 산만한 잡념을 털어버리기 위해 수식관數息觀을 닦아야 하며, 증오를 없애기 위해 자비관慈悲觀을 닦아야 한다. 또한 '나'라는 자만심을 끊기 위해 무상관無常觀을 닦아야 한다."

부처는 이 네 가지의 법을 통해 메기야에게 '나'라는 덧없음을 알고 '나'가 없음을 깨닫게 했던 것이다.

메기야는 왜 망고 숲에서 자신도 모르게 삼독三毒에 빠지게 되었던 것일까? 그것은 '나'를 잃어버린 까닭이요. 수행을 이루지 못한 몸으로 혼자가 되었기 때문이다.

요즈음같이 다변화된 사회에서는 끊임없는 스트레스에 시달리기 쉬우며 이것에서 벗어나기 위해 또 잡념에 빠지기 쉽다. 그러나 이 잡념이 지나친 망상으로 가서는 곤란하다.

세상은 혼자가 아니다 더불어 살아가는 곳이다. 마음과 몸이 깨끗해지면 잡념은 생기지 않는다. 왜냐하면 건강한 정신과 몸이 '나'를 이끌기 때문이다.

46

잘못은 길을 찾지 않는 이에게 있다. 초기불전 우다나

대개 사람들은 자신이 처한 환경에 대해 불평을 많이 하는 버릇이 있다. 통상적으로 약자가 강한 자에게, 가난한 사람이 부자에게, 학식이 낮은 사람이 학식이 높은 사람에게 한다. 어찌 보면 그것은 원망이 아니라 스스로의 자조적인 푸념에 가깝다.

우리가 현재 살고 있는 이 순간은 현실이다. 그 현실은 나와 타인이 함께 공유하는 통상적인 시간을 말한다. 즉 현실은 우리 앞에 놓여 있고 똑같은 시간이 주어진다. 그 시간을 어떻게 잘 사용하느냐에 따라 우리의 미래가 결정된다고 보면 된다.

부유한 가정에서 태어난 사람은 분명 천운天運을 타고 난 것이 틀림없다. 하지만 그런 사람은 수많은 사람들 중 1%에 지나지 않는다.

옛말에도 '만석꾼은 하늘이 내린다.'고 하지 않았던가. 그 나머지의 운명들은 그 수많은 시간 앞에 놓인 자신을 어떻게 다스리느냐에 달려있다. 성공의 열쇠는 자신이 갖고 있다. 현실을 살아가는 것은 내가 주인공이며 어머니, 아버지, 그리고 가족 그 누구도 아니기 때문이다.

다만, 오늘날 같은 물질 문명사회에서 성공할 수 있는 밑바탕을 가지고 있다는 것은 남보다 더 잘될 수 있는 밑거름을 가진 것이다. 그러나 우리는 모든 사람이 동일선상에 놓여 있다는 것을 간과하면 안 된다. 가난해서 공부를 하지 못했다, 혹은 밑천이 없어서 돈을 벌지 못했다는 것은 하나의 핑계에 불과하다는 것을 깨달아야 한다. 왜냐하면 모든 잘못은 길이 있음에도 불구하고 그 길을 찾지 않은 자신에게 있기 때문이다.

초기 불전 중, 부처님의 과거세에서 부처님은 이렇게 말을 하였다.

"분뇨 속에 몸을 담그고 있는 사람이 저 멀리 보이는 연꽃이 가득한 연못을 보면서도 그곳으로 가려고 하지 않는 것은 사실 연못의 잘못이 아니라 순전히 자신의 잘못이다. 또한 도둑들에게 포위당한 사람이 달아날 길이 있음을 알고서도 달아나지 않는다면 그것은 그 길의 잘못이 아니라 순전히 자신의 잘못이다. 그와 같이 심신이 고통스럽고 어지러움으로 가득한 사람이 고요한 상태로 가는 길이 있음에도 불구하고 그 길을 가지 않는다면 그것 또한 그 길의 잘못이 아니라 전적으로 그 사람의 잘못이다. 또한 병든 사람이 병을 고쳐주는 의사가 있음에도 불구하고 병을 고치려 하지 않는 것도 그 의사의 잘못이 아니라 전적으로 그 사람의 잘못이다."

물론, 초기 불전에서 부처님이 전하는 율법을 우리가 액면 그대로 받아들이기에는 많은 어려움이 따른다. 그러나 설법이란 통상적으로 '깨침'을 주는 글이기 때문에 그것을 깨달음의 설법으로 이해한다면 하나의 진리가 될 수 있다.

우리는 세상을 살아가면서 수많은 난제 앞에 직면한다. 그런데 그 난제들을 해결할 수 있음에도 불구하고 우리는 거기에서 스스로 도피하고 있지는 않은지 생각해야 한다. 왜냐하면 아무리 힘든 세상의 일이라 할지라도 깊게 생각하고 실천한다면 해결되지 않는 난제들은 없기 때문이다. 만약 그렇다면 그것은 자신의 몫이 아니라 신의 몫이요, 부처님의 몫인지도 모른다.

우리 앞에 놓인 지금 이 순간은 단 1초라도 그대로 있지 않는다. 또한 현상계의 모든 사물들과 마찬가지로 개인의 존재도 늘 변화하는 과정에 있다. 그리고 현실의 실체도 사실 뚜렷하지 않다. 이렇게 우리는 '불확실성의 세상'에서 살고 있다.

이런 삶 속에서 우리가 간과하지 말아야 할 하나의 진실이 있다.

그것은 부처님이 말한 것처럼 '자아의 참모습이 무엇인가'라는 것이다. 바로 '나는 누구이며 어디서 왔는가.'라는 물음이다.

물론, 비현실적인 물음일수도 있지만 이것은 바로 자신을 깨닫는 하나의 지름길이 될 수도 있다.

  귀중한 자신을 위해 그 많은 시간들을 헛되이 보내서는 안 된다. 우리 앞에 주어진 문제와 미래의 '나'를 생각하지 않으면 안 되기 때문이다. 그러니 끊임없이 자신만의 길을 찾아야 한다.

  그것이 우리가 세상을 살아가는 목적이기도 하다.

47

은혜를 원수로 갚지 말라. 초기불전 니다나가타

그 옛날 바라나시에 브라흐맛닷타 왕이 왕국을 다스리고 있을 무렵, 80억만 냥의 금을 가진 대부호가 살고 있었다. 그 대부호에게는 아들이 하나 있었는데 그는 너무도 아들을 사랑한 나머지 "만약 내 아들이 배워야 할 것을 모두 배운다면 피로에 시달려 죽을 것이다."라고 생각하였다.

그 후 대부호는 아들에게 아무것도 가르치지 않았다.

그가 늙고 병이 들어 세상을 뜨자 재산을 물려받은 그의 아들은 배운 것이 없어 아무 일도 할 수 없었다. 아들은 난봉꾼과 술주정뱅이, 도박꾼과 어울려 순식간에 그 많은 재산들을 탕진하고도 모자라 많은 빚을 져 마침내 빚쟁이에게 쫓기다가 스스로 강물에 뛰어들었다.

그 때 강의 건너편에 보살로 화한 황금빛 사슴이 그 광경을 보고 강물에 뛰어들어 그를 구했다. 그리고 아들에게 이렇게 간청을 하였다.

"사람이시여! 나는 당신을 무사히 돌아가게 할 것이오. 그러나 부탁이 하나 있소. 재물을 탐할 목적으로 '이러이러한 곳에 황금빛 사슴이 있다'는 것을 발설하여서는 아니 되오. 그대는 약속을 할 수 있겠소."

"반드시 그 약속을 지키겠습니다."

그리고 얼마 후 그 나라의 왕비가 황금빛 사슴에 관한 꿈을 꾸고 왕에게 황금빛 사슴을 구해 달라고 간청을 했다. 왕은 곧 온 나라에 황금빛 사슴이 있는 곳을 가르쳐주는 사람에게는 많은 재물을 주겠다고 방을 부쳤다.

이 소문을 들은 대부호의 아들은 목숨을 구해준 황금빛 사슴과의 약속을 저버리고 왕에게 달려가 그 장소를 알려주었다. 왕은 곧 황금빛 사슴을 잡기 위해 군대를 이끌고 그곳으로 갔다.

그 모습을 본 황금빛 사슴은 자신과 자신이 거느리고 있는 많은 사슴들이 위기에 처한 것을 직감한 나머지 왕에게 달려가 간절히 부탁을 하였다. 왕은 그 황금빛 사슴이 보살로 화한 것임을 깨달았다. 그리고 그 황금빛 사슴에게서 배신자의 이야기를 듣게 되었다.

"왕이시여 인간들은 입으로는 어떤 일을 약속하면서도 실제로는 다른 행동을 하고 있습니다."

왕은 진노하여 그 대부호의 아들을 잡아 벌을 내렸다.

은혜를 원수로 갚은 이 이야기는 부처의 〈본생담〉에 나온다. 물론, 우화임이 틀림없다.

우리는 누군가에게 도움을 받기도 하고 주기도 하며 더불어 세상을 살아간다. 그런 과정에서 인간관계에 있어 가장 중요한 것이 있다면 그것은 '신의'이다. 아무리 하찮은 약속일지라도 그것을 지키는 것은 중요하다.

그러나 사람들은 터무니없이, 혹은 아무런 이유도 없이 약속을 어길 때가 많다. 이는 남을 생각하지 않고 자신만의 욕구를 채우기 위해 변질된 마음 때문이다. 사실, 사람과 사람 사이에 생기는 불화의 대부분은 서로간의 약속을 어기기 때문일 것이다. 아니 어쩌면 인간관계에서 발생하는 모든 불화의 원인이라고 해도 과언이 아닐 것이다.

사람과 사슴이 행한 이 약속을 깨버린 것은 사람이다. 부처님이 이야기하는 것은 짐승보다 못한 사악한 인간의 욕심을 꾸짖기 위한 것이며 인간의 '이기심'에 대한 경책이다. 이와 같이 자기중심적인 편견으로부터 벗어나지 못하고 오직 자신만을 생각하는 삿된 마음이 앞선 사람은 결코 성공할 수 없다.

48

진실로 너희들의 소유가 아닌 것은 다 버려야 한다. 잡아함경

사람은 빈손으로 태어나 빈손으로 죽는다. 무無에서 무로 돌아간다. 죽음 뒤에 가지는 것은 몸을 덮는 삼베옷과 자신의 육체를 덮는 관뿐이다. 이마저 세월이 흐르면 삭아 없어져 마침내 남는 것은 오직 흙뿐이다.

현대 고승의 한 사람이었던 경봉 스님은 "사람에게 죽어서 남는 것은 오직 수의 한 자락뿐이다."라고 말씀하셨다. 만약 이를 깨닫는다면 인간에게 욕심이라는 것은 애초부터 없을 것이다.

〈잡아함경 기사경〉에 있는 이야기이다. 부처님이 사밧티의 기원정사에서 제자들을 모아놓고 말씀하셨다.

"비구들아. 너희들은 진실로 자신의 소유가 아닌 것은 모두 버려야 한다. 그래야만 길고 긴 밤을 마음 편하게 보낼 수 있을 것이다. 비구들아 너희들은 나의 말을 어떻게 생각하느냐. 이 제타 숲에 핀 많은 초목과 잎사귀와 가지들을 누가 만약 가지고 간다면 너희들은 그를 보고 '그것들은 내 것인데 왜 가지고 가려고 하느냐'라고 반문하겠는가."

"결코 아닙니다. 부처님이시여, 왜냐하면 그것들은 '나我'도 아니고 '나의 것'도 아니기 때문입니다."

부처님이 다시 말하였다.

"내가 너희들에게 다시 묻겠다. 너희가 가지고 있는 육근六根 즉 안근眼根, 이근耳根, 비근鼻根, 설근舌根, 신근身根, 뜻意은 영원한 것인가 아닌가?"

비구들이 대답을 하였다.

"부처님이시여 결코 영원한 것이 아닙니다."

"그것들이 영원한 것이 아니면 괴로운 것이 아니겠느냐?"

"그렇습니다. 괴로운 것입니다."

부처님이 계속 말을 이어 나갔다.

"그렇다면 비구들이여, 영원하지 않고 괴로운 것인데 그 육근에 집착할 이유가 무엇이 있겠느냐? 그것은 너희들이 아무리 집착을 한다 해도 '나'도 아니고 '나의 것'도 아니다. 이렇게 생각을 해보면 모든 세상의 일에 대해서도 더 이상 집착할 것이 없고 그럼으로 해서 마침내 열반을 깨닫게 된다. 만약 그렇게 되면 긴 밤 동안 육신은 안락하게 되니 '진실로 너희들의 소유가 아닌 것은 다 버려야 한다."

부처님의 말씀은 "집착을 버리면 그 어떤 소유욕도 사라진다."는 것이다.

사실, 사람이 소유욕을 가지는 가장 큰 원인은 이름붙일 수 없는 그 어떤 것에 대한 강한 집착 때문이다. 이 집착은 그릇된 마음에서 생긴다. 그릇된 마음이란 부처님께서 말씀하시는 탐貪, 진瞋, 치痴 즉 삼독三毒이다. 그렇다고 무조건 버리라는 것은 아니다.

자신이 가져야 할 최소한의 욕망, 최소한의 만족을 위해서 취할 것은 취하고 나머지는 버리라는 말씀일 것이다. 그런데 우리에게 있어서 최소한의 욕망과 최소한의 만족은 무엇일까? 사실 인간에게 있어 행복의 세 가지 조건을 꼽자면 '건강, 부, 자식'이 아닐까. 그러나 가만히 생각해보면 그 어느 것 하나 내 것인 것은 없다. 다만 우리는 이것을 원할 뿐이고 이것을 위해 열심히 일하고 있을 뿐이다.

어쩌면 마음속의 집착을 버리면 이 행복의 세 가지 조건을 쉽게 얻을 수 있을지도 모른다. 집착을 버리면 마음이 즐겁고 그 즐거운 마음이 몸을 건강하게 하고 열심히 일을 하게 만들 것이다. 건강하고 즐거운 부모 아래 자식들도 덩달아 잘될 것이다.

내가 누구인지 모르는 것이 바로 삶이다_청담스님

49

이 세상에 공짜라는 것은 없다. 백유경

옛날 어떤 가난한 사람이 품을 팔아 받은 돈으로 낡은 베옷 한 벌을 사서 입었다. 이것을 본 이웃 사람이 그에게 말하였다.
"그대는 가난하지만 그래도 귀족의 자손인데 왜 이런 낡은 베옷을 입었는가. 내가 그대에게 아름답고 훌륭한 옷을 입을 수 있는 방법을 가르쳐줄 것이니 내 말을 따라하시오. 나는 결코 그대를 속이지 않겠소."
그는 기뻐하면서 그의 말을 따르기로 작정하였다. 그 사람은 그 앞에서 모닥불을 피웠다.
"지금 그 추하고 낡은 베옷을 이 불 속에 넣어 태워버리시오. 그 옷이 타고 난 자리에서 훌륭하고 아름다운 옷이 생길 것이오."

그는 입고 있던 낡은 베옷을 불 속에 던졌다. 그러나 그것이 다 타서 재가 되도록 아름다운 옷은 생기지 않았다.

어리석은 사람은 이웃 사람에게 소리쳤다.

"이 사기꾼아! 너는 어찌하여 훌륭하고 아름다운 옷을 구해준 다고 거짓을 말했는가."

이웃 사람이 말하였다.

"이 세상에 공짜라는 것은 없다. 자기의 낡은 옷에 만족하는 그대가 어리석어 내 잠시 뉘우치게 한 것뿐이다. 너는 몸만 귀족이고 마음은 거지이지 않은가."

그는 그제야 많은 것을 깨달았다.

세상을 살아가는데 이보다 훌륭한 가르침은 없다. 아무런 노력도 없이 그 대가를 얻으려는 것은 썩은 감나무 아래에서 입을 벌리고 떨어지는 감을 기다리는 것과 같다.

붓다의 가르침이 훌륭한 것은 바로 여기에 있다.

우리는 대개 자신에게 주어진 현실을 자신이 가진 생각과 잣대로만 바라본다. 그것이 바로 우리 중생들이다. '있으면 있고 없으면 없는 것이요', '얻으려고 노력하면 얻을 수 있으며 나쁜 짓을 하면 괴로움을 당하는 것'이 바로 중생이기 때문이다. 여기에는 하등의 특별한 것이 존재하지 않는다. 그러하기 때문에 '있는 그대로의 깨달음'이 위대하다.

그러나 대개 사람들은 자신이 온갖 선한 법을 닦아 수행의 몸을 얻었음에도 불구하고 한순간의 잘못된 생각과 삿되고 나쁜 말에 홀려 끝없는 욕망으로 치닫게 되는 과오를 범하기도 한다.

　이것은 마치 "내 말을 믿고 온갖 고행을 닦으라. 높은 바위에서 몸을 던지거나 불 속에 들어가라. 이 몸을 버린 뒤에는 범천에 나서 언제나 쾌락을 즐길 것이다."라고 말하는 외도와 다를 바가 없다. 만약 이러한 말을 따라 목숨을 버리고 죽는다면 틀림없이 지옥에 떨어져 갖은 고통을 당하게 될 것이다.

　세상에는 티끌만한 것도 공짜가 없다. 만약 그것이 주어진다면 그것은 '노력의 대가'이며 그것이 아니라면 어떤 '유혹의 대가'라는 것을 명심해야 한다.

50

지혜로운 이는 쌀로 밥을 짓지만
어리석은 이는 모래를 삶아 밥을 지으려고 한다. 발심 수행자

어떤 사람이 큰 돌을 부지런히 갈아서 아주 작은 장난감 소를 만들었다. 이것을 본 사람들이 물었다
"그대는 어찌하여 작은 장난감 소를 만들기 위해 그토록 큰 돌을 공을 들여 깎았는가."
그는 대답했다.
"내가 얻고자 하는 것이 장난감 소인데 내가 가진 것이 이 한 개의 큰 돌뿐이라서……"
사람들이 다시 물었다.
"큰 돌을 쪼개어 나온 작은 돌로 장난감 소를 만들면 되지 않는가. 그대는 왜 쓸데없이 애를 쓰는가."
그제야 어리석은 사람은 아무 말도 하지 못했다.

어리석은 사람과 현명한 사람의 차이는 아주 작은 것에서 쉽게 발견할 수 있다. 그런데도 불구하고 그 어리석은 사람들은 자신이 '어리석다'라는 것을 스스로 깨닫지 못한다. 꼭 누군가의 지적에 의해서 그 잘못을 알아차린다.

〈백유경〉에 나오는 이 이야기가 시사하는 바는 매우 크다. 대개 사람들은 작은 것을 버리고 큰 것을 얻어야 함에도 불구하고 작은 것을 버리지 못해 오히려 큰 것을 잃어버리는 일이 비일비재하다.

여기에서 큰 돌을 간다는 것은 부지런히 학문을 닦는 것을 비유한 것이며 그 돌로 조그만 소를 만들었다는 것은 인간이 명예를 위해 서로 다투는 것을 말한 것이다. 이렇듯이 공부하는 사람은 항상 모든 일에 세심한 주의를 기울여야만 큰 사람이 될 수가 있다. 그렇지 못하고 한갓 눈앞의 명예만을 구하다 보면 자칫 보다 큰 명예를 잃어버릴 수가 있기 때문이다.

모든 근심의 원인은 남이 만드는 것이 아니라 자신이 만든다. 매사에 세심하고 사려가 깊은 사람이 큰 성공을 하는 것도 다 그만한 이유가 있는 법이다. 그러므로 작은 장난감 소를 만들기 위해 큰 돌을 버리는 오류를 범하는 사람이 되어서는 안 된다.

지혜로운 사람은 눈앞의 것에 연연하지 않는다. 항상 먼발치를 생각하고 미래에 대한 자신만의 새로운 비전을 설정해 놓고 끊임없이 노력한다.

출발점은 같더라도 이러한 작은 생각의 차이가 나중에는 엄청난 차이로 나타나게 되고 인생의 승패까지도 갈라놓게 되는 법이다. 그러므로 어떤 일을 함에 있어 항상 신중함을 놓쳐서는 안 된다.

인생에는 몇 번의 기회가 찾아오지 않기 때문이다. 그러나 그 기회란 누군가가 만들어 주는 것이 아니라 자신이 만드는 것이다. 세상에는 그 기회조차 만들지 못하는 사람이 태반이다. 또한 무수한 기회가 찾아와도 스스로 자기의 것으로 만들지 못하는 것은 '게으름', '어리석은 생각', '지나친 욕심' 때문이다.

부처님이 일찍이 '사람 되는 것도 어렵지만 불법을 만나는 것은 더욱 어렵다人身難得 不法難逢'고 했다. 이것은 진리를 만나기가 얼마나 어려운지를 단적으로 말해주는 것이다. 이렇게 사람의 몸을 빌려 태어나는 것도 어려운 일이며 더구나 불법을 얻는 것은 더 어렵다는 말이다.

그러므로 자신에게 찾아온 기회를 어리석은 생각으로 인해 날려서는 안 된다. 작은 것을 얻기 위해 보다 큰 것을 버리는 과오를 범해서는 결코 안 된다.

51

욕심을 채우려는 사람은 많지만
욕심을 근심하는 사람은 적다. 중아함경

 인간이 가진 욕심은 나무에 매달린 가지와 같아서 끊임없이 새로 자라난다. 그래서 위험하다. 그러나 욕심을 가지지 말라는 이야기가 아니다. 적당한 욕심, 적당한 욕구는 인간 생활에 있어서 필요악이다. 인간의 욕심과 욕구가 눈부신 과학 발전을 가능케 했지만 과한 욕심은 항상 파멸을 낳는다는 것은 불을 보듯 뻔하다. 왜냐하면 혼자가 아닌 더불어 살아가는 세상이기 때문이다.

 옛날 어떤 사람이 길을 가던 중, 매우 목이 말랐다. 그가 고개를 돌려 바위 틈새에 끼어 있는 어느 푸른 대나무 통에서 맑은 물이 흐르는 것을 보고 뛰어가 실컷 그 물을 마셨다.

 그는 배가 부르도록 물을 마신 뒤 대나무 통에게 이렇게 말을 하였다.

"이제 나는 실컷 물을 마셨으니, 물아 그만 나와라."

그러나 여전히 대나무 통 속에서 맑고 맛있는 물이 흘러나왔다. 그는 대나무 통에게 화를 내며 말하였다.

"대나무 통아, 이제 나는 실컷 물을 마셨는데 너는 어찌하여 물을 자꾸 흘려보내는가. 물이 아깝지 않느냐."

길을 가다가 이를 본 어떤 사람이 그에게 말을 하였다.

"너는 참으로 어리석구나. 왜 너는 그 앞을 떠나지 않고 대나무 통에게 자꾸 물이 나오지 말라고 하느냐. 너만 떠나면 될 것이 아니냐."

'절이 싫으면 중이 떠나라.'는 말이 있다. 중에게 절이 없다면 사실 그 사람은 수행자가 아니다. 그런 사람이 절을 떠난다는 것은 곧 중 노릇을 그만 두어야 한다는 이치와 같다.

〈백유경〉에 나오는 웃지 못 할 이 비유는 우리에게 웃음을 자아내게 한다. 목마른 자는 마치 자신만의 욕구를 채우면 남은 어찌 되든 상관치 않는 아주 나쁜 심성을 가지고 있는 것이다. 어디 물을 마시고 싶은 사람이 자신뿐이겠는가.

자기의 갈증을 덜어준 '대나무 통에서 나온 물'은 자신의 것만이 아닌 모두의 물이라는 것을 그는 미처 깨닫지 못한 것이다. 대개 욕심이 많은 사람들의 생각들이란 이와 같다.

오직 자신만의 욕심만을 생각하고 그 안에서 모든 것을 채우려고 드는 것이다.

부처님은 "어리석은 사람들은 생사의 애욕 때문에 다섯 가지 쾌락의 짠 물을 마신다."고 했다. 그러다가 다섯 가지 쾌락(재물, 색, 음식, 수면, 명예)에 싫증나면 "빛깔과 소리와 냄새와 맛을 가진 것이라면, 나는 다시 필요가 없다."라고 말한다는 것이다.

그러나 한 번 맛본 그 쾌락은 쉽게 끊어지지가 않는 것이 이치이다. 어리석은 사람들은 그 다섯 가지의 쾌락에게 "너는 빨리 사라져 다시 내 앞에 나오지 말라고 하였는데 왜 다시 왔느냐?"고 화를 내지만 제 뜻대로 되지 않는다.

이 때 어떤 지혜로운 사람이 그것을 보고 그에게 말하였다.

"네가 그것을 마땅히 버리려고 하거든 너의 여섯 가지 정(情)을 거두고, 그 마음을 닦아 망상을 내지 않으면 곧 해탈을 얻을 것이다. 그런데 왜 구태여 그것을 보지 않음으로써만 그것이 생기지 않도록 하려는가."

그것은 마치 대나무 통에 든 물을 마신 어리석은 사람과 다름없다.

52

아내와 자식들을 사랑하고 아껴주는 것, 이것이 더없는 행복이다. 숫타니파타

어떤 바라문에게 아주 아름답고 어질고 현명한 아내가 있었다. 하지만 어찌된 일인지 바라문은 자기 하녀와는 친근하게 어울리면서 아내의 곁에는 다가가지를 않았다. 그는 아내를 미워하다 못해 나무열매를 따도록 꾀어 나무 위로 올라가게 한 뒤에 사다리를 치워버리고는 길을 떠났다. 마침 그 나무 밑을 지나던 왕이 절세미인이 나무 위에 있는 것을 발견하고 내려오게 하였다. 빼어난 용모와 재치 있는 말솜씨 또한 예사롭지 않음을 보고 왕은 그 여자를 왕비로 삼았다. 이 사실을 전해들은 바라문은 후회하며 왕궁으로 가서 예전의 아내를 되찾기 위해 유혹의 노래를 불렀으나 왕비는 담담히 이렇게 대꾸하였다.

"서로 가는 길은 제각각이네. 하녀를 사랑한 나머지 옛저녁의

참된 존경을 저버린 자여! 사람을 탐낸 것도 이미 옛날의 일이다."
　바라문은 크게 뉘우치며 후회하였지만 이미 때는 늦었다.

　세상에서 가장 가치있고 행복한 삶이란 무엇일까? 세상을 살다가 한번쯤 이 문제에 대해 생각해 보지 않은 사람은 없을 것이다. 돈을 많이 벌거나 명예를 얻는 것, 혹은 남으로부터 존경을 받는 것 등등일 것이다. 그러나 깊게 생각해보면 이런 것보다 가장 우선되는 것은 가족의 사랑일 것이다.
　〈중아함경〉에는 다음과 같은 이야기가 있다.
　'남편은 다섯 가지 일로 처자를 사랑하고 공경하며 생활을 하기 위한 물품을 대주어야 한다. 그 다섯 가지는 무엇인가? 첫째는 처자를 어여삐 생각하는 것이요, 둘째는 업신여기지 않는 것이며, 셋째는 영락(구슬을 꿰어 만든 장신구) 따위의 장식품을 주는 것이요, 넷째는 집안에서 편안함을 얻게 하는 것이며, 다섯째는 아내의 친족들을 생각하는 것이다.'
　또 동양에는 '가화만사성家和萬事成'이란 말이 있다. 가정이 먼저 잘되어야 모든 일도 잘된다는 말이다. 우리가 세상을 살아가는 목적은 사실, 자신만의 가치 있는 삶을 이루는 데도 있지만 자신의 아내와 자식들이 행복을 누리게 하는데도 있다. 이것이 우리에게 주어진 현실이다.
　그런데도 불구하고 우리의 현실은 결코 그렇지 않다. 오늘날은 10쌍 중 3쌍이 이혼을 하는 시대이다. 그런데 그 이혼의 원인을 제공하는 것은 대부분 남자들이다. 불륜, 도박에 빠지거나 상대방에 대한 불신과 무시가 이혼으로 이어지는 것이다.

이 세상의 모든 불행 중에서 가장 큰 것이 죽음, 그리고 그 다음이 바로 사랑하는 사람을 잃는 것이다. 사랑은 쉽게 증오를 이끌어낸다.

특히 아버지들은 자신의 아내와 사랑하는 자식들을 행복하게 해주어야 할 의무를 지니고 있다. 그것이 세상을 살아가는 남자들이 행해야 할 최상의 가치이다. 우리는 심심찮게 부모의 재산을 노려 자식이 부모를 해치는 기사記事나 아내가 정부情夫와 함께 남편을 살해하는 등, 섬뜩한 기사들을 보게 된다. 이러한 현상들을 어떻게 생각해야 할 것인가. 돈이 많다고 가족의 행복이 보장되는 것은 결코 아니다. 자신이 아무리 많은 부와 명예를 가졌다고 해도 가정을 잘 다스리지 못한다면 그것은 행복한 삶이라고 할 수가 없다.

가족에게 사랑을 베푼다면 이러한 일들은 결코 발생하지 않을 것이다.

53

명상에서 지혜가 생긴다.
생과 사의 두 길을 알고 지혜가 늘도록
자기 자신을 일깨우라. 법구경

　불교의 명상법은 크게 두 가지로 나눌 수 있다. 집중 명상법인 사마타(samatha)와 지혜명상법인 위파사나(vipasyana)다. 사마타는 일체의 생각을 멈추고 한 곳에 의식을 집중하는 것을 말하는데 동양 특히 중국에서는 주로 멈춤止으로 해석하기도 한다. 의식을 오직 한 곳에 모아 삼매에 빠지는 명상법인 것이다. 이것은 곧 정신 집중이다. 그러나 사마타는 실제로 어떤 실체의 대상을 움직이면 집중력이 떨어지는 단점을 가지고 있다. 즉 몰입하며 읽는 책을 치우게 되면 주의가 흐트러지는 것과 같다.
　이와 달리 위파사나는 사마타보다 한 단계 더 성숙한 명상법이다. 즉 생각을 움직여 지혜로서 명상에 드는 방법이다. 중국에서는 이를 두고 관觀이라 한다. 이것은 내적인 명상을 통해서 얻어지는 대상을 집중적으로 다스리는 것을 말한다.

즉 사마타와 위파사나의 차이는 그 명상의 주체가 외부에 있느냐 내부에 있느냐에 달려 있다. 명상의 주체가 외부에 있으면 사마타 명상법이고, 내부에 있으면 위파사나 명상법이라고 보면 된다.

그 중 위파사나 명상법의 주체는 들숨과 날숨을 뜻하는 안나반나安那般那이다. 이 호흡법은 마음을 오직 한 곳으로 집중하여 들숨과 날숨을 관찰하는 것으로 수식관數息觀이라고도 한다.

사람이 명상을 하게 되면 몸은 편안해지고 몸을 타고 흐르는 삼독, 즉 욕망과 어리석음, 성냄이 사라져 마음속의 평화를 얻게 된다. 이것은 궁극적인 깨달음으로 향하는 수행법이다. 눈을 감고 고요한 생각에 잠기면 몸속을 흐르는 나쁜 기운, 몸속을 돌아다니는 욕망, 마음속에 든 어리석음을 지우게 된다. 지혜의 생각들이 몸속을 타고 흐르게 하는 방법이라고 보면 된다. 이렇게 명상법은 우리 현대인들에게 마음의 수양을 위해 꼭 필요하다.

부처님도 제자들에게 이 명상법을 가르쳤다고 한다.

부처님이 사밧티의 기원정사에 있을 때 제자들에게 다음과 같이 말씀하셨다.

"호흡을 관하는 수식관을 닦고 행하라. 만약 수행하는 제자들이 수식관을 닦고 행하게 되면 몸과 마음이 편하게 되고 몸속을 떠도는 거친 생각과 나쁜 생각들이 순일해지며 그 순간부터 진실하고 확고부동한 생각을 닦아 스스로 만족하게 된다."
 사마타의 방법에는 다음과 같은 것이 있다.
 먼저 몸을 이루는 모든 감각기관들을 잘 다스려 나무 아래나 아주 고요한 방에 홀로 눈을 감고 단정히 앉는다. 그 순간 모든 탐욕, 성냄 등 모든 의심이 되는 생각조차 끊어 버린다. 그리고 오직 숨쉬기에만 주의를 집중한다. 들숨 때는 숨이 들어오고 있음만을 생각하고 숨을 내뱉을 때는 오직 숨이 나가고 있는 것만을 생각하고 관찰한다.
 몸이 움직이고 있는 것을 느끼게 되면 움직이는 몸의 상태와 그 움직임을 잠시라도 놓쳐서는 안 된다. 이때에도 들숨과 날숨처럼 몸의 상태를 면밀하게 관찰해야 한다. 내 몸이 기분 좋거나 나쁘거나 집중을 멈추지 말아야 한다. 덧없음과 끊음, 무욕의 경계에 이를지라도 들숨과 날숨을 관하여 집중해야 한다.
 부처님도 역시 훌륭한 명상 수행자임을 알 수 있다. 명상은 몸속의 나쁜 기운을 없애거나 나쁜 감정들을 없애는데 반드시 필요한 수행법이다.
 명상이라는 것은 쉽게 말해 우리의 마음에 든 온갖 대상에 대한 집착을 끊어내어 고요를 이끌어내는 것이라고 보면 된다. 즉, 말하지 말고 내 몸을 침묵 속에 가두는 것이다.

54

죽음에 대해 슬퍼하지 말고 애달파 하지도 말라.
사랑하는 사람, 좋아 하는 사람과도
언젠가는 헤어져야 한다. 붓다의 마지막 여로, 마하파리 닛바나

세상의 모든 생명이 있는 것은 죽는다. 이 분명한 명제 앞에 인간은 한없이 나약하다. 그러나 바꾸어 말하면 '인간에게 죽음이라는 것이 있기 때문에 오히려 위대하다'라는 역설도 가능하다. 왜냐하면 죽음이란 모든 인간에게 사욕을 버리도록 강요하기 때문이다. 만약, 인간이 영원히 죽지 않고 살아간다면 이 세상은 정말 아무런 의미가 없을 지도 모른다. 존재를 스스로 느낄 수 없고 삶의 중요한 가치를 깨닫지 못할 것이기 때문이다. 그러므로 인간뿐만이 아니라 모든 살아 있는 생명들은 태어나 죽고 다시 태어나는 것이 자연의 순리이다. 부처님의 생애도 이와 같다.

부처님은 팔십 노구의 몸을 이끌고 고향으로 돌아가는 길목인

쿠시나가라에서 모진 설사병을 얻는다. 이미 쇠약한 몸에다가 구토까지 겸하는 심한 고통으로 인해 더 이상의 교화를 위한 여행을 하지 못한다.

그러다가 부처님은 쿠시나가라의 외곽지대에 있는 사라 나무에 기대어 출가와 고행, 인간의 교화와 전도에 희생을 하였던 몸에서 떠난다. 이 소식을 들은 많은 제자들은 부처님의 입멸 소식을 듣고 너무도 슬프게 울었다. 물론 십대 제자들은 위대한 스승의 죽음을 '인간의 존재 법칙'으로 받아들였지만 상좌였던 아난다는 홀로 외진 곳에서 슬프게 울었다고 한다.

부처님은 최후를 맞이하기 전 아난다에게 다음과 같은 말로 위로했다.

"아난다여, 죽음에 대해 슬퍼하지도 애달파 하지도 말라, 사랑하는 사람, 좋아하는 사람과도 언젠가는 헤어져야 한다고 내가 오래 전부터 가르치지 않았던가."

부처님은 또한 비구들에게 이렇게 말을 하였다.

"존재하는 것은 모두 쓰러져 가는 것이다. 부디 마음을 놓아 헛되게 하지 말 것이며 열심히 정진하여라. 비구들이여 너희들은 오직 자신 스스로에게만 의지해야 하며 결코 남에게 의지하여서는 안 된다."

부처님은 이렇게 죽음을 앞에 두고서도 두세 번씩을 반복하여 '수행자가 어떻게 깨닫고 올바르게 살아가야 하는가.'를 강조했던 것이다. 이렇게 깨달음을 얻었던 부처님이 45년 동안 펼친 전도의 여정은 실로 고난과 질시의 가시밭길이었다. 끊임없는 외도들의 질투와 모함에 대항하지도 않고 오직 묵묵하게 모든 이의 깨달음을 위해 한 생을 받쳤다.

한번은 부처님을 향해 끝없이 욕을 퍼붓는 파라트파차라는 외도가 있었다. 그는 거의 매일 같이 부처님을 향해 욕을 했는데 부처님은 조금도 개의치 않았다. 그러던 어느 날 파라트파차는 흙을 한주먹 쥐고는 부처님을 향해 던졌다. 마침 맞바람이 일더니 그 흙들은 도리어 파라트파차의 눈 속으로 들어가 버렸다. 멀리서 이것을 지켜본 마을 사람들이 낄낄대며 웃었다.

이때 부처님이 다시 말씀하셨다.

"아무에게나 함부로 욕을 하거나 해악(害惡)을 입혀서는 안 된다. 설령 그 어떤 원한이 있는 사람에게도 그러하다. 하물며 몸과 마음이 청정한 사람에게 나쁜 말을 하면 그 해(害)는 반드시 너에게로 되돌아온다. 마치 흙을 뿌렸더니 바람을 거슬러 그 흙이 자신을 더럽히듯이……"

그제야 외도는 크게 뉘우쳤다.

부처님의 일생은 사실 우리가 흉내낼 수 없는 절대자의 삶이다. 그러므로 우리는 짧다면 짧고 길다면 긴, 팔십 생을 어떻게 살아야 할지 고민해야 한다.

55

나에게 있어서는 이 생生이 최후의 삶이다.
이제 더 이상 이 괴로운 삶을 받지 않을 것이다. 숫타니파타

우리에게 주어진 목숨은 오직 하나뿐이다. 어찌 보면 위대한 것일 수도 있고 하찮은 것일 수도 있다. 우리 자신의 삶을 관觀할 수 있는 것은 오직 나 자신뿐이다. 즉 내가 있기 때문에 네가 있고 내가 있기에 아내가 있고 자식이 있다. 내가 없으면 모든 존재는 다 사라진다. 그러므로 나 자신은 그 누구보다도 귀중하다. 그렇게 중요한 자신의 삶을 우리는 헛되게 보내고 있는 것이다.

사실, 우리에게 주어진 삶은 너무도 짧다. 생명이 있는 모든 것들은 반드시 죽어 사라진다. 그런 한 목숨뿐인 삶을 두고 우리는 오늘 이 순간, 어떻게 보내고 있는가를 자성自省해야 한다.

부처님은 제자들에게 이렇게 말씀하셨다.

"하고 싶거나 잘 안 되는 일이 있을 때에는 자신이 원하는 소망을 하나 세워라. 또한 자신이 이루고자 하는 소망이 잘 되지 않거든 자꾸 복을 지어라. 만약 네가 많은 복을 지어서 그 복이 차게 되면 그 소망은 반드시 이루어지게 된다."

부처님의 법은 그 어떤 것보다도 불가사의하다. 부처님 앞에서 크고 밝은 소망을 세우면 그것이 결국에는 현실로 이루어지기 때문이다. 만일, 그 소망이 이루어지지 않았다면 그것은 자신의 탓이다. 왜냐하면 아직 자신의 소망을 이루게 할 많은 복덕을 짓지 않은 까닭이다.

물론, 다른 종교인들은 이것을 두고 터무니없는 말이라고 할지 모르겠다. 우리는 가끔 주변에서 큰 행운을 얻은 사람을 보고 '전생에 많은 복덕을 쌓은 사람이다.'라고 한다. 이 말은 그 사람이 전생에 많은 선행을 했다는 말이기도 하다. 그러나 사실, 그런 행운을 얻은 사람은 그 가치에 대해 잘 모른다.

위험천만하게도 우리는 그러한 사실을 스스로 알려고도 하지 않는다. 다만 그것은 행운에 불과할 뿐이라고 생각한다. 자신이 불행해지면 그 또한 운이 안 좋기 때문에 당하는 일이라고 생각한다. 그러한 생각은 잘못된 생각이다.

당장 자신이 살아온 세월들을 뒤돌아보라. 지금 자신이 불행하거든 그 원인이 어디에 있는가를 잘 살펴보라. 그것은 분명히 자신의 잘못 때문임을 알게 될 것이다. 이 세상에 원인 없는 인연과因緣果는 결코 없다.

대개 사람들은 자신의 불행을 남의 탓으로 돌린다. 그러나 그
것은 오히려 자신이 처한 불행에 또 하나의 불행을 얹는 것에 불
과하다. 불교적 관점에서 보면 삶이란 철저한 인과의 법에 좌우
된다. 내가 지금 어떻게 생각하고 실천하느냐에 따라 미래의 삶
과 후생의 삶이 결정되는 것이다.

사실 이보다 더 무서운 법은 없다. 즉 뿌린 만큼 거둔다는 것이
다. 항상 우리는 자신의 삶에 대해 최선을 다하지 않으면 안 된
다. 우리의 삶은 오직 하나이며, 이 생生이 최후의 생이기 때문이
다. 이런 삶에 또 얼마나 많은 괴로움을 얹어둘 것인가? 청정한
몸과 마음을 닦아 자신의 일에 최선을 다하는 사람이 되어야 하
는 것은 당연하다.

일찍이 부처님은 제자들이 자기반성을 통해 몸을 청정하게 하
도록 했다. 그 제도가 '포살布薩'과 '자자自恣'다. 포살은 보름마다
하지 말아야 할 계목戒目들을 외워 스스로 계를 어겼는지 반성하
는 것이고, 자자는 안거 뒤에 자신의 잘못을 헤아려 그것을 고치
는 제도이다.

세상을 살아가면서 한 달에 단 하루라도 포살과 자자와 같은
자기반성 시간을 두는 것도 좋을 것이다.

56

인간의 욕망은 모두가 덧없어
마치 물거품 같고 허깨비 같으며 야생마 같고
물속에 비친 달 같으며 뜬구름 같다. 화엄경

옛말에 '도로徒勞아미타불'이란 말이 있다. 이것은 모든 일을 힘들게 하다가 일이 잘못되어 처음으로 되돌아간다는 뜻을 가지고 있다. 여기에서 '도로'라는 말의 유래는 이렇다.

신라시대 경흥이라는 왕사가 있었는데 어느 날 그 스님이 심한 두통과 몸살을 앓았다. 병명을 알 수 없으니 갖가지 약을 써도 치유가 되지 않았다. 어느 날 왕사 앞에 한 노파가 나타나서 그 병을 두고 '도로병'이라고 했다.

그 노파는 왕사가 쓸데없는 곳에 늘 신경을 써서 골머리가 아픈 것이기 때문에 '도로병'을 고치기 위해서는 왕사가 되기 전의 처음 모습으로 돌아가 실컷 웃고 살면 된다고 했다. 왕사는 그때부터 모든 골치 아픈 일들을 버리고 항상 웃으며 날을 살았더니

'도로병'이 깨끗이 완치되었다.

그 노파는 관음보살의 화신이었다고 한다. 거기서 나온 말이 '도로 아미타불'이다.

인간의 삶은 어차피 덧없다. 그런데 우리는 현실을 살아가면서 이것에 대해 스스로 자각하지도 못하며 느끼지도 못한다. 우리는 살아가면서 언제든지 도로병에 걸릴 수 있다.

도로와 비슷한 말로 '무상無常'이 있다.

우리가 만약 이것을 자각한다면 인간에게 있어서의 가장 지독한 병인 탐욕이 사라질지도 모른다. 탐욕은 소유에 대한 애착심에서 나오는 것이며 그것이 지나치게 강한 집착에 의해 욕망으로 치닫게 된다.

욕심을 가지는 것은 직업의 귀천을 떠나 의사, 판사, 변호사, 종교인이라도 다를 바가 없다. 그것은 인간이 가지는 기본적인 본능이기 때문이다. 이것을 어떻게 내 안에서 잘 다스리는가에 달려 있다.

옛날에 한 스님이 계셨다. 그 스님에게는 일평생 동안 모아둔 돈 열다섯 냥이 있었다. 그 스님은 도무지 그 돈을 쓸 줄도 모르고 벽 구멍 속에 그 돈을 넣어두었다가 꺼내 보는 것이 낙이었다. 어느 날 노스님이 세상을 떠나고 난 뒤 벽장을 뜯어보았더니 손가락만한 꽃뱀이 돈 열다섯 냥을 틀어 안고 있었다고 한다.

수행이 깊은 그 스님에게도 착심着心이라는 것이 있었던 모양이다. 불교에서 말하는 착심은 다음 생을 결정짓는 중요한 것이라고 한다. 아마 스님의 착심은 재물에 있었던가 보다.

또 하나의 재미있는 우화가 있다.

옛날 어느 마을에 술을 아주 좋아하는 부자가 있었다. 그는 자신이 생각하기에 아주 훌륭한 술 한 병을 지니고 있었는데 그는 그 누가 찾아와도 대접을 하지 않았으며 자신 또한 그 술을 입에 대지도 않았다.

어느덧 세월이 흐르고 그는 끝내 죽을 때까지도 그 술을 입에 대지 않았다. 어느 날 장례를 치르고 난 뒤에 그 부자의 방안에서 감추어 두었던 술병이 발견 되었다. 마을 사람들은 그 술병을 따서 술을 나누어 마셨는데 그 부자가 그토록 좋은 술이라고 아꼈던 그 술 맛에 대해 말하는 사람은 아무도 없었다. 그냥 술일 뿐이었기 때문이다.

이 두 가지의 이야기를 단적으로 요약한다면 '도로'라고 할 수 있을 것이다. 우리는 결코 '도로아미타불'이 되는 생을 살아서는 안 되겠다.

57

지혜는 재산보다 더 소중하다.
사람은 지혜에 의해 세상의 궁극窮極에 이른다.
궁극에 이르지 못한 어리석은 사람들은
거듭 태어나 악행惡行을 저지른다. 초기불전 테라가타

부처님과 함께 생활하면서 고뇌와 법열法悅이 교차하는 적나라한 수행생활의 고백을 정리한 불전이 바로 '테라가타'와 '테라기타'이다. 그 중에서 '테라가타'는 비구들의 고백이며 '테라기타'는 비구니들의 고백이다.

이 고백들은 대개 괴로움의 소멸, 속박에서의 벗어남, 번뇌의 탈출, 해탈, 윤회, 피안, 죽음의 세계, 짐, 최선, 애집愛執을 버림, 무지, 최후신最後身, 최고의 평안, 마음, 온전한 평안, 마음의 청정, 번뇌의 사슬, 안락, 죽음과 삶의 때를 기다림, 붓다의 가르침 등 많은 고백들을 짧은 시구 형태로 쓴 글들이다.

그 고백들은 무려 천 가지가 넘는다. 그런데 그 내용들을 읽어 보면 지혜의 샘이 인간의 욕망과 산더미 같은 재산보다도 더 소중하다는 것을 알려주고 있다. 지혜를 가진 자는 항상 남에게 복덕을 가져다주고 어리석은 사람들은 악행을 저지른다는 내용이다.

부처님이 히말라야의 한 오두막에서 선정禪定에 들어 있을 때 이런 생각을 했다.

"내가 만약 왕이 된다면 남을 죽이거나 죽임을 당하거나 남의 것을 빼앗거나 빼앗김을 당하거나, 남을 슬프게 하거나 스스로 슬픈 일을 만들거나 한결같이 법안에서 법대로 행하며 법이 아닌 것은 행하지 않는 통치자가 되어야겠다."

그 때 부처님의 생각 속에 악마가 끼어들었다.

"부처님이시여, 그렇게 하소서. 부처님은 이 세상에서 그 어떤 어려운 일도 다 해낼 수 있는 분이십니다. 만약 부처님이 왕이 되신다면 능히 그렇게 하고도 남을 분이십니다."

그러나 부처님은 다시 생각했다.

"아니다. 비록 저 히말라야에 산더미 같은 황금이 있다고 하더라도 또한 그 만큼의 황금을 더 만든다 하더라도 사람의 욕심은 다 채우기가 어렵다. 그러므로 지혜로운 사람은 항상 금과 돌을 하나로 보아야 한다."

부처님이 선정에서 다시 깨어나자 악마는 더 이상 유혹을 포기했다.

이것은 〈잡아함경〉에 나오는 내용이다.

인간이 지혜를 가지는데 가장 경계를 해야 할 것이 있다면 그것은 바로 욕망이다. 이 욕망이라는 것 때문에 사람은 지혜의 샘을 가지지 못한다. 왕이 되려는 것도 욕망이며, 이 욕망을 가지는 순간부터 애초에 가진 모든 생각들이 사라진다는 것을 부처님도 알고 있었던 것이다.

그래서 지혜란 '금과 돌을 다 하나로 보는 것'이라고 말씀하셨던 것이다.

"애욕이여, 우리가 너를 말살시켰기 때문에 이제 더 이상 네게 빚진 것이 없다. 자, 우리는 이제 열반으로 나아간다. 그곳에 이르면 더 이상의 괴로움도 없다."

한 비구가 말한 '애욕에 대한 고백'이다.

자! 우리도 고백을 하자. 이 순간부터 그 어떤 욕망에서 벗어나자.

58

의식은 두 가지에 의존하여 존재를 얻게 된다.
이 두 가지란 무엇인가.
'눈'과 보이는 '대상'이 그것이다. 아함경

아함경은 초기경전이다. 이 경전은 고도의 지성과 수행력을 갖춘 부처님의 직계 제자들에 의해 전해진 것들이다. 삼법인三法印, 사성제四聖諦, 팔정도八正道, 오온伍蘊, 십팔계十八界, 연기법緣起法, 중도中道 등과 같이 불교 교리의 기본 골격을 전하는 가르침이다. 아함이란 범어로서 전승傳承, 성전聖典을 의미 한다. 때로는 교법敎法, 전교傳敎, 법귀法歸, 법장法藏 등으로 번역되기도 한다.

특히, 아함경은 하나의 독립된 경전 명칭이 아니라 부처님의 가르침을 집대성한 방대한 경전에 대한 총칭으로, 그 구성과 내용에 따라 2,479경이 수록되어 있다.

그러므로 아함경은 후기의 모든 불교 경전 성립의 초석을 이루는 근본 경전으로서 부처님의 지혜와 자비의 가르침이 자상하게 설명되어 있다. 이 점에서 아함경은 부처님의 원형적인 가르침을 직접 살필 수 있는 근본 경전이라 보면 된다.

부처님 가르침의 원형은 관觀에 있는데 그것을 구체적으로 보면 정관正觀이다. 즉 세상의 모든 물질과 모든 사유에 대하여 바르게 관찰하라는 것과 상통한다. 이를 수행하는 자는 욕망을 끊을 수 있다. 또한 정관을 위해서는 존재色에 대한 바른 사유가 필수적이다. 즉 존재는 무상하다는 개념이다 이를 여실히 깨닫는 수행자는 편집과 애착을 끊게 되고 마침내 마음의 해탈(일반인들에게는 마음의 평안)을 얻게 되는 것이다.

우리는 세상을 살면서 눈으로 많은 대상(사물)을 만난다. 이 두 가지가 만나 눈에 의식이 일어나게 되는 것이다. 그 의식 속에는 괴로움, 즐거움, 한없는 쾌락 등이 존재한다. 그러나 초기 경전의 가르침 속에는 이런 의식도 한갓 덧없으며, 끊임없이 변화하고 있으며 결국 다른 것이 되어 가고 있음을 경고하고 있다.

사실, 부처님의 말씀을 우리 일반인들이 이해하기에는 어려움이 있다. 자, 이것을 쉽게 풀어 써보자.

길을 가는데 한 아름다운 여자가 내 앞을 스쳐갔다. 나의 눈이 대상을 만난 것이다. 그리고 나의 의식은 '저 여자가 미인이다. 예쁘다.'라는 생각을 하게 된다. 그런데 그 의식 속에는 은연중에 다른 생각이 동시에 일어난다.

'저 예쁜 여자와 대화를 나누고 싶다. 혹은 저 여자와 사랑을 하고 싶다. 아니면 차라도 한잔하고 싶다. 나의 아내는 왜 저 여자보다 못생겼을까.' 등등 수많은 생각들이 의식을 가득 채운다.

이렇듯이 욕망이 자신도 모르게 마음속에 끼어들게 되어 자신의 존재를 흐트러뜨리게 한다. 그래서 욕망으로부터 주체할 수 없는 나를 만드는 것이다.

이것을 관하고 무상하다는 것을 가르치는 것이 바로 부처님의 가르침인 것이다. 붓다는 눈에 보이는 모든 대상이 사실은 하나이지만 인간의 의식은 끊임없이 변하고 있음을 말하고 있다. 이러한 의식의 변화는 원인과 조건과 결합하여 이루어지고 있기 때문에 눈에 보이는 모든 대상은 덧없다는 것이다. 그 대상으로 생기는 인간의 마음 또한 어리석다. 이와 같이 덧없는 조건에 의존해서 생겨난 눈의 의식이 어떻게 영원할 수 있겠는가. 또한 눈이 관하여 느끼는 촉감인 '안촉眼觸' 역시 덧없다.

그래서 부처님이 이렇게 말씀하셨다.

"모든 수행자들이여, 접촉하였기에 느끼고 접촉하였기에 분별하고 접촉하였기에 의식이 자각하는 것이다. 느낌, 분별, 지각하는 것도 역시 덧이 없고 변화하여 다른 것이 되어 가고 있다. 귀와 소리, 코와 냄새, 혀와 맛, 몸과 감촉, 마음과 개념, 그 모든 것들도 무상한 것이다."

이는 부처님이 우리가 느끼는 즐거움, 괴로움조차 모두 부질없고 덧없음을 일깨워 주는 말이기도 하다. 이것이 초기 경전의 가르침이다.

59

거짓말에는 네 가지가 있다.
목숨이 다하도록 절대 거짓말을 하지 말라. **사미십계**

부처님께서 카필라 성의 동산에 계시던 어느 날이었다.

공양 때가 되어 카필라 성에 들어가 걸식을 하고 돌아오시는데 라훌라의 어머니는 라훌라를 데리고 높은 집 위에서 부처님이 걸어오시는 것을 보고 아들에게 이렇게 말했다.

"아들아, 저기 걸어오는 분이 너의 아버님이란다."

이 말을 들은 라훌라는 그 길로 줄달음쳐 뛰어 내려가 부처님의 발에다 절을 하였다. 부처님께서는 손으로 라훌라의 머리를 어루만져 주시면서 이렇게 물었다.

"그대는 출가를 하겠느냐."

"네, 그러겠습니다."

부처님은 라훌라의 손을 잡고 절로 데리고 왔다. 그리고 사리

불을 불러 이렇게 말씀하셨다.

"지금부터 라훌라 동자에게 오계를 주어라."

사리불은 라훌라의 머리를 깎고 법의를 입힌 후 무릎을 꿇게 한 뒤 합장을 하고 삼귀의를 한 번 외우게 하고 사미십계를 주었다.

사마십계는 다음과 같다. 하나, 목숨이 다하도록 중생을 죽이지 말라. 둘, 목숨이 다하도록 도둑질을 하지 말라. 셋, 목숨이 다하도록 음행을 하지 말라. 넷, 목숨이 다하도록 거짓말을 하지 말라. 다섯, 목숨이 다하도록 술을 마시지 말라. 여섯, 목숨이 다하도록 꽃다발로 장식하거나 향을 바르지 말라. 일곱, 목숨이 다하도록 노래하고 춤추는 짓을 하지 말고 악기를 쓰지 말라. 여덟, 목숨이 다하도록 높고 높은 평상에 앉지 말라. 아홉, 목숨이 다하도록 때가 아니면 먹지 말라. 열, 목숨이 다하도록 금과 은, 보물로 몸을 가리지 말라.

이 중에서 오늘 날 우리들이 가장 경계해야 할 것이 있다면 바로 '목숨이 다할 때까지 거짓말을 하지 말라.'이다. 우리가 자신을 파멸로 이끄는 가장 큰 것은 자신에게 진실하지 못하는 데에 있다. 자신에게 거짓말을 하고 진실하지 못한 사람은 남에게도 거짓말로 온갖 잘못을 저지르기 마련이다. 어쩌면 거짓말은 다른 아홉 가지의 계를 어기게 되는 원인이 되기 때문이다.

거짓말에는 네 가지가 있다.

첫째, 허망한 말인데 이것은 아무런 가치가 없는 말이다. '옳은 것을 그르다.' 하고 '잘못된 것을 옳다.' 하며 '본 것을 안 보았다.' 하고 '못 본 것을 보았다.' 하여 진실하지 아니 한 것이다.

둘째, 비단결 같은 말이다. 남이 듣기 좋은 말만 하고 때론 잘못된 것을 못 본 채 하여, 간사한 말로 남의 마음을 부채질하여 음행에 빠지게 하는 것이다.

셋째, 나쁜 말이다. 즉 욕 같은 추악한 말로 남을 해하는 것이다.

넷째, 사람과 사람 사이를 이간질하는 말이다. 이 사람에게는 이 말을 하고 저 사람에게는 저 말을 하여 서로 사이를 나쁘게 하는 것이다.

옛날 경전에 이런 말이 있다.

어떤 사미가 늙은 비구의 경 읽는 소리를 비웃어 "마치 개 짖는 소리 같다."고 중얼거렸다. 이 늙은 비구는 아라한이었는데 곧 비구에게 참회를 하게 하였다. 그러나 그 사미는 죽어서 결국 개의 몸을 받아 환생하였다고 한다.

그래서 '사람의 입 안에는 도끼가 들어 있다.'고 한 것이다.

아주 사소한 거짓말도 하지 말라. 그것이 깊어지면 더 큰 거짓말을 하게 된다.

밥은 왜 안 주나 왜 목탁을 안 치나 이것이 너의 어리석음이다_청담스님

60

여자에 대한 남자의 욕정은
아무리 작더라도 끊어지기 전에는
그 사람의 마음을 매어 놓는다.
남자에 대한 여자의 욕정도 그러하다. 법구경

    이 세상에서 가장 인기 있는 주제는 언제나 '사랑 이야기'이다. 이것은 동서고금을 망라해 최고의 이야기꺼리인 것이 사실이다. 부처님도 "사랑을 잘 다스리는 자가 항상 성공한다."고 했다. 그러나 사실 말보다 더 어려운 것이 남녀 간의 사랑이다.
    상가세나 스님이 쓴 〈백유경〉은 인간의 어리석음을 이야기한 것으로, 웃음이 저절로 나온다. 이 글을 쓴 상가세나 스님조차 스스로 "우스갯소리일지 모르나 이 속에 사람이 알아야 할 많은 진실들이 들어 있다."고 할 정도였으니 말이다. 그 이야기 한 토막이다.
    옛날에 음탕하고 행실이 아주 나쁜 한 여자가 있었다.
    그녀는 욕정이 아주 강해 몸이 허약한 남편을 죽일 기회만을 엿보고 있었다. 그러나 갖가지 계책을 다 써보았지만 기회를 얻을 수가 없었다.

마침 남편이 이웃나라의 사신으로 가게 되었다. 그녀는 이때가 바로 남편을 죽일 절호의 기회라고 생각을 하였다. 그녀는 밤새 독이 든 환약을 만들어 거짓으로 남편에게 말을 하였다.

"이 환희환 오백 개는 당신이 배고플 때 드시라고 드리는 것입니다. 길이 멀고 험난해서 혹시 무슨 일이라도 생길까봐 걱정이 됩니다. 부디 건강하게 돌아오십시오."

그 부인은 마치 남편을 위해 정성을 다해 환희환을 만든 것처럼 말했다.

그것을 받은 남편은 길을 떠났으나 미처 배고픔을 느끼지 못해 그것들을 먹지 않았다.

밤중이 되었다. 그는 짐승들이 무서워 나무 위에 올라가 잤다. 그런데 그는 깜빡하고 그 환희환을 나무 아래에 두고 말았다.

마침 그날 밤에 오백 명의 도적이 그 나라 왕의 말 오백 마리와 여러 가지 보물을 훔쳐 가지고 오다가 그 나무 밑에서 쉬었다. 너무 빨리 달려왔기 때문에 그들은 모두 배가 고프고 목이 말랐다. 마침 나무 밑에 있는 환희환을 보고 그들은 제각기 한 알씩 먹고는 독약의 기운이 거세어 오백 명이 한꺼번에 죽고 말았다.

날이 밝자, 그는 도적 떼들이 모두 나무 밑에 죽어 있는 것을 발견하고 거짓으로 칼과 화살로 그 시체들을 베기도 하고 찌르기도 하였다. 그리고 그 말들과 보물을 거두어 왕에게 달려가 보물을 되돌려주었다. 그는 왕에게 큰 벼슬을 얻게 되고 그 나라의 백성들에게 큰 사랑을 받았다.

상가세나 스님은 이 이야기를 두고 '그 부인이 남편에게 먹으라고 준 환희환은 더러운 보시에 비유한 것이며 왕이 남편을 사신으로 보내 왕을 알현하게 한 것은 선지식을 만나는 일, 도적 떼를 죽인 것은 인간이 가진 탐욕과 온갖 번뇌를 끊는 것을 비유하기 위해 이 이야기를 썼다.'라고 밝히고 있다.

불교에서 말하는 보시란 어떤 대가를 원하지도 않고 구하지도 않고 진심에서 우러나와 남을 돕는 일이다. 그런데 그 부인은 오히려 남편을 죽이기 위해 환희환을 만들었으니 천인공노할 일이었던 것이다.

남녀 간의 사랑이란 육체만의 사랑이 아니라 정신적인 사랑도 함께 가져야만 서로가 서로에게 진실해지며 그 사랑 또한 더욱 깊어진다. 탐욕과 애욕의 그늘에 가린 사랑이란 오직 이별과 파멸의 아픔만을 던져줄 뿐이기 때문이다. 이 이야기는 부인의 파멸에 대해서는 그리고 있지 않다. 오히려 나쁜 아내로 인해 오히려 더 큰 성공을 얻게 되는 남편의 이야기만을 그리고 있다.

그렇다고 그대가 남편을 괴롭혀도 좋다는 것은 아니다. 이것은 한갓 우화에 지나지 않기 때문이다.

61

어리석은 사람은 자신이 할 수 있는 일은 하지도 않고,
할 수 없는 일을 하려고 애를 쓴다. **증일아함경**

옛날 어떤 부부가 떡 세 개를 가지고 서로 나누어 먹고 있었다. 각기 한 개씩 먹고 하나가 남았다. 그래서 서로 약속을 하였다.
"누구든지 말을 하면 이 떡을 먹을 수 없다."
이렇게 약속하고는 그 떡 하나 때문에 아무도 감히 말을 하지 못하였다.

조금 있다가 도적이 그 집에 들어왔다. 도적은 그들의 재물을 모두 훔쳤다. 그러나 그들은 약속한 것이 있어 눈으로 보고도 말을 하지 않았다.

도적은 그들이 말하지 않는 것을 보고 남편 앞에서 그 부인을 겁탈하려 했다. 그러나 남편은 그것을 보고도 말하지 않았다. 아내는 곧 "도둑이야!" 하고 외치면서 남편에게 말하였다.

"이 어리석은 사람아, 어떻게 떡 한 개 때문에 도적을 보고도 외치지 않는가?"

그 남편은 손뼉을 치며 웃으면서 말하였다.

"이제 이 떡은 내 것이다."

이 또한 상가세나 스님이 쓴 〈백유경〉의 이야기이다. 놀라운 비유가 아닐 수 없다.

자기에게 필요한 조그마한 이익을 얻기 위해 오히려 큰 것을 버리는 어리석은 사람들에게 일침을 놓는 이야기이다. 이렇듯 이 사람은 헛된 번뇌와 갖가지의 욕망에 늘 휩싸여 있다. 이 욕망은 스스로 불러오는 것일 수도 있지만 자신도 모르는 사이에 남들이 쳐놓은 욕망의 사슬에 빠져드는 수도 있다.

도박꾼이 돈이 없어 자식을 버리고 그 아내마저 팔아먹는다는 이야기가 있다. 이것도 자신의 눈앞에 놓인 현실만 바라보기 때문에 생기는 웃지 못 할 사건인 것이다. 심지어 어떤 도박꾼은 아이가 공부하는 컴퓨터조차 팔아 도박 자금으로 쓰기도 했다고 한다.

이처럼 주체할 수 없는 욕망을 제어하지 못해 정작 중요한 것은 잊어버리고 사는 사람이 많은 세상이다. 이런 세상 속에서 살려면 우리는 항상 해야 할 일과 해야 하지 않아야 할 일들을 마음속에 교훈처럼 지니고 있어야 한다. 반드시 그래야만 자신이 원하는 방향으로 자신의 미래를 만들어 갈 수 있다.

우리가 사는 이 세상이 형편없는 무질서와 불합리로 얽혀 돌아가고 있는 것처럼 보이지만 실제로는 순리에 의해 움직이고 있다는 사실을 자각해야 한다. 어쩌면 자신만이 그 현실의 순리에서 벗어나 살고 있는지도 모른다. 삶이란 결코 흘러가는 강물처럼 순조로운 것만은 아니다. 때론 비바람에 범람하고 때로는 폭풍우에 역류를 하면서 흐르는 것이 강물이다. 우리의 인생도 이와 같다.

우리가 걸어가는 길이 언제나 훤하게 트인 것처럼 보인다 해도, 결코 그렇지 않음을 알아야 한다. 우리들 앞에는 투명 유리처럼 벗어날 수 없는 장막 같은 벽이 있고, 또한 우리는 그 벽 안에 갇혀있음을 알아야 한다. 이것들을 하나하나 깨뜨리며 앞으로 나아가는 것이 바로 우리가 살아가는 삶이다. 그러므로 우리는 작은 것을 얻기 위해 우리에게 아주 중요하고 귀한 것을 버리는 과오를 범해서는 안 된다.

떡 하나 때문에 아내가 겁탈 당할 뻔했다는 이 이야기의 교훈을 새겨야 할 것이다.

62

그래도 잠이 사라지지 않거든
밖에 나가 사방을 둘러보고 별들을 우러러 보라. 중아함경

불교에서 무위적정無爲寂靜이라는 말이 있다. 이 말은 수행을 하는 스님들이 즐겨 쓰는 말이다. 피곤할 때 잠자고, 배고플 때 밥 먹고, 목마르면 물 마시고, 고통받는 사람이 있으면 다가가 도와주고 슬픈 사람이 있으면 가서 위로해주는 마음을 가리킨다.

스님들이 가지고 있는 이러한 마음을 일반인들이 가지기에는 매우 힘들다. 주어진 일이나 복잡한 대인관계로 인해 받는 스트레스 탓이기도 하다. 우리들은 언제나 경쟁적인 구도 위에서 살아가지 않으면 안 되기 때문이다. 그것으로 인해 받는 심각한 스트레스는 급기야 사람들을 정신병으로 치닫게 하는 원인이 되기도 한다.

우리의 인체는 항상 어떤 균형 속에서 움직인다. 그러나 스트

레스는 그 인체의 균형을 허물게 되어 급기야 건강을 해치게까지 한다.

이럴 때 가장 좋은 치유법이 있다. 타인으로부터 벗어나 혼자가 되는 시간을 많이 만드는 것이다. 타인으로부터 벗어나 혼자 머무는 것은 자기를 성숙시키는 행위이다. 물론, 우울증에 빠질 정도로 너무 지나치지는 말아야 한다.

혼자가 된다는 것은 홀로 외로움을 견디는 일이며 그 외로움으로부터 벗어날 수 있는 유일한 길이기도 하다. 티끌만큼의 작은 일도 모두 차단한 채, 나 홀로 하늘의 별을 바라보는 것도 좋을 것이다. 하루에 단 한 시간만이라도 무심의 경지에 들라는 말이다.

우리는 지나치게 은유적이고 유추적인 삶을 살고 있다. 유추는 사람의 머릿속을 지나치게 복잡하게 만든다. '꽃'이 놓여 있으면 '꽃'이고 '자동차'가 있으면 그냥 '자동차'라고 바라보면 되는데, 사람들은 그렇지 않다. '꽃' 하나에도 수많은 수식어가 달린다. '아름다운', '시든', '향기로운', '빨간' 등 말이다. 복잡한 생각들은 우리의 정신을 힘들게 한다. 때로는 아무런 생각 없이 고요 속으로 내 몸을 이끄는 것은 내일을 위해 아주 필요하다.

그렇다. 잠이 오지 않으면 밖으로 나가 저 하늘에 영롱하게 빛나는 별들을 바라보라. 그리고 자신의 모든 번뇌에서 벗어나라.

오늘날 우리가 살고 있는 이 세상은 우리 앞에 놓인 일만을 열심히 한다고 해서 모든 것이 이루어지는 세상이 아니다. 그것에는 눈에 보이지 않는 조건, 눈에 보이지 않는 미세한 작용이 이루어져 성공과 실패가 판가름 나는 세상이다.

정말, 미로처럼 복잡하고 어지러운 세상 속에서 살고 있음을 깨달아야 한다. 이 때 가장 필요한 것이 바로 '무위적정'의 마음이다. 마음을 비우고 내 앞에 주어진 것만을 생각하는 마음, 그 마음을 가지는 것이 아주 중요하다. 무위적정의 그 마음은 '탐욕이 없는 마음'이라고 할 수 있을 것이다.

부처님이 우리에게 끊임없이 말하는 것은 영화나 부귀에 홀리지 말고 그 이면에 흐르는 덧없음, 즉 무상無常의 원리를 깨치라는 것이다. 그러기 위해서는 어떻게 해야 하는가. 탐욕과 성냄 어리석음을 버리고 순간순간 내 생에 다가오는 현재를 열심히 수행하는 길밖에 없다.

사람이 괴로운 것은 이해와 타협, 욕망과 사랑, 과거와 현재, 그리고 미래라는 그 복잡한 구도에 얽매여 한 순간이라도 자신에게 만족하지 못하는 마음 때문이다. 그로 인해 끊임없이 자신의 몸을 죽음의 순간까지 혹사시키게 된다.

그러므로 한번쯤 마음을 비우고, 깊은 밤 반짝이는 별을 단 한 번만이라도 홀로 쳐다보라. 그 속에 부처님 말씀이 숨어있을 지도 모른다.

"삶에는 반드시 죽음이 있다. 임금으로 태어나 권력을 쥐고 천하를 호령하더라도 반드시 죽으며, 부처가 되어 온갖 불가사의 한 힘을 얻었다 하더라도 무상한 육신을 가지고 있어 반드시 죽음으로 돌아갈 것이다."

그렇다. 지금 당장 내 몸과 마음을 비우고 모든 대상에 대해 '있는 그대로' 받아들여라. 배고프면 밥 먹고 잠자고 싶으면 잠을 자는 무위의 한 때를 즐겨라.

마음을 비우고 머리를 비우는 것도 또 다른 것을 채우기 위함이 아닌가.

63

팔정도八正道, 나는 그 길을 따라가
늙음과 죽음을 알게 되었다.
또한 늙음과 괴로움이 어디서 오는가를 알았다.
그 길은 바로 성스러운 여덟 개의 바른 길이다. 잡아함경

부처님이 기원정사에 있을 때, 문득 보리수 아래에서 깨달음을 얻었던 기억을 떠올려 제자들에게 다음과 같이 말씀하셨다.

"제자들이여. 어떤 사람이 인적이 드문 숲속에서 길을 잃고 헤매다 옛사람들이 걸어 다녔던 아름다운 길을 발견했다고 한다. 그 길을 따라 가보았더니 그곳에는 아주 오래된 옛 성이 있었다. 성 주변에는 이름 모를 아름다운 꽃들이 피어 있고 연못에는 연꽃이 드리워진 아주 훌륭한 옛날의 도시였다. 그는 그 숲을 빠져나와 그 나라의 왕에게 이 사실을 알렸다. 왕은 그 말을 듣고 신하들을 시켜 다시 그 성을 복원하도록 명령을 하였다. 그 성이 다시 세워지자 그 사실을 아는 많은 사람들이 다시 모여들어 살기 시작했고 그 도시는 다시 눈부시게 번성하게 되었다고 한다.

제자들이여. 나는 옛 사람들이 깨달음의 길을 갔던 것처럼 나도 깨달음의 아름다운 옛길을 발견했다. 그것은 바로 성스러운 여덟 개의 바른 길이다. 이것을 팔정도라 한다.

제자들이여. 나는 그 길을 따라가서 인간의 늙음과 죽음을 알게 되었으며 늙음과 괴로움이 어디서 오는가를 알게 되었다. 또한 어떻게 늙음과 죽음을 극복할 수 있는지를 알게 되었다. 나는 그것을 알게 되자 많은 제자들에게 이렇게 가르쳤다. 팔정도, 이 길은 많은 사람들에 의해서 널리 퍼지고 번성해서 오늘에 이른 것이다."

이것은 〈잡아함경〉과 〈상응부경전〉에 실려 있는 부처님의 설법이다.

팔정도는 부처님이 깨달음을 얻고 난 뒤 결심한 '다짐'이다. 이것은 오늘날 인간이 깨달음을 얻기 위해 반드시 지켜야 할 '도리'이기도 하다. 그 팔정도를 요약하면 다음과 같다.

하나, 정견正見은 올바른 사고와 견해를 지니는 것을 이르는데 사성제의 하나하나를 아는 것을 말한다. 둘, 정사유正思有는 올바른 생각을 하여 번뇌와 화내는 일이 없게 하는 것. 셋, 정어正語는 거짓말, 폭언 등을 하지 않고 오직 올바른 말을 제대로 행하는 것을 말하며 넷, 정업正業은 살생, 도적질을 하지 않고 항상 인간으로서 바른 행실을 하는 것. 그리하여 업을 만들지 않는 것을 말한다. 다섯, 정명正命은 자신의 분수와 도리에 맞게 의식주를 행하고 항상 몸과 마음을 깨끗하게 하여 생활하는 것. 여섯, 정정진 正精進은 항상 착한 행동을 실천하기 위한 올바른 노력을 뜻하며 일곱, 정념正念은 밖으로 향해 있는 나쁜 생각이나 사념들을 안으로 끌어 모아 한 곳에 집중시켜 어떤 일에도 항상 올바른 생각을 하는 것. 여덟, 정정正定은 네 종류의 선禪을 실천하여 오직 정신을 하나로 모아 통일 시키는 것을 말한다.

이 여덟 가지의 덕목은 인간이 세상을 살아가는데 가져야 할 올바른 자세이다.

부처가 보리수 아래에서 깨달음을 얻었던 그 순간을 두고 우리는 대개 '아뇩다라 샴막 삼보리'라고 한다. 이는 최상의 깨달음을 이르는 말이다. 이것은 찰나의 한 순간에 다가오는 것이다. 부처님의 고행은 참으로 길고 길었지만 그 깨달음을 얻는 것은 아주 짧은 광음光音의 순간인 찰나였다. 그리고 그것을 실천하는 데는 진정 여덟 가지의 아름다운 길이 필요했던 것이다.

우리가 세상을 살면서 마음속에 몇 가지 교훈들을 품고 사는 것은 나 자신에게 하는 무언의 약속이다. 이것은 큰 사람이 되기 위해 지녀야 할 바른 마음, 바른 정신을 이어가기 위한 '자기에 대한 근기根氣'이기도 하다.

우리는 이 팔정도를 마음속 깊이 새기면서 살아가는 것이 꼭 필요하다. 비록 실천하기가 힘들지라도 이 세상을 살면서 지켜야 할 몇 가지의 덕목을 마음속에 지니고 있는 것도 성공의 지름길이라 할 수 있을 것이다.

64

항상 따뜻한 얼굴로 사랑스럽게 말하라. 대무량수경

불교에서는 인간 행위의 근원을 몸身, 입口, 마음意으로 나누고, 이를 삼업三業이라고 부른다. 인간의 행위는 대개 몸짓, 말, 마음으로 나눌 수 있다. 그 중에서 가장 으뜸인 것은 마음意이다. 왜냐하면 마음(생각)이 움직여 몸이 이를 행하고 다시 그 생각이 말로서 전해지기 때문이다.

〈법구경〉은 모든 것은 마음에서 이루어지고 마음이 행하고 있으므로 마음의 움직임을 자제하는 것이 매우 중요하다고 말한다.

마음이 탐욕을 조장하고 마음이 화를 조장하고 그 마음이 어리석음을 조장하기 때문이다. 인간이 이 마음만을 스스로 조절할 수 있다면 이 세상에 성자가 되지 못할 사람은 아무도 없을 것이다.

불교에서는 구도자가 지녀야 할 여섯 가지 수행의 덕목이 있다. 보시布施, 지계持戒, 인욕忍辱, 정진精進, 선정禪定, 지혜智慧, 육바라밀이 그것이다.

흔히 우리는 수행이 높은 구도자라고 하면 높은 덕목을 실천한 사람이라고 생각하기 쉽다. 그러나 사실 그렇지 않다. 물론 육바라밀 같은 높은 수행의 덕목도 필요하지만 그 속엔 '화안애어和顏愛語' 같은 덕목도 포함되어 있다. 이 사자성어를 풀이하면 '따뜻한 얼굴로 사랑스럽게 말한다.'이다.

불교에서 대개 수행이 덜 된 사람을 두고 '참회'를 아직 다 못한 사람이라고 한다. 이것은 아직 수행이 덜 되어 뉘우침을 다하지 못한 사람을 일컫는다. '참회'란 '속죄'를 뜻한다. 사람이 스스로 아주 작은 일에도 화를 내거나 어리석은 행동으로 자신을 다스리지 못하는 것은 바로 말할 수 없는 그 무엇인가로부터 자신에 대한 '참회'가 부족하기 때문이라 할 수 있다. 그렇기 때문에 불교는 그 어떤 종교보다도 깊은 사고와 철학을 지니고 있는 것이다.

불교가 무조건적인 '회개'를 강요하지 않으며 또한 무조건적으로 믿으라고도 하지 않는다. 불교는 '무애사상無㝵思想'과 '자비'를 그 근본으로 하기 때문이다.

사실 '화안애어' 중에서 화안은 부드러운 얼굴인데 이것은 몸의 행위이다. 그러나 애어는 입의 행위이다. 이 몸과 입이 합쳐 만들어지는 것이 마음$_{意}$이다.

그럼, 부처가 강조하는 것과 우리의 마음에서 원하는 것은 무엇일까. 그것은 바로 자비의 정신인 것이다. '화안애어'라는 사자성어 속에는 '인간에게 향하는 무한대의 자비심'이 숨겨져 있다. '따뜻한 얼굴'로서 사람을 대하고 '사랑스러운 말'로서 교류한다면 이 세상은 진정으로 화낼 일이 없으며 다툼도 없을 것이 분명하다.

대개 소승불교에서 강조하는 것은 자비의 마음을 익히기 위한 수행 방법으로 '화를 내지 않는 것'이다. 대승불교에서 말하는 자비는 '남이 모자란 것이 있거나 괴로운 일을 당하거든 적극적으로 자비의 마음으로 그를 대하라.'는 것이다.

즉 '화안애어'란 자비심의 발로이며 자신이 부처에게 다가갈 수 있는 가장 쉬운 방법이라고 할 수 있을 것이다.

부처님은 화에 대해 "산이 사람을 짓누르듯이 화는 어리석은 자를 스스로 짓누른다."고 했다. 남으로부터 항상 존경과 신임을 받기 위해서는 '화안애어'의 마음을 가지는 것이 무엇보다 중요하다.

특히, 공동체의 삶을 살아가는 오늘날, '화안애어'는 생존의 지름길이 될 지도 모른다.

65

사람이 세상을 살아가는 것은
오직 빵에 의해서만이 아니다. 잡아함경

부처님이 마갈타국의 '판챠사라'라는 마을에 발우를 들고 탁발을 나갔다. 그 때 그 마을에는 젊은 남녀가 서로 선물을 주고받는 축제의 날이 펼쳐지고 있었다. 모두 마음이 들떠 자신들만의 축제에 빠져 부처님이 탁발을 하러 나온 것을 보지 못했다. 부처님은 그때 실로 아무것도 먹지 못해 배가 고팠지만 어쩔 수 없었다.

부처님은 깨끗하게 씻어 놓은 발우를 그냥 들고 돌아올 수밖에 없었다.

돌아오는 길에 마아라라는 악마가 부처님의 귀에 소곤거렸다.

"사문이여, 빵을 얻었는가."

"악마여, 빵을 얻지 못했다."

"다시 한 번 더 마을로 돌아간다면 내가 음식을 얻을 수 있게
해 주겠다."

이 때 부처님은 다음과 같은 시구로 악마의 유혹을 뿌리쳤다.

"비록 얻은 것이 없다 할지라도
보아라, 우리들은 언제나 즐겁게 살고 있네.
저 광음천光音天 같이
우리들은 기쁨을 양식 삼아 살리라."

이 시구를 듣자 악마는 더 이상 부처님을 유혹할 수 없음을
깨닫고 물러갔다.

이것은 부처님이 제자들에게 '식욕의 유혹'에 대한 가르침을
들려준 것이다.

물론 부처님 살아생전에는 모든 인간의 생존 문제가 빵으로
결집될 수밖에 없는 시대였다. 그러나 사실, 오늘날은 '굶어 죽
는 사람'이 없다. 그러나 그 당시는 모든 사람들이 가난하였으
므로 '빵'의 존재는 하나의 권력이었는지도 모른다. 빵으로서
민심을 움직여 권력을 누리고 빵으로서 모든 인권을 유린하는
시대였기 때문에 '빵'은 그 어떤 권력 이상일 수도 있었다.

아무리 부처님일지라도 사람이기 때문에 '빵의 유혹'으로부
터 자유로울 수는 없었을 것이다. 또한 부처님이 탁발을 한다고
해서 항상 '빵'을 구할 수 있으라는 법도 없다. 그러나 부처님

이 배고픔을 느끼면서도 악마의 유혹을 뿌리칠 수 있었던 것은 '배고픔'을 느끼는 것도 하나의 수행이라고 여겼기 때문이었다.

사람에게는 세 가지의 욕구가 있다. '식욕, 성욕, 수면욕'이다. 인간이 가지고 있는 이 세 가지는 기본적인 욕구이며 본능이다. 부처님은 이 세 가지의 욕구만 잘 다스린다면 모든 사람은 해탈의 길로 갈 수 있다고 했다. 그 만큼 이 세 가지 욕구는 인간의 마음으로서는 다스리기 힘든 것이다.

부처님은 그래서 중도中道를 취했던 것이다. 재미있는 이야기가 있다.

어느 날 구살라국의 사위성에서 다섯 명의 왕이 모여 잔치를 벌이고 있었다. 그들은 미녀를 끼고 환락 속에 빠져 있었다. 한 왕이 말을 꺼냈다.

"이 세상에서 가장 즐거운 것은 무엇일까."

한 왕이 말했다.

"색色이 모든 욕망의 첫째다."

색은 눈으로 보는 사물을 말하는데 즉 '아름다운 것을 바라보는 것이 가장 즐겁다'라는 말이다.

두 번째 왕이 말했다.

"아니다. 성聲이 모든 욕망의 첫째다."

성은 소리를 뜻한다. '아름다운 소리를 듣는 것이 가장 즐겁다'라는 뜻이다.

세 번째로 어떤 왕이 말했다.

"향香이 모든 욕망의 첫째다."

네 번째 또 다른 왕이 말했다.

"아니다. 미味가 욕망의 첫째다."

다섯 번째 왕이 말을 했다.

"촉觸이 모든 욕망의 첫째다."

결론이 나지 않자 다섯 왕은 부처님을 찾아갔다. 부처님은 왕들의 이야기를 듣고

이렇게 말을 하였다.

"왕들이시여. 욕망의 첫째는 모든 것을 알맞고 적당하게 취하는 것입니다."

그제야 왕들은 부처님의 위대한 설법에 무릎을 꿇었다.

부처님은 이 세상에서 가장 중요한 것은 중도中道를 행하는 것이라고 했던 것이다.

식욕, 성욕, 수면욕도 적당한 중도를 취한다면 생활의 활력소가 될 것이다.

66

스스로 죄를 짓고서 스스로 괴로움에 빠진다.
스스로 죄를 뉘우치고 스스로 깨끗해진다.
깨끗함과 죄에 물드는 것은 오직 자신에게 달린 것일 뿐,
누가 누구의 죄를 벗게 하여 준단 말인가. 법구경

인간은 스스로 죄를 짓지만, 또한 그 죄를 뉘우치고 깨끗해지려고 하는 본성을 가지고 있다. 그런데 죄에 물든 것은 오직 자신에게 달린 것일 뿐인데 인간은 남이 자신의 죄를 벗게 해줄 때를 기다리고 있다. 그러므로 인간은 본성을 가지고 있는 동시에 나쁜 타성에 젖어 있다.

요즈음 자살하는 사람들이 무척 많다. 1년에 약 10만 명이 스스로 목숨을 끊는다고 하니 심각한 사회문제가 아닐 수 없다. 물론 다는 아니지만 자살은 자신이 만든 자신의 고통으로부터 벗어나기 위한 하나의 타성 때문이다.

결국 타성에 젖어 자기의 본성조차 보지 못하고 목숨을 스스로 끊어버리는 행위라고 볼 수 있는 것이다. 그러나 문제는 자

살이 자기의 생만을 버리는 행위가 아닌 자기와 연관이 있는 모든 사람들에게도 엄청난 정신적 충격을 준다는 점이다. 그러나 자살을 감행하는 이들에게 이런 생각은 애초에 없다.

어떤 사람이 금연 장소에서 담배를 피우고 있었다. 그 사람에게서는 술 냄새까지 심하게 났다. 지나가던 사람이 그 사람에게 금연할 장소에서 담배를 피우는 것은 나쁜 행동이라고 지적을 했다.

그러자 담배를 피우던 사람이 "당신이 무슨 상관이냐. 내 자유다."라고 대꾸했다. 지나가던 사람은 화가 나서 담배 피우던 남자의 뺨을 후려쳤다.

"당신이 뭔데 내 뺨을 때리느냐."

"내 손이 당신의 뺨을 때리는 것도 내 자유다."

이 이야기는 실제로 외국에서 일어난 에피소드다.

과연 누구의 말이 옳은가. 당신도 그 답을 내려 보라. 당연히 담배를 피운 사람이 잘못했다고 할 것이다. 그러나 다르다. 더 큰 잘못을 한 사람은 바로 뺨을 때린 사람이다. 담배를 피운 행위를 한 사람은 무지에서 일어난 행위이지만 뒷사람은 자각하면서 때린 화의 결과이기 때문이다.

뺨을 때리는 것보다는 조용히 타일러 스스로 깨치게 하는 것이 순리다. 담배를 피워 문제를 만든 사람의 의식은 하나의 허공이다. 존재가 없는 것이다. 스스로의 행위에 대한 자각이 없는 제로 상태인 것이다. 물론 제로가 되는 것은 심하게 술을 마신 상태이기 때문일 것이다. 타인을 무시하고 자신의 자유만을 누리려고 하는 무지의 상태, 즉 인간이 가져야 할 기본적인 도덕성조차 소유하지 못한 상태인 것이다.

그러나 뺨을 때린 사람은 분명히 자각에 의해 도덕적으로 무분별한 행위를 한 것이다. 자각이 없는 사람의 행위와 자각이 있음에도 불구하고 해서는 안 될 행위를 하는 것, 그 어떤 것이 더 나쁜가.

두 사람은 스스로에게 있어서는 자유의 행위를 한 것이 분명하다. 그러나 그 자유의 행위로 남의 자유가 침해를 받는다면 그 자유란 자유가 아닌 것이다.

이렇듯이 자유란 스스로 제어할 수 있을 때만 그 의미가 있다.

자살이란 행위로 자신의 몸을 함부로 하는 자유란 스스로의 제어 능력을 상실한 일종의 범죄인 것이다. 살아있는 것은 모두 스스로 죽을 수 있는 능력을 갖추고 있지만 그것은 타인에게 상처를 주는 범죄가 될 수 있다.

4장
연꽃은 더러움에 물들지 않는다

우리가 사는 세상은 깨끗함, 혼탁함, 더러움이 공존하는 곳이다.
이런 세상 속에서 살아가려면 무엇보다 중요한 것이 있다.
자기 자신을 똑바로 볼 수 있는 정견(正見)이다.
바른 견해를 가진다는 것은 어떠한 고난과 어려움, 유혹이 자기 앞에 놓인다 할지라도
흔들리지 않을 수 있다는 것이다.
이것은 마치 연꽃이 진흙 속에서 꽃을 피우지만 더러움에 물들지 않는 것과 같다.

67

생선을 싸면 생선 냄새가 나고
향을 싸면 향 냄새가 난다.
원인이 있으면 반드시 그 결과가 있는 것이다. **아함경**

우리는 매일 자신이 깨어있다고 믿는다. 밤에 잠을 자고 아침에 일어나서 밥을 먹고 출근하고 회사에서 일을 마치고 퇴근길에 가끔 친구들을 만나고 집으로 돌아와 텔레비전을 보고 잠을 잔다. 우리는 이런 일상 속에서 바쁘게 살아간다. 그런데 우리는 이러한 일상에 대해 스스로 저마다의 가치를 부여하고 있다.

'내 삶은 형편이 없어', '오늘 지지리도 기분이 나빴어.', '아, 일을 잘못 처리 했어.', '내가 참아야 했는데' 등등 수많은 투정을 부린다. 혹은 '행복했어.', '오늘 칭찬을 많이 받았어.' 등등 만족스러워 하기도 한다.

사실 이러한 것들은 우리 삶에 매우 중요한 것들이다. 왜냐하면 온전하게 우리의 몸이 작용을 하기 때문에 일어날 수 있는 생각이며 행동이기 때문이다. 우리의 삶이 건강하기 때문에 일어나는 투정이며 만족이다. 밥 먹고, 똥 누고, 자는 것이 원활하지 않으면 결코 일어날 수 없는 일들이기 때문이다.

이것은 부처님이 말하는 인생팔고人生八苦를 겪는 과정이라 할 수 있다. 태어나 늙고 병들어 죽는 고통인 생로병사, 사랑하는 사람과 헤어지는 고통인 애별이고愛別離苦, 싫어 하는 사람과 함께 있어야 하는 고통인 원증회고怨憎會苦, 원하는 것을 얻지 못하여 생기는 고통인 구불득고求不得苦, 인간의 마음속에 든 다섯 가지의 불균형인 오온伍蘊이 바로 그것이다. 이것들은 인간이기 때문에 겪는 고통인데 소승불교에서 말하는 무상관無常觀의 관점이다.

이중에서 가장 인간을 고통스럽게 만드는 것은 바로 생로병사다. 그중에서도 병에 걸려 죽는 것이라 할 수 있다. 모든 인간은 이것을 피해 갈 수가 없다. 불교에서는 태어나는 것 자체가 고통이라고 한다. 인간은 어머니의 뱃속 피와 고름이 가득한 곳에서 자란다. 그리고 온몸에 피범벅이 되어 태어난다. 태어남이 육체적 고통의 시작인 셈이다. 그리고 늙어서 혹은 병이나 사고로 죽는다. 그래서 죽음이란 가치 없는 것이라고 하지 않았는가.

그러나 이 모든 괴로움 속에서도 우리는 탄생에 대해 스스로 고마움을 가져야 한다. 바로 우리의 어머니와 아버지에게 말이다. 왜냐하면 우리의 몸은 부처의 몸을 받고 태어났기 때문이다. 그러니 고통에 시달리지 않고 살아갈 수 있는 유일한 방법은 바로 매일 깨어있는 것이다.

　부처님의 가르침도 이와 같다. 불성의 이해는 단 한 순간에 생기는 것이 아니다. 부처의 믿음도 그 뿌리가 있어야 가능하다는 것이다. 이렇듯이 원인 없는 결과는 없다.

　만일 어느 날 갑자기 부처님에 대한 믿음이 생긴다면 이것은 일시적으로 나타난 현상이 아니라는 점이다. 그것은 당신의 전생에서 혹은 현생에서 부처님과 어떤 깊은 인연을 가지고 있다는 것이다. 당신이 길을 가다가 우연히 법문을 들었거나 텔레비전을 보다가 불교방송에서 법문을 들었다거나 하는 것만으로는 결코 부처님에 대한 믿음이 생기지 않는다. 아마도 당신이 모르는 아주 오래 전에 부처님의 불법을 받아들인 것이 틀림없다. 이것이 불교에서 말하는 인연법이다.

　사람이 고양이와 다른 것이 있다면 바로 어떤 사물, 어떤 물질에 가치를 부여하는 힘을 가지고 있다는 것이다. 그 가치를 부여하는 것 자체가 하나의 고통인 것이다. 그래서 인간은 스스로 고통을 만들고 없애고 한다. 그러나 부처님의 법은 이것과는 전혀 다른 개념이다.

　즉, 물은 물이고 산은 산이라는 개념이다. 고양이는 고양이고, 개는 개이며, 꽃은 그냥 꽃일 따름이라는 것이다. 이는 사물에 대해 있는 그대로 받아들이라는 것과 같다. 그렇게 된다면 사람은 생사고락을 완전히 벗어날 수가 있다. 아니 죽음과 탄생에 대한 괴로움을 여의고 고통 속에서 벗어날 수 있게 되는 것이다.

이것을 두고 어느 불자는 "그것이 그냥 짐승들이나 하는 짓이 아닙니까."라고 질문할 때가 있다. 황당한 질문은 결코 아니다. 대개 일반인들은 그렇게 생각하기 쉽다. 여기에서 말하는 부처님의 말씀은 아무 생각 없이 살라는 말이 아니라, 자기에게 주어진 삶에 대해서 어떤 부정도 긍정도 하지 말고 있는 그대로 받아들이라는 말이다.

즉 자기의 삶에 지나친 가치 부여를 하지 말라는 말과 같다.

예를 들면 물이 있는데 그것을 물이라 하지 않고 산이라고 하자는 얘기가 아니다.

부처님이 말씀하시는 논리란 이런 개념적인 것이 아니라, 인간이 자신에게 주어진 인식을 거부하는 데서 오는 큰 고통에 대한 문제를 지적한 것이다. 그것이 바로 도덕이다. 우리 인간은 거짓을 참이라고 하고 참을 거짓이라고 하는 혼란을 만들어냈다. 내가 지금 겪는 혼란과 고통은 누가 만든 것인가.

그것은 바로 당신이 만들었다!

어느 날 부처님이 제자 아난다와 함께 길을 가고 있었다. 부처님은 길가에 떨어진 지푸라기를 보고 아난다에게 냄새를 맡아 보라고 했다.

"어떤 냄새가 나느냐."

"생선 냄새가 납니다."

"왜 생선 냄새가 나는 것인가."

"아마 생선을 싼 지푸라기인 모양입니다."

부처님이 고개를 끄덕였다

다시 길을 가다가 땅에 떨어진 종이를 발견했다. 부처님은 이번에도 아난다에게 물었다

"어떤 냄새가 나느냐."

"향 냄새가 납니다. 아마 향을 쌌던 종이 같습니다."

아난다가 이렇게 말을 하자 부처님이 말씀하셨다.

"이 세상의 모든 이치가 이와 같다. 생선을 싸면 생선 냄새가 나고 향을 싸면 향 냄새가 난다. 원인이 있으면 그 결과가 있는 것이다. 크든 작든 모든 것은 인과관계가 있다. 알겠느냐."

아난나는 비로소 고개를 끄덕였다.

사실, 우리는 단 하루도 불평불만을 늘어놓지 않고 살 수는 없다. 그러나 이러한 불평불만은 스스로 깨어있지 못하기 때문이다.

68

물거품처럼, 아지랑이처럼 세상을 보라.
이 같이 세상을 보는 사람은
죽음의 왕도 그를 보지 못한다. 법구경

 우리는 하루하루 세상을 살아가면서 우리가 살고 있는 이 세상이 점점 더 악화되어 가고 있음을 느끼지 않을 수 없다. 이 음침하고 무서운 위협은 우리가 볼 수 없는 곳에서 혹은 눈앞에서 우리의 건강과 가족들의 행복을 노리고 있다. 사회 질서는 혼란스러우며 불안정하며 상호 대립되기까지 하고 폭발 직전에 왔다. 정부와 교육 제도에 대한 냉소, 전 세계를 공포에 몰아넣은 테러의 위협, 끊임없는 생활난에 관한 우려는 우리 곁을 떠날 줄 모른다.
 그럼 이 같은 위협은 누가 만들었는가. 바삐 돌아가며 치열한 경쟁만이 존재하는 이 세상, 채워지지 않고 우리를 지치게만 하는 이 세상에서 살아남기 위해 우리는 늘 투쟁한다. 우리는 매일 아침에 일어나 잠자리에 들 때까지 매 시간마다 방향을 상실했다는 느낌을 지울 수 없다. 한 인간으로서 나의 진정한 가치는 무엇인가. 어찌 인간의 삶을 헐값에 사고팔게 되었는가?

이 모든 것은 '마음'이 만들어 낸 현상들이다. 마음은 부유하는 욕망과 같은 것이어서 항상 악과 선을 만들어낸다. 선을 만들면 그 사회는 행복할 것이고 악을 양산해 낸다면 사회는 악의 구렁텅이로 빠지는 것이 자명한 일이다. 결국 이 세상은 선보다 먼저 악이 넘치기 때문에 우리가 고통을 받고 있는 것이 틀림없다.

사람들은 이것들로부터 벗어나기 위해, 아니 위안을 받기 위해 몽유병 환자처럼 타락과 사치로 일관한다. 사회가 위기에 처했을 때마다 먼저 관찰되는 것이 있다면, 그것은 '집착'이다. 집착은 욕망을 양산하고 마음의 분별력을 잃게 만드는 원인이 된다. 이 집착을 버리지 못하게 되면 마음속에는 거짓된 것이 자리하게 되는 것이다. 이는 사람이 가진 본성을 망각하게 하는 원인이 되며 결국에는 스스로의 정체성마저 잃게 되어 깊은 파멸로 스스로 걸어가게 된다. 결국 이것은 자신에게 역행하는 것이다.

사람이 욕망에 집착하게 되면 그것은 '화'를 만들어 내게 되며 '화'는 있는 그대로를 망각하여 욕심과 위협과 타락의 원인을 제공한다. 결국 사람은 이를 통해 정체성을 확인하고 가치관을 만들어 내기도 하며 때로는 스스로 행복해 한다. 마치 자신이 쏟아지는 수천 편의 광고 속에 나오는 예쁘고 잘 생긴 인물이 된 듯 말이다.

그것이 아니라면 종교, 정치 집단, 소속 단체 등에 대한 얄팍한 동지 의식과 싸구려 믿음에 맹목적으로 의지한다. 성스러우며 내재적으로 모든 것을 갖춘 자신의 본성은 외면한 채 활발한 단체나 시끌시끌한 종교로부터 부여받은 값싼 정체성에서 의미를 찾으려 한다. 깊이 없는 교리와 배타적 신념 체계는 자기네 광기를 전수받으라며 유혹하고 우리는 그걸 따른다. 그들은 자신들이 찾고자 하는 것을 찾았는가? 아니면 자신을 자신의 본성으로부터 분리시키는 허상虛想만을 고집하는가.

한 일화를 들어 보자. 일본에서 아주 유명한 큰 스님이 있었다. 그의 법문을 들으면 공덕을 많이 쌓게 된다고 해서 그 스님이 법문을 할 때마다 수많은 신자들이 법당에 가득 찼다.

그러던 어느 날이었다. 그 법문을 듣기 위해 일본에서도 아주 유명한 교수가 그 스님을 찾아 왔다.

"스님 법문을 들으려고 왔습니다. 이곳에서 듣는 것도 좋지만, 제가 대접을 할 테니 저의 집에 한번 찾아와 주셨으면 고맙겠습니다."

그 스님은 기꺼이 그 교수의 청을 들어 주었다.

스님은 다음 날 그 교수의 집을 찾아 갔다. 그런데 스님은 평소에 입는 화려한 법복 대신 누더기를 걸쳐 입고, 자신을 알아보지 못하게 얼굴에 진흙을 잔뜩 묻혔다. 약속 시간이 되어서 아주 허름하다 못해 거지에 가까운 모습으로 그 교수 집을 찾아가 문을 두드렸다.

"이리 오너라."

문이 열렸다.

"어인 일입니까. 스님" 교수는 초청한 그 스님이 올 때라서 직접 마중을 나와 문을 열었던 것이다.

"지나가는 길손인데 배가 고파서 그러니 밥 한 끼만 주십시오."

"사정은 딱하오나 지금 매우 중요한 손님이 찾아오실 예정이어서 안 되겠습니다."

그 교수는 딱한 스님에게 대접을 하려고 했으나 마침 큰 스님이 오실 예정이어서 차마 집안에 들일 수가 없었던 것이다. 그러나 그 스님의 청은 너무나 간절했다. 교수는 할 수 없이 음식을 대문 밖으로 내어 주려고 했다.

그런데 스님은 다시 돌아가 벗어 두었던 법복을 갈아입었다. 화려한 장식을 하고 얼굴도 깨끗이 씻었다. 그리고 다시 초인종을 눌렀다.

"큰 스님, 오셨습니까?"

교수는 반색을 하고 큰 스님을 집안으로 모셨다. 방안으로 들어서자 방안에는 진수성찬이 차려져 있었다.

"큰 스님, 시장하실 텐데 어서 드십시오."

"아, 그러지. 같이 들게."

그런데 큰 스님은 음식을 먹지 않고 온몸에 바르기 시작했다. 음식들은 화려한 법복에 짓이겨졌다. 갖은 양념과 음식들이 법복에서 흘러내렸다. 이것을 본 교수와 부인의 눈이 휘둥그레 해졌다.

"아니 스님, 왜 그러십니까."

"허허, 이 음식들은 나에게 먹으라는 것이 아니라 이 옷이 먹으라고 내놓은 것이 아니더냐."

그제야 교수와 부인은 아까 찾아 왔던 스님이 바로 큰 스님이었던 것을 알아차렸다.

"큰 스님, 저희들이 정말 잘못하였습니다. 용서하옵소서."

"괜찮네. 내가 오히려 미안하네. 내가 당신들의 공덕을 시험해 보았네. 보시란 가려서 하는 것이 아니네. 올바른 보시는 공한 것이네. 또한 공덕조차 공한 것인데, 자네는 어찌 이를 모르는가."

"큰 스님, 정말 죄송하옵니다."

부처님은 모든 고통이 우리의 마음과 생각에서 흘러나온다고 가르쳤다. 오늘날 사람이 살아가는데 위협과 타락과 고통이 따르는 것은 바로 자신의 본성을 깨닫지 못하기 때문이다.

남을 도우면서 무엇인가를 받으려고 하는 마음이 또한 '집착'과 '분별'을 낳는 것이다. 그 집착이 오늘날 사회를 타락하게 하고 그 타락 때문에 우리는 하루하루가 괴롭다.

69

이 세상의 애착을 모두 끊어 버리고
집을 떠나 떠돌며 욕망의 생활을 청산한 사람,
그를 우리는 성인이라 부른다. **법구경**

오늘 날 사람들은 너무 많은 것을 가지려고 한다. 지식이 그렇다. 따지고 보면 지식이란 인간이 만든 하나의 '테'와 같은 것이다. 알고 보면 그 지식이란 내 것이 아닌 남들이 만들어 놓은 하나의 생각이다. 지식은 쌓이면 고통이다. 지식이 적으면 고통 또한 적다.

그냥 있는 그대로 받아들이는 마음, 오직 '그냥 모를 뿐'만을 실천한다면, 아니 이전의 마음으로만 돌아간다면 세상은 아주 행복할 것이 틀림없다.

'마음이 부처이고 부처가 마음이다心卽佛 佛卽心.'라는 말이 있다. 마음에 부처를 담으면 두려울 것이 없다.

부처님은 수행의 한 과정을 위해 떠나는 제자 아난다에게 무상無常-고苦-무아無我의 경지를 이야기했다. 우리가 인생을 대하는 기본 원리를 숨김없이 들려주는 대화이다.

부처님이 사위성의 교외에 있던 기원정사에 머물 때다. 아난다가 부처님께 이렇게 여쭈었다.

"부처님이시여, 바라옵건대 저에게 가르침을 주소서. 저는 그 가르침을 받아 홀로 조용한 곳에 머물러 열심히 수행을 하고자 합니다."

부처님이 먼저 아난다에게 물었다.

"아난다여! 그대는 이것을 어떻게 생각하는가? 존재하는 것은 상항常恒인가, 무상無常인가."

여기에서 상항이란 영원히 변하지 않는 것을 말하고 무상이란 변화하는 것을 말한다.

"존재하는 것은 무상입니다."

"그러면 아난다여. 무상은 괴로운 것인가, 아니면 기쁨인가?"

무상은 변화하는 것인데 그것이 즐거움과 기쁨인가를 묻는 질문이다.

"부처님, 그것은 괴로움입니다."

"그러면 이 무상하고 괴로운 것을 두고 나의 것, 나의 몸이라고 말할 수 있겠는가?"

이것은 변화해 가는 우리의 존재 속에서 어떤 소유에 대한 집착을 가지는 것이 옳은 것인가? 또한 자신은 영원히 변하지 않는다는 생각을 가지는 것이 옳은 일인가를 묻는 것이다.

"아닙니다. 결코 옳지 않은 일입니다."

"아난다여, 그렇기 때문에 일체를 버리고 떠나는 것이 좋은 것이다. 만약 네가 일체를 떠난다면 자유로워질 것이다."

우리는 부처님과 아난다의 대화에서 위대한 성인의 생각을 읽을 수 있다.

그렇다. 우리의 존재는 영원하지 않고 끊임없이 변한다. 영원하지도 않은데 우리는 왜 끊임없이 집착을 하여 괴로움을 얻고 있는가. 지식이라는 것, 물질이라는 것, 명예라는 것, 권력이라는 것에 집착을 하여 끊임없이 우리는 원수를 만들고 고통을 만든다.

만약 그대가 이 모든 일체에서 벗어난다면 우리는 보다 더 자유로워 질 수 있을 것이다.

70

도움을 청하는 사람을 기꺼이 도와주라.
형편에 따라 성심껏 남을 도와주라.
만약 이렇게 공양을 올리는 사람은
좋은 곳에서 다시 태어나게 되리라. 숫타니파타

우리가 일반적으로 남을 돕거나 부처님에게 공양하는 것을 '보시'라고 한다. 그런데 이러한 보시의 개념은 남에게 재물을 나누어 주어 남을 돕는 것으로 알고 있으나 사실은 마음을 나누어 주는 것에 있다. 금강경에서도 이 보시에 대한 개념을 두고 명백하고 명쾌하게 그 참 뜻을 전하고 있다.

부처님이 그의 10대 제자였던 수보리에게 "만약 선남선녀가 삼천대계를 가득 채운 칠보로써 보시를 한다면 그 얻는 복은 많겠는가."라고 물었다. 이에 수보리는 "세존이시여, 아주 많사옵니다."라고 말했다. 그러나 부처님은 "그것은 결코 아니다."라고 단언했다. 왜냐하면 "어떤 물질로써 남을 돕거나 부처에게 공양한다는 것은 분명 복을 얻는 일이나 그 보다 더욱 중요한 것은 남을 도우려는 마음에 있다."고 했던 것이다.

　우리는 세상을 살아가면서 남을 돕는 일이 결코 쉬운 일이 아니라는 것은 잘 알고 있다. 또한 물질로써 남을 돕는다는 것이 대단히 어려운 일이라는 것도 스스로 깨닫고 있다. 금강경이 위대한 것은 '다함이 없는 무위의 복'이 '유위의 복'보다 얼마나 뛰어난지를 가르쳐 주고 있기 때문이다. 무위의 복이란 물질이 아닌 마음에 바탕을 둔 것이며, 유위의 복이란 그저 물질에 바탕을 둔 것이다.

　"만약 선남선녀가 사구게의 경 하나라도 남에게 들려준다면 무위의 큰 복덕을 얻을 수 있다."라는 부처님 말씀이 그것이다. 그러나 사구게를 수도 없이 남에게 들려준다고 해서 그것만으로 완전한 무위의 복을 성취한 것일까? 결코 그렇지 않다. 보다 중요한 것은 내 스스로 받아 지니고 그것을 설해 줄 수 있어야 한다는 점이다. 즉 수지를 해야 한다. 수지란 '스스로 그 가르침을 깨달아 실천하는 것'을 말한다.

　만약 빌게이츠나 이건희 회장이 남을 위해 자신의 모든 재산을 내놓는다면, 그 공덕은 클 것인가. 부처님의 견해에서는 결코 아니다. 공덕과 복덕은 그런 것이 아니기 때문이다. 남을 돕고자 하는 마음, 남을 위하는 마음을 가져야만 무위의 절대 공덕을 얻을 수 있다.

　여기 나에게 천 원이 있다. 천 원을 보시하면 천 원 만큼의 복이 생기고 만 원을 보시하면 만 원만큼의 복이 생긴다. 백만 원,

천만 원을 보시하면 분명 그 만큼의 복이 쌓여 언젠가는 그 결과로써 복된 삶을 보장받게 되는 것, 이것이 유위의 복이다. 이렇듯이 유위의 복은 계산이 철저하다. 그러나 어떤 복도 바라지 않는 무위의 행을 한다면 그 복덕은 헤아릴 수 없는 결과를 가져온다. 행한 보시는 같은 백만 원이지만 그 복덕의 결과는 무위인가 유위인가에 따라 천차만별로 달라진다. 첫째는 무위와 유위에 대한 이해이며, 둘째는 물질적인 복과 법보시의 차이에 대한 이해를 해야 한다. 무위를 법 보시로, 유위를 물질적인 칠보의 보시로 비유해 놓았지만 그것이 다는 아니다.

왜 그러한가. 물질적인 보시를 하면서도 무위로서 행할 수 있고, 금강경 사구게를 들려주는 법보시를 하면서도 유위로서 할 수 있기 때문이다. 즉 작은 도움을 주더라도 큰 복을 얻을 수 있다는 말이다.

이것이 금강경에서 말하는 보시에 대한 가르침의 핵심이다. 그리고 사구게의 경전을 설법하라는 말의 의미를 아는가. 자신의 상, '아상我相'을 버려야 한다는 것이다. 그 아상을 버리기 위해서는 집착으로부터 벗어나야만 된다. 일체의 모든 상이 다 허망한 것임을 알아 어디에도 머무는 바 없이 마음을 내야 한다는 가르침이다.

71

처음도 참되게 하고 중간도 참되게 하고 그 끝도 참되게 하라. **대품반야경**

우리에게 '처음'이란 말은 대단한 의미를 가진다. 또한 어떤 도전적인 의미를 품고 있기도 하다. 그래서 처음 일을 시작 할 때는 항상 열심히 하려고 한다. 그러나 이상하게도 시간이 흐르고 나면 처음 마음먹었던 다짐이 흐지부지되고 유종有終의 미를 거두지 못 할 때가 많다.

대승경전의 하나인 〈대품반야경〉에는 다음과 같은 설법이 있다. '초중후선初中後善'이란 말은 '처음, 중간, 끝에도 항상 변함이 없이 착하게 하라.'는 뜻이다. 물론, 경전에서의 의미는 다르다. 여래의 설법은 처음이나 중간이나 그 끝에서나 항상 모순이 있어서는 안 되며 또한 설법을 듣는 이도 변함없이 여래의 설법을 받아들여야 한다는 뜻이다.

우리는 자신이 내뱉은 말에 무책임한 사람들을 본다. 생각 없이 남이 듣기 좋은 말만을 던져 놓고 내가 언제 그런 말을 했느냐는 식으로 잊어버리는 예가 아주 많다. 그 대표적인 것이 정치가의 공약이다. 이런 사람은 신뢰하기가 매우 힘들다.

사실 세상을 살아가는데 가장 필요한 것은 '신뢰'다. 그러한 '신뢰'를 얻게 하는 것이 '말과 행동'이다. 그래서 '말과 행동'에는 항상 책임이 뒤따르기 마련이다. 부처님이 '초중후선'을 강조한 것도 바로 이런 이유 때문일 것이다.

부처님이 일찍이 '초중후선'에 대해 재가신도들에게 세심하게 설법을 한 적이 있다.

"지혜로운 사람은 일을 시작했으면 끝을 맺어야 하고 중도에서 쉬거나 그만두지 말라. 또한 이익과 손해를 따져 해야 할 것과 하지 말아야 할 것 등을 면밀히 검토하여야 한다. 만약 그렇게 한다면 바다에 모든 강물이 모여들듯이 날마다 재물이 늘어나게 될 것이다. 또한 악한 사람, 비겁한 사람, 권세를 휘두르는 사람에게는 재물을 빌려주지 말라. 그리고 스스로 사치를 하지 말고 남들에게 베풀어 법도를 잃지 않는다면 살아서 행복하고 죽어서 천상에 태어나리라."

부처님이 강조한 것은 지혜로운 사람과 어리석은 사람의 차이다. 지혜로운 사람은 애초에 하지 말아야 할 것은 하지 않으며, 만약 시작을 하면 일이 끝날 때까지 최선을 다하는 사람이다. 이런 사람은 설사 실패를 하더라도 다시 재기를 꿈꿀 수 있다는 것이다.

그러나 어리석은 사람은 처음부터 생각 없이 일을 저지르는 사람이다. 그리고 항상 말만 먼저 해놓고 이에 대해 실천을 하지 못하는 사람이다. 이런 사람들은 차라리 스스로 '침묵'하는 것이 오히려 좋다.

이렇듯이 부처님의 말씀은 어느 것 하나 틀린 말이 없다. 원래 종교의 세계는 어떤 외적인 힘에 의해서 영향을 받지 않는 내면적인 마음의 영역이다. 그렇기 때문에 종교적인 마음은 항상 스스로의 가치관에 의해 움직인다.

그러므로 항상 일을 시작하기 전에 깊게 생각하고 그것이 옳다고 생각되면 무소의 뿔처럼 나아가라. 또한 처음 마음먹었던 것을 끝까지 유지하라. 그것이 성공의 지름길이다.

72

늙음과 병듦, 죽음은
이 세상에 보내진 세 명의 천사이다. 열반경

인간은 모두 늙고, 병들고, 그리고 죽는다. 이러한 명제는 그 어떤 눈부신 의학과 과학으로도 해결하지 못한다. 그런데 경전에서는 오히려 이 세 가지가 인간에게 보내진 천사라고 하고 있다. 아이러니가 아닐 수 없다. 왜일까?

만약, 인간이 이러한 과정을 겪지 않는다면 이 세상은 어떻게 될 것일까? 만일, 인간이 태어나서 늙지도 않고 죽지도 않는다면 이 좁은 세상은 인간으로 해서 포화상태가 되고 말 것이다. 물론, 이것은 얼토당토않은 하나의 가설에 불과할 뿐이다.

일찍이 부처님은 '자아'가 무엇인가에 대해 강조하셨다. '자아'란 '참모습' 혹은 '진정한 나'로 해석할 수 있다. 부처님은 인간이 고통스러운 것은 바로 '자아의 참모습'을 모르기 때문이며, 사실 인간이 나고 병들고 죽는 것은 고통이지만 이보다 더 큰 고통은 그것을 모르는 것이라고 하셨던 것이다. 이렇게 '병들고, 늙고, 죽는다'는 것을 알면서도 이 부질없는 세상에 애착을 가지기 때문에 더 고통스럽다. 즉 '나'와 '나의 것'이 영원히 존재하기 바라는 생각이 인간을 괴롭힌다는 것이다.

세상은 끊임없이 변화하고 우리는 그 속에서 살고 있다. 우리가 살고 있는 현재 그리고 미래에 대한 그 어떤 확신도 할 수 없는 세상에 살고 있는 것이다. 이 확신할 수 없다는 것 자체도 하나의 고통임이 틀림없다.

부처님이 이야기하는 것은 '생로병사生老病死'를 통해서 인간이 깨달음을 얻을 수만 있다면 이 세상은 전혀 고통스럽지 않다는 것이다. '나'라는 존재는 덧없기 때문에 '나'와 '나의 것'에 대한 모든 집착이 사라져 마음의 고통도 없어지게 되기 때문이다.

그러니 인간에게 주어진 '늙고 병들고, 죽는 것'은 천사와도 같다는 것이다.

재미있는 이야기 하나를 할까 한다.

생전에 나쁜 일을 많이 한 사람이 죽어서 염라대왕에게 끌려갔다.

"너는 어찌하여 살아서 나쁜 일만을 골라서 하였느냐. 네 곁에 있던 세 사람의 천사가 그렇게 간곡하게 이야기를 했거늘 너는 뉘우치지 않았으니 지옥으로 가거라."

"염라대왕님, 저는 단 한 번도 세 사람의 천사를 만나지 못하였습니다."

"아직도 뉘우치지 못했단 말이야. 너는 살면서 주름이 많고 허리가 굽은 늙은 노인을 보지 못했느냐."

"보았습니다."

"너는 또한 살면서 일어서지도 못하고 걷지도 못하고 병들어 있는 사람을 보지 못했느냐."

"보았습니다."

"그리고 너의 주위에서 목숨이 끊어져 무덤 속으로 들어가는 사람을 못 보았느냐."

"보았습니다."

"그 사람들이 바로 내가 너에게 보낸 세 사람의 천사이니라. 너에게 선행을 쌓을 세 가지의 기회를 주었는데도 이를 못 본 채 하지 않았느냐."

우리는 세상을 살면서 주위에서 늙고 병들고 죽는 모습을 많이 보아 왔다. 늙음, 병듦, 죽음은 우리에게 교훈을 던져주는 세 사람의 천사인지도 모른다.

73

욕망은 애착에서 생겨나며
우리의 생활은 그 욕망에 기초하여 행해진다. 원각경

사람이 동물과 다른 점이 있다면 무엇일까? 길을 막고 100인의 사람들에게 물어본다면 아마 재미있는 결과가 나올 것이다. 사람만 생각할 수 있다, 사람만 도구를 사용할 줄 안다, 사람만 섹스를 쾌락의 도구로 이용한다 등등. 그러나 동물과 사람의 차이를 한마디로 압축한다면 욕망이다.

인간에겐 대개 다섯 가지의 욕망이 있다. 재물욕, 색욕, 명예욕, 음식욕, 수면욕이 그것이다. 불교에서는 이를 두고 인생 오욕伍慾이라고 한다. 이 오욕 때문에 인간은 서로 죽이고 짓밟고 다투는 것이다. 이것이 없다면 인간은 동물과 다름이 없다.

그런데 이 욕망이라는 것은 인간을 무한하게 발전시키기도 하고, 때론 파멸로 이끌기도 한다. 인간의 욕망에 대한 재미있는 설화가 있다.

옛날 한 수행자가 있었다. 그는 집을 가지고 있지 않았으며 심지어 음식을 담을 그릇 하나 가지고 있지 않았다. 그러나 그는 오직 수행과 명상의 기쁨만으로 홀로 즐겁게 살았다. 도무지 그에게서는 그 어떤 욕망의 그늘조차 발견할 수 없었다.

그러던 어느 날 그가 기거하는 동굴로 한 친구가 찾아와 〈바가바드기타〉라는 힌두교 3대 경전을 그에게 선물했다. 이 책은 인도인들이 두고두고 읽는 정신의 지침서다. 그는 이 책을 아주 귀중하게 다루었다. 그런데 어느 날 외출에서 돌아온 그는 책의 한 귀퉁이가 찢겨져 있는 것을 발견했다. 그 사이에 쥐가 책의 일부분을 갉아먹었던 것이다. 그는 그 쥐를 잡기 위해 고양이를 구했다. 그런데 고양이가 먹을 우유가 필요해 그는 다시 암소를 구했다. 그리고 암소를 기르기 힘들어 여자를 찾았다. 그런데 그 여자와 함께 동굴에서 사는 것이 힘들어 다시 집을 지었고, 그 여자와 지내다 보니 아기가 생겼다. 그는 아기와 여자를 먹여 살리기 위해 마침내 수행자의 길을 포기할 수밖에 없었다.

이것은 인간이 어떻게 욕망에 길들여지는가를 단적으로 보여주는 예라고 할 수 있겠다. 바로 부처님이 말씀하시는 욕망의 근원이 어디에서부터 생기는가를 잘 보여준다.

불교에서 말하는 '연기법'이나 '전생론'도 이와 마찬가지이다. 불교의 전생론은 사실 본질적인 불교의 교리가 아니다. 전생이란 불교의 가르침이 아니기 때문이다. 이는 부처님이 나타나기 이전부터 있었던 사상이다. 영어로 말하자면 '커즈 앤 이펙트(Cause and Effect)'이다.

그럼 인간의 욕망을 없애기 위해서 우리가 해야 할 일은 무엇일까? 끊임없이 선禪을 닦는 것이 좋다. 선은 자기의 욕망을 육화시키고 자신의 정신을 맑게 하는데 아주 좋다.

옛날 조주趙州 선사는 "도道가 무엇입니까?"라는 물음에 "여보게, 이리 와서 차나 한잔 마시게."라고 했다. 이것이 그 유명한 끽다거喫茶去다.

그렇다. 도란 특별한 것에 있는 것이 아니다. 차를 마시는 것도 도요, 새소리와 바람 소리를 듣는 것도 도다. 차별하지 않고 분별하지 않는 것도 도인 것이다.

사실 선반 위에 진리가 놓여있더라도 그것을 가져와서 내 것으로 만들지 못한다면 아무것도 아닌 것이다. 많은 사람들이 진리를 찾고 있지만, 대중들에게 진리를 찾아줄 수 있는 선각자는 별로 없다. 또한 그것을 받아들일 수 있는 수행자는 더욱 부족하다. 이것이 바로 수행자가 현생에서 해야 할 일인 것이다. 대중을 진리로 이끌고 나아가 올바른 삶의 도를 깨치게 할 수 있다면 그 이상의 도도 깨달음도 없는 것이다.

74

즐거움을 받아도 함부로 기뻐하지 말고
괴로움에 부딪혀도 근심을 더하지 말아야 한다. 잡아함경

　우리가 일상적으로 쉽게 접하는 법구法句가 있다면 그것은 아마 백팔번뇌일 것이다. 그러나 대개 불교 신자가 아닌 일반인들은 이 백팔번뇌의 의미가 어디에서 나왔는지 잘 모른다.
　불교에는 육근六根이라는 용어가 있다. 안근眼根, 비근鼻根, 이근耳根, 설근舌根, 신근身根, 의근意根인데 인간의 육체를 여섯 개로 나눈 것이다. 즉 눈, 코, 귀, 혀, 몸, 마음이다. 여기에 즐거움, 나쁨, 평등 즉 호악평등好惡平等의 3을 곱하면 18번뇌가 생긴다.
　그리고 육근의 인식 작용인 육식六識에다가 세 수, 즉 낙수樂受, 고수苦受, 사수捨受의 3을 곱하면 이것 또한 18번뇌가 생긴다. 낙수란 즐거움, 고수란 괴로움, 사수란 즐겁지도 괴롭지도 않은 것을 말한다. 이 둘을 더하면 36가지의 번뇌가 생기는데 여기다가

과거세, 현세, 미래세의 3을 곱하면 108번뇌가 되는 것이다.

결국 108번뇌의 의미는 현세의 번뇌뿐만이 아니라 전생과 현생, 미래 생에서 오는 모든 번뇌를 말하는 것으로 보면 된다. 이러한 백팔번뇌를 모두 없애기 위해서는 우리 몸의 테를 이루는 육근을 모두 참회해야 된다. 이것이 바로 우리가 말하는 육근참회인 것이다. 인간의 번뇌는 인간의 몸을 구성하는 이 여섯 가지가 만드는 것이라고 보면 된다. 그러므로 인간의 번뇌를 없애기 위해서는 육근을 깨끗하게 하는 방법밖에 없다.

그러나 오늘날 우리는 이 육근을 맑게 할 수 있는 삶을 살고 있지 않다. 눈은 찌든 공해로부터 언제나 피로하고, 귀는 욕과 거짓말과 싸움 소리를 듣고 있으며, 코는 나쁜 냄새로 가득하고, 혀는 날마다 거짓말을 양산한다. 몸은 지칠 대로 지쳐 있으며 마음은 언제나 나쁜 기운으로 가득 차 있다.

이러한 108번뇌로부터 벗어날 수 있는 길은 사실 아무것도 없다. 다만 즐거움과 괴로움을 스스로 삭이고 열심히 기도하며 사는 것이 유일한 방법이라 할 수 있을 것이다.

〈잡아함〉에 나오는 번뇌로부터 벗어나는 방법이다.

부처님이 고향인 카필라바스투의 니그로다 동산에 계실 때였다. 그 때 마하나마가 찾아와 부처님께 이렇게 여쭈었다.

"부처님, 제가 살고 있는 이곳은 따뜻하고 풍족하여 많은 사람들이 살고 있으나 미친 사람과 그릇된 사람이 많습니다. 이들과 함께 살다보면 불佛, 법法, 승僧 삼보三寶를 잃어버릴까 걱정됩니다. 또 내가 죽은 뒤 악도에 태어나지 않을까 두렵습니다."

부처님이 비유를 들어 대답했다.

"저기 언덕에 큰 나무 한 그루가 서 있다고 하자. 그 나무는 평소에 한 쪽으로 많이 기울어져 있다. 만약 저 나무의 밑동을 잘라버리면 그 나무는 어느 쪽으로 넘어질 것 같은가?"

"당연히 기운 쪽으로 넘어집니다."

부처님이 다시 말하였다.

"마하나마야, 너도 그와 같다. 남이 어떻게 살든지 오직 너만 바르게 산다면 결코 나쁜 곳에 나지 않을 것이다. 왜냐하면 너는 삼보에 귀의해 몸과 마음을 이미 닦았기 때문이니라. 네가 목숨을 마친 뒤에 비록 몸이 불에 태워지거나 땅에 묻힌다 하더라도 네가 가진 마음은 오랫동안 믿음의 햇빛을 쪼여왔기 때문이다. 또한 계율을 지키고 많은 보시를 행하고 많은 법문을 듣고 지혜의 햇빛을 쪼였으므로 미래에도 반드시 좋은 곳에 다시 태어날 것이다."

우리는 이런 생각을 많이 한다. 남은 늘 나쁜 일을 하는데 나 혼자 좋은 일을 한다고 해서 알아줄까. 부처님은 이런 생각조차 자신을 번뇌로 이끌게 해 고통을 당하게 된다고 가르치고 있다.

분명한 것은 '언덕 위의 큰 나무가 휘어진 대로 넘어가듯이, 죄는 지은 대로 가고 공은 쌓은 대로 간다.'는 것이다. 사실 마음의 번뇌를 만드는 것은 자기 자신이기 때문이다.

75

이 세상의 여러 가지 힘 중에서
행복의 힘이 가장 훌륭하다. 증일아함경

하늘은 짓지 않은 복을 내리지 않으며, 사람은 짓지 않은 죄를 받지 않는다는 말이 있다. 이것은 불교에서 말하는 인과의 법칙이다. 즉 '이것이 있으면 저것이 있다'는 연기법과 같다.

우리는 은연중에 짓지도 않은 큰 복을 자꾸만 기다린다. 이것을 불교적 관점에서 해석하면 한 마디로 어리석은 생각이 아닐 수 없다. 바꾸어 말하면 행복이란 자신이 뿌린 만큼 거두는 것이기 때문이다. 그래서 얻기 힘든 것이 바로 행복이다.

스스로 해탈의 경지에까지 도달한 부처님조차 이러한 행복을 얻고자 했다는 사실을 아는 사람은 드물 것이다. 부처님과 눈이 먼 아니룻다에 관한 이야기가 이 사실을 증명하고 있다.

하루는 아니룻다가 낡은 옷을 바느질하려고 했다. 그러나 장님인 아니룻다는 아무리 바늘에 실을 꿰려고 해도 도무지 꿸 수가 없었다. 아니룻다는 혼잣말로 중얼거렸다.

"훌륭한 성자 중에서 누군가 나를 위해 이 바늘귀에 실을 꿰어 주신다면 큰 공덕을 쌓을 텐데."

그러자 누군가가 아니룻다의 귀에 소곤거렸다.

"아니룻다여, 내가 너의 바늘귀에 실을 꿰어줄 테니 나에게 공덕을 쌓게 해다오."

아니룻다가 들어보니 그 목소리의 주인공은 다름 아닌 부처님이었다. 아니룻다는 부처님의 말씀을 듣고 의아했다. 이미 공덕을 많이 쌓은 부처님께서 다시 공덕을 쌓을 기회를 달라고 하다니 그로서는 이해를 할 수가 없었던 것이다.

"부처님, 제가 그냥 중얼거린 것은 이 세상의 구도자들 중에서 나에게 작은 도움을 주어 공덕을 쌓으라고 한 말인데, 부처님께서 어찌 이런 일을 하려고 하십니까? 당치도 않은 말씀입니다."

이 때 부처님께서 이렇게 말씀하셨다.

"행복을 구하고자 하는 사람들 중에서 나보다 더 간절한 사람은 없을 것이다."

아니룻다는 부처님의 말씀을 도저히 이해할 수가 없었다. 이 세상에서 가장 행복한 사람은 다름 아닌 부처님이라고 생각했기 때문이다.

아니룻다가 말했다.

"부처님이시여. 부처님께서는 이미 어떤 망설임의 바다를 건너 집착으로부터 벗어났기 때문에 그 무엇도 바랄 것이 없으시지 않습니까? 그런데 그 무엇 때문에 행복을 바란다고 하십니까."

그러자 부처님은 다시 이렇게 말씀하셨다.

"궁극의 경지를 다한 자도 아직 추구하는 것이 있다. 그것이 바로 행복이다."

부처님은 세상에서 가장 얻기 힘든 것이 있다면 그것은 바로 '마음의 행복'이라고 했던 것이다. 모든 인욕에 한계가 없듯, 모든 보시에도 한계가 없다. 베풀면 베풀수록 더 크게 돌아오는 것이 보시의 공덕인 것이다.

"하늘 세계나 인간 세계도 행복의 힘보다 더 뛰어난 것은 없다. 부처의 길佛道도 역시 그것으로 이루어진다."

우리에게 이 세상에서 가장 중요한 것이 있다면 그것은 '행복'이다. 어찌 그대는 마음의 행복을 가지지 못하고 복을 받기를 원하는가. 한번쯤 생각해 볼 일이다.

76

남편은 아내를 예절로써 대하고 위신을 지키며
항상 의복과 음식을 넉넉히 대어 주어야 한다. 육방예경

옛날에 한 농부와 아내가 있었다. 둘 사이는 금슬이 좋기로 소문이 자자했다. 아내는 비가 오나 눈이 오나 끼니때가 되면 김을 매는 남편을 위해 밥을 지어 그 먼 십 리 길을 오갔다.

그러던 어느 날이었다. 농부는 평소와는 다르게 심한 허기를 느꼈다. "조금만 기다리면 아내가 오겠지." 그는 밭고랑에 앉아 허기진 배를 움켜잡고 아내가 오기만을 기다렸다. 먼발치에서 음식을 머리에 이고 걸어오는 아내가 보였다. 농부는 "얼씨구나" 하면서 그의 아내를 논두렁 밖까지 마중 나갔다.

하지만 아내는 십 리 길을 걸어오면서 배가 너무 고팠다. 밥을 지으면서 너무 시장했지만 남편 때문에 차마 먹을 수가 없었다. 더군다나 쌀독이 비어 동네에서 쌀을 꾸어야 될 형편이라

점심밥은 남편이 먹을 한 그릇뿐이었다.

아내는 허기 때문에 그 자리에 털썩 주저앉았다. 멀리 남편이 보였지만 그녀는 끝내 배고픔을 이기지 못하고 그 자리에 털썩 주저앉아 가지고 온 밥을 모두 먹고 말았다. 남편은 자신이 배고프다는 소리를 하지도 못하고 그저 아내의 모습을 쳐다보기만 하였다. 기가 막힌 광경이 아닐 수 없다.

이것은 중국의 낭야 스님이 탁발을 나갔다가 본 것을 읊었던 이야기다. 나중에 이 이야기를 두고 동양 최고의 선지식이었던 서옹 스님이 쓴 착어가 있다.

"산호로 만든 베개 위에 흐르는 두 줄기 눈물이여,
반은 그대를 사모하고 반은 그대를 원망하도다."

연시처럼 기막히게 아름답다. 그 순간, 남편은 아내가 미웠을 것이다. 또 '오죽하면'이라는 연민의 정도 느꼈을 것이다. 즉 반은 사모하고 반은 원망했을 것이 분명하다.

이렇듯 이 세상은 '사랑과 미움'이라는 두 단어로 이루어져 있다.

'누군가를 반은 사랑하고 반은 미워하는 것', 어쩌면 이것이 인생의 전부일 수도 있다. 만약 이것마저 비울 수 있다면 사람은 한층 더 성숙해질 수 있을 것이다.

〈중아함경〉에는 "선남자여, 만일 남자가 아내를 사랑하고 어여삐 생각하면 반드시 이익이 불어날 것이요, 흉하거나 쇠하지 않으리라. 또한 남편은 다섯 가지 일로 처자를 사랑하고 공경하며 생활할 물품을 대주어야 한다. 그 다섯 가지는 무엇인가? 첫째는 처자를 어여삐 생각하는 것이요, 둘째는 업신여기지 않는 것이며, 셋째는 영락 따위의 장식품을 주는 것이요, 넷째는 집안에서 편안함을 얻게 하는 것이며, 다섯째는 아내의 친족들을 생각하는 것이다."라고 적혀 있다.

또한 부처님은 "모은 재물은 네 등분하여 한 몫은 옷과 음식을 마련하는 데 쓰고, 두 몫은 사업하는 데 쓰며, 나머지 한 몫은 저축하여 힘든 때를 대비하라. 밭에 곡식 심는 것이 제일이고, 장사하는 것이 그 다음이며, 소와 염소와 가축을 길러라. 또 여러 자식들이 있거든 각기 그 짝을 구하고 아울러 가축들을 가법家法에 맞게 하라."고 하셨다.

부처님은 가정을 그 무엇보다도 소중하게 생각해야 하고 가족을 위해 최선을 다해야 한다고 말씀하셨던 것이다.

77

제일 먼저 자기 자신을 찾는 것이 가장 중요하다. 사분율

하루에 한 번은 거울을 바라볼 것이다. 가끔 그 거울 속에 비친 자신의 얼굴을 보며 "누구일까?"라는 생각을 해 본 적이 있을 것이다. 자기 자신이 낯설다는 느낌은 현대사회를 살아가는 사람들이라면 누구나 경험해 보았을 것이다.

이것을 불교적 관점에서 해석하면 내관內觀, 곧 자기 탐구이다. 거울 속에 비친 자기 자신을 되돌아보는 행위는 인간만이 할 수 있는 일이다.

미국 버지니아 대학 심리학 교수인 티모시 윌슨은 "인간은 항상 자신도 모르는 무의식의 세계를 여행하고 있기 때문에 인간의 잠재의식 속에는 항상 '내가 낯설다'라는 생각이 있다."라고 말했다.

인간의 오감(五感)이 받아들이는 정보는 짧은 순간에도 약 일천일백만 개라고 한다. 그 엄청난 정보 중에서 인간이 의식적으로 처리하는 것은 40여 개를 넘지 않는다. 그렇다면 그 나머지의 정보는 어떻게 되는 것일까. 자신도 모르게 몰래 처리하게 되는데 심리학적 측면에서 보면 '적응 무의식'이라고 한다.

사람들이 평소에 보이는 기질과 특성, 성격 중 거의 대부분이 이 '적응 무의식' 속에 숨어 있다. 사람들이 매일 반복하는 행동일수록 무의식적이 되어, 나중에는 그것이 요구하는 노력이나 의식적인 관심이 점점 더 적어지게 되는 것이다. 사회심리학이 던지는 가장 값진 가르침 하나는, 행동의 변화가 종종 태도나 감정의 변화를 부른다는 것이다.

아주 매력적인 여자 연구원이 공원에서 남자들에게 접근해 설문지에 답해 달라고 부탁했다. 남자들의 절반은 깊은 협곡 위에 걸린 다리 위에서 설문지를 작성했다. 절반은 다리를 건넌 뒤 공원 벤치에 앉아 쉬면서 설문지를 채웠다. 여자 연구원은 남자들에게 전화번호를 주고 연구와 관련해 궁금한 게 있으면 언제든지 전화를 해도 좋다고 말했다. 결과는 이렇게 나타났다. 다리 위에서 설문에 응한 남자의 65%가 여자 연구원에게 데이트를 신청했다. 벤치에 앉아 설문에 응한 사람 중 전화를 걸어온 사람은 30%에 지나지 않았다. 두려움 때문에 심장이 뛴 것을 남자들은 자신들이 그 여자에게 끌린 것으로 잘못 해석했던 것이다. 이렇듯 자신을 잘 알지 못한 탓에 엉뚱한 사람에게 사랑을 품는 경우도 있다.

이것이 바로 티모시 윌슨이 말하는 '적응 무의식'이다.

의식하지 못할 지라도 우리가 매일 거울을 들여다보는 이유는 '나는 도대체 누구일까' 그리고 '어디서 어떻게 왔을까'라는 문제를 생각하기 때문이다.

부처님 역시 '나' 자신이 누구인가를 모르기 때문에 '나' 자신을 찾는 것이 매우 중요하다고 하셨다.

어느 날 부처님이 숲속에 들어가 휴식을 취하고 있을 때였다. 그 때 30여명의 남자가 길을 잃고 헤매다가 부처님을 발견하고 다짜고짜 이렇게 물었다.

"혹시 이곳에 한 여자가 지나가지 않았습니까?"

그들은 높은 지위에 있는 관료의 자제들이었는데 저마다 부인을 데리고 숲에 놀러왔다. 그런데 그 중의 한사람은 결혼을 하지 않아 기생을 데리고 왔는데 모두 놀이에 정신없이 빠져 있을 때 그 기생이 몰래 재물을 훔쳐 달아난 것이다.

그들이 여자를 찾고 있는 사정을 들은 부처님은 웃으면서 그들에게 이렇게 말했다.

"젊은이들이여, 자네들은 어떻게 생각하는가. 도망친 여자를 찾고자 하는 일과 자기 자신을 찾는 일 중 어느 쪽이 더욱 중요한가."

부처님의 말씀을 들은 남자들은 순간 정신이 번쩍 들었다.

"물론 자기 자신을 찾는 것이 더 중요합니다."

그럼, 지금부터 이 자리에 앉아 내가 자기 자신을 찾는 방법을 가르쳐주겠다. 부처님은 그들에게 인생을 올바르게 사는 방법에 대해 설법을 하기 시작했다. 그들은 그 후 모두 출가하여 부처님의 제자가 되었다.

우리의 삶에서 '내가 누구인가'라는 문제는 아주 중요하다. 내가 누구인지도 모르면서 어찌 이 복잡한 세상을 살아갈 수 있을 것인가. 한번쯤 생각해 볼 일이다.

78

깨달음을 부처라 한다. 대일경

우리가 잘 알고 있는 금강경을 단 한마디로 요약한다면 공空이다. 즉 '비어 있다'라는 뜻이다. 은밀히 말하면 마음을 비우고, 머리를 비우고, 육신을 비우고, 색을 비우고, 욕망을 비우라는 뜻이다. 그런데 사실 금강경에는 공은 없고 '자아自我'와 '나'가 넘친다.

금강경은 석가모니 부처님과 그의 10대 제자 중의 한 사람인 수보리須菩提의 문답으로 되어 있는 책이다. 어리석은 제자를 깨우치기 위한 부처님의 설법이 주를 이룬다.

수보리가 세상에 태어났을 때 그의 집 창고는 텅 비어 있었다. 이 때문에 훗날 사람들은 수보리를 두고 '공'을 뜻하는 순야다舜若多라고 불렀다. 수보리는 부처에게서 '공'의 이치를 가장 잘 깨달은 최상의 수행자였기에, 그를 해공제일解空第一이라고도 부른다. 즉 부처의 제자로서 '공'을 제대로 이해한 수행자였던 것이다.

스승인 석가모니와 제자인 수보리의 문답을 통해 궁극적 삶의 깨달음을 깨쳐 나가는 경전이 바로 금강경이라고 보면 된다. 그러나 우리가 여기에서 주지해야 할 사실은 석가모니 부처님이 제자인 수보리보다 더 높은 경지에서 질문과 답을 주고받은 것이 아니라는 점이다. 묻는 자와 대답을 하는 자의 경지가 일치한다.

석가모니 부처님이 위대한 것은 바로 이 점이다. 그래서 금강경이 사람들에게 더 깊은 감동을 던져 준다고 할 것이다.

금강경의 첫 부분은 '여시아문如是我聞'으로 시작된다. 이를 해석하면 '이와 같이 나는 들었다.'이다. 사실 이 같은 설법은 애초부터 문자로 전해지지는 않았다. 부처님의 설법을 들은 제자들 중 기억력이 뛰어난 사람들을 통해 입으로 전해진 것을 부처님의 제자인 가섭존자迦葉尊者가 모았고, 이후 대승불교 운동을 통해 문자로 기록된 것이다.

실제로 가섭은 부처님보다 더 나이가 많은 제자였다.

어느 날 부처님이 꽃 한 송이를 들어 보이자 그 많은 제자들 중에 가섭만이 빙그레 웃었다. 가섭의 이 웃음을 보고 다른 제자들은 아무런 느낌이 없었다. 더구나 그 꽃 한 송이의 의미를 전혀 몰랐던 것이다.

이것이 바로 여래선如來禪이다. 여래선은 본래부터 모든 중생이

원만구족하다는 여래의 가르침에 의하여 깨닫는 선을 말한다. 그 꽃 한 송이는 바로 부처님의 말씀이었던 것이다.

가섭 이후부터 부처님의 말씀은 입과 입을 통해서 다른 사람들에게 전해졌다.

"나는 부처님의 그림자와 같다."

이 말을 한 사람은 아난존자이다.

그는 기억력이 매우 좋아서 다문제일多聞第一이라고 칭송되었다. 즉 부처님의 말씀을 가장 많이 들었으며, 가장 잘 기억하고 있었다는 것이다. 그래서 부처님 열반 이후 제자들이 모일 때도 부처님의 설법은 모두 아난존자가 외웠으며, 이를 다시 다른 제자들이 읊조렸다. 이것이 오늘날의 경전이 되었다.

사실 금강반야바라밀경이라고 이름을 지은 것은 석가모니 부처님이다. 이것은 수보리가 이경의 이름을 지어 달라고 했기 때문이다.

어쨌든 이 위대한 다이몬드 경은 이렇게 해서 세상에 전해지고 오늘날에 이르게 된 것이다.

부처님께서 사위국 기원정사에서 1250인의 큰 비구 스님들과 함께 계실 때 일이다.

부처님께서는 공양 시간이 되자 가사를 걸치고 걸식을 하기 위해 발우를 들고 사위성에 들어가시어 한 집씩 차례로 돌며 탁발을 하신 다음 본래 계시던 곳으로 돌아오셔서 공양을 하셨다.

공양을 마치시고는 가사와 발우를 제자리에 놓으시고 발을 씻으신 다음 자리를 펴고 앉으셨다.

이것이 바로 금강경의 가장 첫 부분인 1장이다. 부처님은 여기서 일상을 말씀하셨던 것이다. 즉 현재의 삶, 이 순간을 말한 것에 다름이 없다. 제자들을 모아 법회를 열게 된 연유緣由를 알리는 바로 이 부분을 두고 금강경을 주해註解하신 많은 선승禪僧들은 바로 이 부분이야말로 부처님 최상의 설법이라고까지 하고 있다. 사실 언뜻 보면 아무 것도 설한 것이 없으며 우리가 공부해야 할 그 어떤 가르침도 드러나 있지 않다. 그저 평범한 부처님의 일과를 잠깐 이야기한 것에 지나지 않지만, 마음의 눈으로 하루 일과를 살고 계시는 부처님의 마음을 헤아려볼 수 있을 것이다.

보통 사람들은 자기의 삶에 대해 그다지 중요하다고 생각하지 않는다. 그것은 자기의 고정관념에 매여 살기 때문이다. 급기야는 오직 자신의 잣대와 가치관에 따라 현재의 자기를 판단하는 것이다. 실상은 그렇지 않다. 현재 자신이 살고 있는 이 순간이 가장 가치가 있는 것이다. 그런 의미에서 금강경 1장이 위대하다는 것이다.

아난존자는 '이와 같이 내가 들었다'라고 함으로써 자신의 판단이 개입됨이 없이, 아무런 가감도 없이 그대로 부처님께 들은 것만을 말하고 있다. 사실 우리들은 무엇을 말할 때 대부분 '내

말'인 것처럼 이야기한다. 물론 내 말이기도 하겠지만, 대부분의 말은 사회에서, 학교에서, 책에서, 스승님들에게서 얻어들은 말이다. 그런 것들을 내 잣대, 색안경에 비추어 걸러내어 '내 식대로' 조합하는 역할 정도를 할 뿐인 것이다. 여기에서 조금, 저기에서 조금 얻어들은 것을 '내 생각'이라고 고집하며, '내 말'인 것처럼 이야기를 한다. 물론 스스로도 그것이 온전한 내 생각이라 착각하고, 옳은 생각인 줄 알고 산다. 우리가 무슨 말을 할 때, 혹은 부처님 말씀을 누군가에게 들려줄 때, 아난존자의 이런 겸손함과 진실함을 본받아야 할 것이다. 그래야 말에 집착하지 않을 수 있고, 또한 말을 순수하고 참되게 전달할 수 있으며, '내가 옳다'라는 아상이 비워진 텅 빈 진실을 말할 수 있을 것이다. 요즘이야 그저 입가에 떠오르는 말들을 아무런 여과 없이, 그것도 자기 생각인양 마구 떠들고 누군가에게 주워들은 내용을 내 말처럼 마구 토해내다 보니, 내면에서 침묵과 명상을 통해 향기롭게 피어오르는 진실을 찾아보기 어렵게 되었다.

　지금 우리가 팔만대장경이라는 수많은 경전의 형태로 생생한 부처님의 음성을 들을 수 있는 데는 아난의 역할이 가히 절대적이었던 것이다.

79

물이 흐리거나, 끓고 있지 않거나,
이끼로 덮여 있지 않다면
제 얼굴을 있는 그대로 볼 수 있다. 상응부경전

우리의 몸은 눈, 코, 입, 귀, 몸, 그리고 뜻意으로 이루어져 있다. 이것을 불교에서 육근이라고 하는데 이 중의 가장 으뜸은 뜻이다. 뜻은 마음이라고도 할 수 있다. 이 마음이 움직여 우리의 오감을 작동시킨다. 사람의 얼굴 표정을 보면 그 사람의 마음을 알 수 있는 것도 이 때문이다. 그 사람이 가진 내관內觀, 즉 마음의 심리 상태가 얼굴로 전이가 되어 표정으로 나타나기 때문이다.

결국 마음이 욕망으로 가득 차 있거나 흐리거나 슬픔에 빠져 있다면 자신의 얼굴 역시 편안한 모습이 될 수가 없다.

부처님이 기원정사에 머물 때, 상가라라는 한 바라문이 찾아와서 이렇게 물었다.

"부처님, 오늘 제가 묻고 싶은 것이 있사옵니다. 저는 때때로 내 마음이 혼란스럽고 혼미하여 배운 것을 잘 기억하지 못하고 아무리 그것을 다시 떠올리려 해도 되지 않을 때가 있으며 또한 어떤 때는 마음이 저 맑은 물처럼 맑아 아직 깨닫지 못한 것까지도 거침없이 말할 수 있습니다. 도대체 이 마음이 왔다 갔다 하는 것은 무슨 까닭이옵니까?"

부처님은 바라문의 이야기를 듣고 물그릇을 하나 가지고 와 그의 앞에 놓았다.

"바라문이여 여기 그릇 속에 맑은 물이 담겨져 있다. 만약 그 맑은 물속에 빨강색이나 파랑색의 물감을 떨어뜨려 물의 색을 바뀌게 한다면 물속에 비친 자신의 얼굴을 볼 수가 없다. 사람의 마음도 이와 같다. 사람의 마음이 온갖 탐욕으로 흐려져 있거나 마음이 밝지 못하면 세상의 그 무엇도 올바르게 비추지 못할 것이다."

바라문이 고개를 끄덕였다. 부처님의 말씀이 다시 이어졌다.

"또한 그 그릇의 물이 불 위에 놓여 있어 끓고 있다면 역시 얼굴을 볼 수 없다. 이와 같이 사람의 마음이 노여움으로 끓고 있다면 이 세상의 그 어느 것도 온전하게 볼 수가 없다.

또한 물 위에 이끼가 덮여있을 때도 얼굴을 제대로 볼 수가 없다. 이와 같이 사람의 마음이 어리석음이나 남에 대한 의심, 혹은 진리에 대한 그릇된 생각을 담고 있으면 세상의 그 어떤 것도 비추어 볼 수가 없다."

그제야 바라문은 왜 자신의 마음이 오락가락하는지를 알게 되었다.

이것이 그 유명한 부처님의 삼독三毒에 대한 설법이다. 인간의 마음은 탐욕, 성냄, 어리석음, 즉 탐진치貪瞋恥에 덮여 자신을 똑바로 보지 못한다. 그 마음을 없애는 것이 있는데 그것이 정견正見이다. 정견이란 어떤 사물을 볼 때 올바르게 보는 것을 말하는데 이것이 부처님의 가르침 중에서도 가장 기초가 되는 설법이라고 보면 된다. 그러기 위해서는 일체 법에 대한 참다운 실상을 알게 하는 지혜인 여실지견如實知見을 알아야 한다.

한 재미있는 예가 있다. 예전에 한 스님이 미국에서 법문을 하고 있을 때였다. 그 때 한 대중이 자리에 일어나 느닷없이 그 스님의 법문을 가로막고 질문을 던졌다.

"스님은 기적을 일으키는 분으로 알고 있습니다. 저희들에게 그 기적을 보여주십시오."

스님은 느닷없는 말을 듣고 잠시 법문을 거두고, 주장자로 법상을 '탕' 하고 내리쳤다.

"기적을 보여 달라고."

"네, 스님. 저는 불법을 믿지 않사오나 스님께서 기적을 보여주신다면 오늘부터 불교 신자가 되겠습니다."

그 스님은 다시 주장자로 법상을 내리쳤다.

"오늘 밥을 먹고 왔느냐."

"네, 스님."

"그럼 지금 무엇을 하고 있느냐."

"스님의 법문을 듣고 있습니다."

"그래. 그것이 기적이니라."

"아, 그런 억지가 어디 있습니까? 스님!"

"억지라니 이 놈! 하루 밥을 먹고 힘을 쓰며 법문을 듣고 있는 것이 어찌 기적이 아니란 말인가."

큰 스님의 눈빛은 법당의 천정까지도 뚫을 기세였다.

"그래, 네가 밥을 먹고 이렇게 살아있는 것이 기적이 아니란 말인가. 너는 어디에서 왔는가."

"잘 모릅니다."

"그것조차 모르는 놈이 기적을 묻는다는 말이지. 현재 네가 살아있는 것이 기적이니라."

그는 그때서야 깨달았다.

"스님의 말씀이 너무도 옳습니다."

스님의 설법은 바로 오늘 이 순간 당신이 하고 있는 것이 중요하다는 것을 일러주는 것이다. 그리고 이것이 바로 정견正見이다.

80

부처님과 보살의 행은 집착이 없다. 금강경

금강이란 일반적으로 다이아몬드를 뜻한다. 다이아몬드는 금강불괴金剛不壞라고 하여 이 세상에서 가장 단단하여 결코 어떠한 물질에도 깨어지지 않으며 그 어떤 변화 속에서도 결코 파괴되지 않는 성질을 가지고 있다. 또한 이것은 아주 희고 투명하며 한없이 청정해 깨끗한 빛을 내뿜는 특성을 가지고 있다. 이와 같은 특성을 비유하여 부처님의 경전을 금강반야바라밀다경(이하 금강경)이라 한다.

바꾸어 말하면 금강경은 부처님이 쓰신 최고의 경전이라 보면 된다. 금강경은 불성佛性과 반야般若의 의미를 동시에 담고 있다. 원래부터 사람이 가지고 있는 불성은 그 어떤 세상의 변화 속에서도 결코 변하지 않으며 깨어지지 않는다. 그런 불성을 온전히 깨달을 수 있는 지혜가 반야이다.

본래부터 우리의 몸에는 반야의 지혜가 숨어 있다. 이 지혜는 금강과 같이 결코 파괴되지 않으며 청정하다. 일각에서는 금강의 지혜가 금강처럼 견고한 것이 아니라 반대로 인간이 가진 번뇌가 금강과 같이 견고하다고 한다. 그래서 그 번뇌를 끊는 반야바라밀이라는 말도 있다.

우리의 불성은 본체本體를 의미한다. 반야란 이 본체를 이해하고 체득하는 하나의 지혜인 것이다. 그래서 둘은 서로 다른 것이 아닌 하나다. 이것이 바로 불이사상不二思想이다. 우리 안에는 불성을 깨달을 수 있는 반야의 지혜가 숨겨져 있기 때문이다.

반야는 범어로서 '프라즈나Prajna'라고 하며, 팔리어로는 '판냐'라고 한다. 반야는 바로 '판냐'의 음역인 것이다.

사실 반야는 번역을 하기가 굉장히 어렵다. 우리말로 해석해 본다면 '지혜'라는 말이 가장 가까울 것이다. 그러나 반야를 일상적인 의미의 지혜로 받아들이면 안 된다. 그것은 우리들이 헤아릴 수 없는 무분별의 지혜, 즉 최고의 경지이다. '부처님의 지혜'라고 보면 된다.

바라밀은 범어로 '파라미타Paramita'이며, 이 또한 적절하게 옮길 만한 한자가 없었기에 그대로 발음만 따와 '바라밀다', 혹은 '바라밀'로 번역해 놓은 것이 많다. 바라밀다, 바라밀은 '도피안到彼岸', '도무극到無極', '사구경事究竟'으로, '바라'는 '저 언덕(피안)'을 '밀다'는 '건넌다'는 의미로 해석할 수 있다. 즉 '저 언덕으로

275

건너간다'는 의미이다. 우리가 살고 있는 '이 언덕'에서 부처님 깨달음의 세계인, 금강 반야의 세계인 '저 언덕'으로 건너가는 것을 바라밀이라고 하는 것이다.

이 언덕이라는 것은 우리가 사는 세상, 즉 차안此岸으로 아직 깨닫지 못하여 탐진치에 물든 이들이 살아가는 세상이다.

다른 말로 사바세계이다. 즉 인토忍土로 삼독의 번뇌를 참아야 하고, 오온伍蘊으로 비롯되는 온갖 고통을 참아내야 하는 세계인 것이다. 또 다른 말로 예토穢土라 하여 삼독심에 물들어 오염된 땅을 말하기도 한다. 저 언덕, 피안彼岸이란 차안此岸의 상대되는 개념으로 삼독심에서 벗어나 신구의 삼업이 청정하여 모든 괴로움으로부터 벗어난 세계, 즉 정토淨土를 의미한다.

다시 말해 깨달음의 세계, 부처님의 세계를 의미하는 것이다. 경經이란 수트라(Sutra)이며 원래 의미는 '실', '줄'이다. 옛날 경전들은 보통 대나무나 나무껍질 등의 판에 적어 여러 개의 실로 묶어 만들었기 때문에 이런 이름이 유래되었다고 한다. 일반적으로는 이런 경을 연결하여 묶어주는 실처럼, 깨달음에 이르게 하는 소중한 내용들을 이어놓은 실이라고 해석할 수도 있다.

이와 같이 금강반야바라밀경이란 경의 의미를 해석해 보면 '금강과도 같은 지혜로 저 언덕에 이르는 가르침들을 설해 놓은 경'인 것이다.

금강경은 한국의 선종에서 중국의 조사선祖師禪을 그대로 이어 오면서 천 년 동안 한국 불교의 지주가 되어 왔다.

육체가 지닌 영혼, 영원히 불멸하는 영혼의 '깨침'이 금강경이다_청담스님

81

젊었을 때 수행하지 않아 참 보배를 얻지 못한 사람은
부러진 활처럼 버려져
부질없이 지난날만 탄식한다. 법구경

　부처님이 거처한 곳은 사위국 기수급고독원이다. 고孤란 한자는 어머니와 아버지가 없는 아이를 말한다. 독獨은 자식 없는 노인을 말한다. 다시 생각해 보면 비구도 그러하다. 비구는 어머니와 아버지가 없으며 늙어서는 아이가 없다. 그들이 거처하는 곳이 바로 고독원인 것이다. 우리가 많이 쓰고 있는 외롭고 쓸쓸하다는 '고독'이라는 한자도 같다. 그러니 스님이란 외롭고 고독한 수행자라는 말이 될 수도 있는 것이다.
　재미있는 일화가 있다. 선을 깨닫는 것은 어떤 계산에 의해 이루어지지 않는다. 그것은 '오직'이라는 말만이 통하는 행선行禪이다.
　오래 전 한국에는 잠 때문에 깨달은 맷돌 선사라는 분이 있었다. 이 스님은 앉거나 서있거나 밥을 먹거나 일하거나 수행을 하거나 계속 졸았던 것이다. 이런 스님에게 참선을 한다는 것은 고역이었다. 왜냐하면 수행을 하기만 하면 잠이 쏟아져 견딜 수가 없었기 때문이다.

그러던 어느 날 선사는 졸면서 걷다가 큰 나무에 부딪쳤다. 마침 그걸 보고 있던 한 여인이 깔깔깔 웃어댔다. 선사는 너무나 부끄러웠다. 이젠 무슨 일이 있어도 이 같은 졸음을 고치려고 마음먹었다. 그리하여 등허리에 맷돌을 지고 걷기 시작했다. 그리고는 마침내 도를 깨달았다. 그가 바로 맷돌 선사다.

불교가 재미있는 철학이라는 것이 바로 여기에 있다. 불교는 지식을 요구하지 않는다. 아니 문자와 알음알이는 오히려 방해가 된다. 오직 참선을 위해 도를 구하는 것이 불교를 이해하는 것이기 때문이다.

'오직'이라는 말은 그래서 위대한 말인 것이다.

얼마 전 외국 선원에서 일어난 일이다.

수행을 위해 머리를 깎고 출가한 외국인 비구들이 그곳에 와 있었다. 그들은 한국의 문화와 풍속, 습관, 더욱이 절간의 법도를 알 만무했다. 그날은 일요일이었다. 그 미국인 비구들은 일요일에는 그들의 문화적 습관대로 염불도 하지 않고 태평스럽게 늦잠을 자고 있었던 것이다.

참다 지친 그 선원의 한 큰 스님이 방문을 확 열어젖혔다. 미국인 비구들은 깜작 놀라 모두 눈이 둥그레졌다.

"무슨 일인가? 어째서 자네들은 아직도 자고 있는 것인가."

그 중의 한 사람이 대답했다.

"선사님, 미국에서 일요일은 쉬는 날입니다. 월요일부터 토요일까지 수행을 했으니 하루는 쉬어야 하지 않을까요? 그래서 우리는 모두 일주일에 하루는 쉬기로 결정을 하였습니다. 그게 미국 스타일입니다."

"저 하늘에 떠 있는 태양이 보이는가?"

미국인 비구가 대답했다.

"네, 보입니다."

"태양은 쉬는 날이 없네. 밖에 바람 부는 소리가 들리는가?"

"네, 들립니다."

"바람 역시 쉬는 날이 없네. 태양도, 새도, 나무도, 꽃도, 그리고 모든 동물들도 쉬는 날이 없네. 자네들은 선을 수행중이네. 다시 말해서 보살이 되고자 하는 것이지. 보살의 마음은 쉬는 날이 없어. 그것은 한국의 스타일도 미국의 스타일도 아니네. 다만 대자대비일 뿐이네. 어서 일어나 참선을 하게."

큰 스님의 일침이었다. 그렇다. 수행이란 날을 가리고 하는 것이 아니라, 항상 마음속에서 우러나오는 깨달음의 행위이다. 공부하는 사람은 게으르지 않고 열심히 공부해야 하며, 가족을 먹여 살리는 가장은 그에 대해 의무를 다하는 것이 하나의 수행이다.

수행은 수행자만 하는 것이 아니다.

82

승자는 원한을 낳고 패자는 괴로워한다.
그러므로 이기고 짐을 떠나
마음의 고요를 얻은 사람은 즐겁게 산다. **법구경**

사랑 때문에 시작한 고대 트로이의 전쟁에서부터 오늘날 크고 작은 분쟁의 밑바탕에는 종교적인 갈등이 깔려있다. 미국이 이라크를 침공한 것도 은밀히 말하면 그와 같다. 이라크는 현재 수니파, 쿠르드족, 시아파 세 민족으로 분리되어 서로 반목하고 있다.

이러한 종교적 갈등은 사실 부처님 살아계실 때도 마찬가지였다. 다》민족이 살고 있는 인도의 역사는 전쟁으로 얼룩져 있다. 사실 우리나라만큼 종교 다변화 정책에 있어 성공한 나라는 드물다. 일각에서는 한국에서의 종교가 다변화 된 것은 불교의 덕이 크다고 한다.

사실 어느 분야든지 기득권이라는 것이 있다. 한국 종교의 기득권은 누가 뭐래도 불교가 가지고 있었다. 한국의 불교는 타 종교에 대해 배타적이지 않다. 불교가 가지고 있는 사상 자체가 배타적이지 않기 때문이다. 불교의 신념은 그 어떤 투쟁적인 역사도 철저히 배격한다.

불교의 근본적인 사상은 '자비慈悲'이다. 자비란 '자신을 희생하고 남을 돕는다.'라는 말이다. 이 자비 사상은 살아있는 모든 생명은 '평등平等하다'는 논리를 낳는다. 그런 근본적인 사상을 가지고 있기에 불교는 다른 종교를 수용할 수 있었던 것이다.

그러나 기독교는 어떠한가. 지하철 안에서 혹은 고속버스 터미널에서 '예수를 믿어라'고 고함치는 소리를 많이 듣는다. 여하튼 어떠한 경우라도 종교는 누구에 의해 강제되어서는 안 되며, 또한 강제해서도 안 된다. 심지어 어느 사찰은 기독교인들에 의해 화재가 일어난 적도 있다고 한다. 그리고 지금도 두 종교의 마찰이 쉼 없이 일어나고 있다. 참으로 난감한 일이 아닐 수 없다.

재미있는 우화 한 토막을 얘기해 보자.

사자와 멧돼지가 숲속의 옹달샘에서 만났다. 둘은 샘을 차지하기 위해 싸움을 벌였다. 그야말로 죽기 살기로 격렬하게 싸웠다. 싸움에 지친 그들은 잠시 싸움을 멈추고 가쁜 숨을 몰아쉬었다.

그런데 그 주변 나뭇가지에는 독수리 떼가 앉아 있었고, 하늘에는 까마귀들이 뱅뱅 돌고 있었다. 사자와 멧돼지들의 싸움이 끝나면 그들은 죽은 고기와 버려진 옹달샘을 차지하기 위해 기다리고 있었던 것이다. 사자와 멧돼지는 그들을 보자 생각을 바꾸었다. 옹달샘은 나누어 먹으면 된다는 데 생각이 미쳤던 것이다.

이렇듯이 대결과 다툼은 생각만 조금 바꾸면 사실 아무것도 아니다.

그런데 인간의 욕망은 늘 화해보다 우위에 있어서 지구촌에는 다툼이 끊이지 않는다. 한번쯤 뒤돌아서서 생각해 볼 일이 아닌가 싶다.

83

진리로 나아가는 길을 버리지 않고
그러면서도 범부의 일상생활을 하는 것,
그것이 올바른 참선이다. 유마경

일제 강점기, 한용운 스님은 나라를 빼앗긴 아픔이 늘 마음 속에 자리하고 있었다. 어지러운 마음과 몸을 달래기 위해 스님은 틈만 나면 사람들이 많이 있는 장터에 나갔다. 그곳에서 사람들의 살아가는 모습을 지켜보는 일은 즐거웠다.

활기찬 모습을 지켜보다 보면 우울한 마음도 자연히 사라졌기 때문이다. 나라를 빼앗기고도 희망을 잃지 않고 살아가는 백성들의 모습은 스님에게 작은 위안이 되었다.

사실 스님들에게 가장 중요한 것은 선을 닦고 불법을 공부하는 것이다. 한용운 스님은 그 당시 나라를 걱정하는 마음 때문에 수행에 전념할 수가 없었다고 한다. 그러나 수행자가 수행을 게을리 한다는 것은 있을 수 없는 일이다.

심우장 목부화상이여, 어느 날 어느 때에 소를 잃었는가.
호를 목부라 하였으니 소를 얻어 기르는 것이 분명한데
집을 심우장이라 하였으니 소를 잃은 것도 분명하구나.
심우장 목부화상이여, 지금 소를 찾고 있는가.
소를 먹이고 있는가.
소를 찾고 먹이는 것을 함께 잊었는가.
삼각산 높은 봉우리는 높고
낮은 봉우리는 낮아
바람은 소슬하고 물은 차디찬데
목부화상이여!
지금 무엇을 하고 있습니까?

경봉 스님이 한용운 스님에게 보낸 편지이다. 한용운 스님이 만년에 수도하던 초가집 한 채에 심우장尋牛莊이란 이름을 붙였기에 경봉 스님은 그를 '심우장 목부화상'이라 불렀다. 불가에서는 깨달음을 구하는 것을 잃어버린 소를 찾는 것에 비유한다.

한용운 스님의 또 다른 일화이다.
하루는 스님이 장터를 걸어가다 길모퉁이에서 어떤 아낙과 상추 장수가 실랑이를 벌이는 모습을 보았다.
"상추가 왜 이리 조금이오?"
"무슨 소리를 하는 거요?"

"저쪽에 파는 상추보다 훨씬 양이 적다고요."

"웬걸요. 아주머니가 적다고 생각하면 적어 보이고, 많다고 생각하면 많아 보이는 법이지요."

"그런 말이 어디 있소?"

"여기 있소."

스님은 아낙과 상추 장수가 하는 말을 귀를 쫑긋 세우고 듣고 있었다. 상추 장수의 말이 꽤 재미있었던 것이다.

'적다고 생각하면 적어 보이고, 많다고 생각하면 많아 보이고……'

스님은 장터를 돌아 나오며 그 말의 의미를 곱씹었다.

그것은 다름 아닌 선외선禪外禪이었던 것이다. 선은 안에 있는 것이 아니라 밖에도 있다는 것을 상추 장수가 통렬하게 깨우쳐 주었던 것이다. 그것은 마음의 여유에서 얻어지는 선이었다. 그렇다. 모든 것은 마음먹기에 달렸다. 상추 장수의 터무니없는 장삿속에서 한용운 스님은 어떤 깨달음을 얻었다.

중생은 본디 마음에서 거짓을 떠나보내지 못했기 때문에 범부의 한 생각에 집착하게 된다. 즉 자기 중심적인 눈으로 사물을 보고 그것에 집착하는 태도부터 고쳐야 한다.

선禪은 집착을 버리는 것이다. 그것이 바로 망상을 버리는 과정이요, 높은 도와 학문의 깊이를 깨달아 가는 과정이다. 근심은 망상에서 시작되고 그로 인해 인생은 끝나게 되는 것이다.

84

자기를 사랑해야 함을 안다면
자기를 악(惡)과 연결시키지 말라.
악업을 행하는 사람들은 평안을 얻기 힘들다. 잡아함경

오늘날 한국 불교에 지대한 영향을 미쳤던 성철 스님이 인간의 영혼에 대해 이야기한 적이 있다. 그 유명한 '불생불멸 상주법계(不生不滅 常住法界)'란 법문이다.

"물 한 그릇을 얼게 하면 얼음(氷)이 되고 얼음을 녹이면 물이 된다. 물이 얼어서 얼음으로 되었다고 물이 없어진 것이 아니고, 또 얼음이 녹아서 물이 되었다고 얼음이 없어지고 물만 생긴 것이 아니다. 얼음이 없어지지도 않고, 물이 없어지지도 않았으니 불생불멸이며 동시에 물 한 그릇은 항상 그대로일 뿐 더하지도 덜하지도 않다. 이것이 상주법계다. 불교의 '불생불멸 상주법계'라는 것은 질량과 에너지의 관계, 즉 에너지가 질량이며 질량이 에너지라는 등가원리에 의해 물리적으로 증명

된 일이다."

성철 스님은 '질량보존의 법칙'을 증명하여 노벨 물리학상을 받은 앤더슨(Carl. D. Ander Son)과 세그레(Emilio Segre)의 예를 들며 인간의 영혼은 윤회한다고 법문을 한 적이 있었다. 그 당시 이 법문은 불교계에 큰 파장을 일으켰다. 스님이 물리학 이론을 동원해 법문을 한 것은 매우 이례적인 일이었기 때문이다. 질량보존의 법칙은 무형의 에너지를 유형인 질량으로 전환시키고, 또 유형인 질량을 무형인 에너지로 전환시켰다.

사실 부처님은 이미 2,500여 년 전에 인간의 영혼은 윤회한다는 것을 설파했다.

부처님은 대승, 소승, 경전, 논전에서 "사람이 죽으면 그만이 아니고 몸을 바꾸어서 다시 태어난다."고 밝히고 있다.

윤회는 불교의 원리를 이해하는데 아주 중요하다. 만약 윤회한다면 윤회하는 것의 실체는 무엇인가. 불교에서 그것을 영혼이라고 지적하지는 않았지만, 불교의 식識으로 말하면 제8 아라야식阿懶耶識을 가리키며 그것은 영혼 자체를 뜻한다. 이를 불교에서는 흔히 업이라고 부르기도 하는데 인간의 이 같은 의식은 그대로 남아 생사 윤회하는 근본이 된다는 것이다.

이것은 결정적 사실이며 그 과보가 분명하다고 많은 경전에서는 이를 소상하게 밝히고 있다. 특히 불교에서는 현생에 지은 죄는 현생이든 후생이든 그 과보를 반드시 받는다고 한다.

사람이 죄를 짓는 것은 오직 사악한 마음 때문이지만, 이 마음이 선을 만들기도 하는 것이다.

인간은 원래 동물의 유형에서 진화했다는 학설도 있다. 인간의 마음이란 동물의 유산이며, 마음을 초월하지 않는 한 진정한 인간이 될 수 없다는 것이다. 우리의 육체는 인간의 모습을 하고 있지만 그 마음은 사백 만년이나 걸린 기나긴 진화과정의 산물이며, 우리의 마음속에는 우리가 거쳐 왔던 여러 동물들이 내재되어 있다는 것이다.

우리의 의식은 엄청난 과거를 지니고 있다는 말이다. 그 의식이란 바로 업이며 사람들은 이를 흔히 '마음'이라고 부른다. 어머니와 아버지가 결합하고, 어머니가 수태를 하고, 그리고 간답바(Gandhahha 환생을 기다리는 영혼의 에너지)가 있을 때 비로소 생명의 씨앗이 심어진다. 그러나 새로 태어날 생명이 과거에 어떤 인연, 어떤 업보를 지었는지는 아무도 모른다.

부모와 태어날 생명이 과거에 좋은 관계였다면 은혜로운 자식이 되겠지만 그렇지 못할 경우도 허다하다. 그렇기 때문에 현생에 있어 어떠한 경우라도 악행을 저질러서는 안 된다. 더구나 자기 자신을 사랑하는 사람일수록 그 어떤 악업도 만들어서는 안 된다.

85

명예를 얻고자 하면 계율을 지키고,
재물을 얻고자 하면 보시를 행하고,
덕망을 얻으려 하면 진실한 삶을 살고,
좋은 벗을 얻고자 하면 먼저 은혜를 베풀어라. 잡아함경

우리가 세상을 살아가면서 간절히 원하는 소망이 있다. 그것은 명예와 재물, 덕망, 그리고 좋은 벗이다. 물론 이 네 가지를 동시에 가지기 위해 평생을 노력한다고 해도 사실 이루기가 힘들다. 이 세상은 이 네 가지를 모두 가지기에는 힘든 구조적 모순을 가지고 있다. 명예를 얻으면 재물과 멀어지고, 재물을 가지면 덕망을 잃기 쉬우며, 덕망을 얻으려면 재물을 얻기가 힘들기 때문이다.

그런데 이 네 가지 중에서 마음먹기에 따라 쉽게 얻을 수가 있는 것이 있다. 바로 덕망과 좋은 벗을 구하는 일이다. 재물은 노력하면 반드시 얻어질 수 있는 것이 아니며 명예 또한 그렇다. 그러나 덕망은 진실한 마음을 가지고 상대를 대하면 물질과

명예와는 상관없이 얻을 수 있다. 또한 좋은 벗도 마찬가지일 것이다.

여기에서 간과해서는 안 될 사실이 하나 있다. 재물을 얻기 위해서는 불교적 관점에서 보면 많은 보시를 해야 한다는 점이다. 이것은 업과 복덕과 관계가 있다. 전생에 업이 많은 사람은 아무리 많은 재물을 모으려고 해도 모으는 순간 빠져 나간다고 한다. 또한 전생에 복덕이 많은 사람은 자기도 모르게 큰 복을 받아 언젠가 큰 재물을 받는다는 것이 불교적 논리이다. 복덕을 많이 받는 사람은 전생이든 현생이든 보시의 삶을 살았다는 증거이다. 그런데 여기에서 말하는 보시란 물질적인 도움을 많이 준 것을 뜻하는 것이 아니다. 적든 많든 남이 모르게 좋은 일을 한 것을 뜻한다. 만약, 내가 무엇인가를 얻기 위해 목적을 가지고 '보시'를 행한다면 자신의 공덕에는 아무런 도움이 되지 않는다.

그래서인지 요즘엔 많은 사람들이 가난한 이를 위해 기부를 한다. 그런 사람들은 부처님의 말씀과 같이 마음이 사욕으로 물들지 않고 진실로 깨끗한 사람임이 분명하다.

우리는 이 네 가지를 성취하기 위해 살고 있는 지도 모른다. 설령 다 이루지 못한다 하더라도 우리는 삶의 원칙을 스스로 세우고 살아야 할 것이다.

설사 명예를 얻지 못하더라도 하지 말아야 할 것은 하지 말

것이며, 설사 재물을 얻지 못하더라도 남을 속이고 자신을 속이고 도둑질을 하지 않아야 한다. 또한 덕망을 얻지 못한다 하더라도 항상 진실한 삶을 살고자 노력해야 한다는 것이다. 마음속으로 이런 다짐을 한다면 자연히 좋은 벗은 생기기 마련이다.

만약 우리가 이런 마음을 가지고 산다면 우리가 원하지 않더라도 어쩌면 명예와 덕망, 재물이 저절로 찾아올지도 모른다.

즉 부처님 말씀대로 '구하지 말고 스스로 노력한다면 얻을 수가 있는 것'이다.

우리는 이 네 가지를 성취하기 위해 이전투구泥田鬪狗의 삶을 살고 있지는 않은지 한번쯤 깊게 반성해 보아야 한다.

나의 선행이, 나의 진실한 말 한마디가 남에게 큰 기쁨이 되는 순간, 그대는 또 하나의 공덕을 쌓는 것이다. 그러나 남을 돕지 않고 복을 구하는 것은 하늘에서 감이 떨어지기만을 기다리는 것과 같다.

86

인간에게는 나쁜 업을 짓는 10가지 과보가 있다. **잡아함경**

부처님이 사밧티 기원정사에 있을 때 제자들을 불러 놓고 다음과 같이 설법을 하셨다.

"살생을 일삼으면 죽어서 지옥에 떨어질 것이고 설령 인간으로 환생한다 하더라도 수명이 짧아진다. 남의 물건을 도둑질하면 지옥에 떨어질 것이고 설령 인간으로 환생한다 하더라도 항상 가난할 것이다. 남의 여자를 탐하면 지옥에 떨어지고 설령 인간으로 환생한다 하더라도 남편이나 부인이 남의 꼬임에 빠질 것이다.

또한 이치에 맞지 않고 사려 깊지 않은 말을 하면 지옥에 떨어지고 설령 인간으로 환생한다 하더라도 신용을 얻지 못하며, 비단결 같은 말로 거짓말을 하면 지옥에 떨어질 것이며 설령 인간으로 환생한다 하더라도 남의 놀림을 받을 것이며, 남에게 나쁜 욕설을 일삼으면 지옥에 떨어지고 설령 인간으로 태어난다 하더라도 말을 하지 못할 것이다.

욕망을 버리지 못하고 그곳에 의지하게 되면 지옥에 떨어지고 설령 인간으로 환생한다 하더라도 욕심쟁이가 될 것이며, 화내기를 좋아하면 지옥에 떨어지고 설령 인간으로 환생하더라도 분노할 일이 많이 생길 것이며, 삿되고 어리석어 사리 분별을 잘 못하면 지옥에 떨어질 것이며 설령 인간으로 환생하더라도 매우 어리석은 사람이 될 것이다.

그러나 이 10가지의 선업을 행하면 죽어서 천상에 갈 것이다. 만약 인간으로 환생하게 되면 오래 살고 부자가 될 것이며, 배우자가 정숙하고 오직 자신만을 위할 것이며, 남의 놀림을 받지 않고 좋은 벗을 사귀게 되고, 좋은 목소리을 가지게 될 것이며, 남으로부터 신뢰를 받게 될 것이다. 또한 욕망이 적어지고 성냄이 없으며 항상 지혜로운 사람이 될 것이다."

불교에서 말하는 선악善惡을 결정짓는 과보果報는 명쾌하다. 인간의 삼업三業은 몸身, 입口, 생각意인데 이것이 '선을 행하였느냐, 악을 행하였느냐'에 의해 결정된다. 여기에서 몸은 세 가지, 입은 네 가지, 생각은 세 가지의 업을 각각 가지고 있는데 이것을 선과 악에 따라 십선업十善業, 십악업十惡業으로 구분한다.

몸이 가지는 세 가지의 신업身業은 살생(생명을 죽이는 행위), 투도偸盜(남의 물건을 훔치는 행위), 사음邪淫(남의 처자를 음행하는 행위)이며 구업이 가지는 네 가지는 망어妄語(사리에 맞지 않고 이치에 맞지 않는 말), 기어綺語(비단결 같은 말로 남에게 거짓말을 하는 것), 양설兩舌(이간질을 하는 것), 악구惡口(함부로 나쁜 욕설을 하는 것)이다. 또한 생각으로 짓는 세 가지 업은 탐심貪心(욕망을 갖는 마음), 진심瞋心(화내고 분노하는 마음), 치심癡心(어리석음 마음)이다.

물론, 이 10가지의 업들을 지키는 것은 자신의 '몸과 정신을 맑게 하는 작업'이다. 이것들을 모두 지키기는 매우 어렵지만 마음만 먹으면 행할 수 있는 것이기도 하다. 그러나 최소한 이를 가슴에 새기고 실천한다면 우리는 보다 나은 미래를 기약할 수 있을 것이다. 몸과 정신을 깨끗하게 한다는 것은 올바른 인격자로 살아갈 수 있는 지름길이기 때문이다.

불교에서 바라보는 인간의 됨됨이는 마음에 번뇌가 얼마나 많고 적은가로 판단한다. 몸과 정신이 깨끗하고 맑은 사람은 그의 내면 또한 밝은 빛으로 가득한 사람이다. 이런 사람이 갖는 존재에 대한 행복감은 이루 말할 수 없을 정도의 높은 경지이다.

삼업과 10가지의 과보는 설사 부처님의 말씀이 아니더라도 우리의 상식 범주 안에서 능히 실천할 수 있는 것들이다. 이것을 바르게 실천하면 또 다른 기쁨을 맛볼 수 있을 것이다.

87

인간에게는 여덟 가지의 괴로움이 있다. **법구경**

일반적으로 불교에서 말하는 '고$_{苦}$'는 인간 실존과 매우 깊은 관계가 있다. '고'라는 것이 인간의 즐거움과 반대적 개념이라고 생각하기 쉽지만 사실은 아니다. 은밀하게 말하면 불교에서 말하는 '고$_{苦}$'는 육체와 정신이 당하는 고통이 아니다. '고'라는 것은 즐거움이 연속되는 과정에서 생겨나는 것이기 때문에 '고$_{苦}$는 고통이 아니라 낙$_{樂}$'이라는 말이 나온다.

세계 유수의 불교 학자들은 불교에서 말하는 '고'를 오히려 즐거움이라고 번역해야 옳다고까지 한다. 바꾸어 말하면 '고'는 즐거움이란 것이 없으면 생길 수 없는 것이라는 말이다. 이와 같이 인간이 괴로운 것은 즐거움을 추구하기 때문이다. 이것이 '고'의 본질이다.

즉 '고'를 이해하려먼 인간이 가진 '욕망'을 이해하지 않으면 안 된다. 즐거움이 크면 클수록 '고'는 그만큼 상대적으로 커지기 마련이다. 즉 인간의 욕망은 끝이 없고 자기충족성의 한계가 없기 때문에 인간의 '고'도 끝이 없고 한계가 없다. 그렇기에 욕망을 가진 인간은 평생 동안 '고'를 느끼고 살아간다.

그럼 인간에게 있어서 '즐거움'이란 무엇인가. 내 자신이 마음먹은 대로 무엇이든지 할 수 있고, 또한 내가 원하는 것을 무엇이든지 가질 수 있는 것을 말할까? 그것도 인간의 '즐거움'이라 말할 수 있지만 사실은 그것만이 전부가 아니다. 즐거움은 '고'를 동반하기 때문이다. 그래서 인간에게는 영원한 즐거움이라는 것이 없다는 것이다. '고'와 '낙'은 이렇게 연속선상에 있으며, 이것이 인간 실존의 가장 기본적인 구조이다.

괴로움과 즐거움의 상관관계에 대해 구체적으로 설명해 보자 땅 위에는 두 개의 동그라미가 그려져 있다. 한 개의 동그라미 속에는 10개의 구슬이 있고 또 하나의 동그라미 속에는 구슬이 하나도 없다. 한 개의 구슬을 옮겨가면 10개의 구슬은 아홉 개가 되고 하나도 없었던 동그라미 속에 구슬이 하나 생긴다. 이렇게 하나씩 하나씩 구슬을 옮기면 10개의 구슬은 사라지고 구슬이 없었던 동그라미 속에 10개의 구슬이 생긴다. 바로 이것이 '낙'과 '고'의 상관관계인 것이다. 즐거움이 열 개 있으면 괴로움이 열 개가 생긴다는 뜻으로 해석할 수 있다.

'즐거움'이란 것은 보통 '욕망'에 의해 성취되는 것이다. 그러니 곧 '욕망'은 '고'라는 등식이 생기게 된다.

부처님은 인간에게 여덟 가지의 '고'가 있다고 말씀하셨다.

생고生苦, 노고老苦, 병고病苦, 사고死苦, 즉 인간이 태어나서 가지는 네 가지의 기본적인 괴로움에 애별리고愛別離苦, 원증회고怨憎會苦, 구불득고求不得苦, 오음성고五陰盛苦를 더하면 팔고八苦이다.

이 팔고 중에서 애별리고는 사랑하는 사람과 헤어지는 괴로움, 원증회고는 원한을 가진 사람이나 미워하는 사람과 만나는 괴로움, 구불득고는 원하는 것을 구하려 해도 구할 수 없는 괴로움, 오음성고는 인간이 가지는 정有情을 형성하고 있는 색色, 수受, 상想, 행行, 식識의 오음에서 생기는 몸과 마음의 고뇌를 말한다.

이 중에서 가장 큰 괴로움은 구불득고인데 이것은 인간의 욕망과 관계된다. 인간의 욕망은 끝이 없기 때문이다. 하나를 취하면 또 다른 욕망이 생긴다.

그러므로 인간의 가장 큰 '고'는 '욕망-집착-즐거움'이라는 연속성의 고리가 주는 고통이다. 범부가 살아가기 위해 어느 정도의 욕망은 필요할 것이다. 하지만 지나친 욕망은 인간을 고통 속에 빠뜨리는 가장 큰 원인이 됨을 명심해야 한다.

88

사람의 생각은 막힘없이 이 세상 어디라도 가지만,
그 어디를 가더라도
자신보다 더 사랑스러운 것은 찾지 못한다. 초기불전 우다나

어느 여름날 혜암 스님과 진성 스님이 만공 스님을 모시고 간월도에서 안면도安眠島로 갈 때였다.

세 사람이 매우 작은 배를 타고 가면서 스쳐가는 먼 산들과 바닷가의 풍경을 바라보고 있었다. 그때 만공 스님이 제자인 진성 스님에게 물었다.

"저 산이 가느냐, 이 배가 가느냐?"

"산과 배가 둘 다 가지 않습니다."

"그러면 무엇이 이렇게 가느냐?"

만공 스님이 다시 묻자 진성 스님은 배 앞으로 나와 한참동안 말없이 서 있었다. 그러자 옆에 앉았던 혜암 스님이 자리에서 일어나 대답했다.

"제가 한 말씀 드리겠습니다. 산이 가는 것도 아니요, 배가 가는 것도 아닙니다."

"그러면 무엇이 이렇게 가는가?"

만공 스님이 다시 물었다. 혜암 스님은 마침 들고 있던 흰 손수건을 번쩍 들어 보였다.

"이 손수건이 흔들리니 무형의 바람이 우리를 가게 합니다."

만공 스님이 다시 물었다 "자네 살림이 언제부터 그러한가?"

혜암 스님이 다시 말했다.

"제 살림은 이미 오래 전부터 이러하옵니다."

만공 스님은 혜암 스님의 말씀을 듣고 말없이 점두點頭하였다.

우리는 의지와 상관없이 우리의 눈에 보이지 않는 어떤 대상과 항상 우주적 관계를 맺고 있다. 우주적 관계란 바로 나 자신이 우주이며 이 만물이 우주인데 나와 만물이 끊임없이 어떤 작용을 만들고 있다는 뜻이다. 그러나 더욱 궁극적인 것은 그 우주란 것이 내 자신이 있기 때문에 존재한다는 것이다.

만공 스님과 혜암 스님의 선문답 속에는 깊은 뜻이 숨어 있다. '이 산이 가느냐, 이 배가 가느냐.'의 질문에 '산도 배도 다 가지 않는다.'는 답이 돌아온다. 산도 배도 가지 않는다는 것은 눈에 보이지 않는 어떤 것이 우리를 가게 한다는 암시이다. 그런데 혜암 스님은 손수건을 흔드는 '무형의 바람'이라고 했다. 정말 무형의 바람이 나와 배와 산을 움직이게 하는 것일까?

만공 스님이 혜암 스님에게 한 '자네 살림이 언제부터 그러한가.'라는 질문은 어떤 질책을 담고 있다. 수행자가 겨우 '그 정도밖에 하지 못하는가.'라는 것일 게다. 그러나 혜암은 분명 만공 스님의 질문을 알고 있었을 터였다.

우리는 만공 스님과 혜암 스님의 선문답 속에서 궁극적인 해답은 바로 '아我'의 자각에 있다는 것을 알 수 있다. 결국 무언가를 움직이는 것은 저 산도 아니고, 배도 아니고, 무형의 바람도 아니며, 바로 '아'라는 것일 게다.

"이 세상에 가장 사랑해야 할 것은 바로 자기 자신이다. 자기 자신을 사랑하는 사람은 남을 해치지 않으며, 남을 원망하지 않으며, 남의 원한을 사지 않는다."라는 부처님의 말씀도 바로 이와 같은 논리이다.

우리는 이제 자각의 눈을 떠야 한다. 자기 스스로 자신을 발견해야 한다. 욕망이 가득한 모습, 허세와 방종, 게으르고 무기력한 자기에서 깨어나 진정으로 뉘우치지 않으면 안 된다. 만약 그런 자기 성찰의 과정을 거치지 못한다면 더 이상 자기에게 주어진 미래는 없다.

"이 세상에서 나 만큼 더 사랑스러운 것은 없다."

부처님 자신도 자기 자신을 그 누구보다 더 사랑했다고 한다. 자기 자신을 사랑하지 못하는 사람은 남에게 사랑을 받을 수도 없으며 또한 줄 수도 없음이다.

"자기 자신을 사랑하라."

89

이 몸이 괴로움의 근본이며,
나머지 괴로움은 지엽에 지나지 않는다. 심지관경

 부처님이 사위국 기원정사에 계실 때다. 부처님이 길을 가시다가 우연히 네 사람의 제자들이 '인간의 괴로움'에 대하여 담론하는 것을 들었다.
 한 제자는 세상에서 가장 괴로운 것이 참기 힘든 '음욕'이라고 했으며, 또 한 제자는 그 보다 더 큰 괴로움은 '분노'라고 했다. 또 한 제자는 천하에 가장 큰 괴로움은 '배고픔'이라고 했다. 그리고 이것을 듣고 있던 마지막 제자는 '공포심'이 가장 괴롭다고 했다.
 그 때 부처님이 빙그레 웃으시면서 이렇게 말씀하셨다.
 "너희는 괴로움의 근본을 모르고 있구나. 세상의 고통 중에서 제일 큰 고통은 우리의 몸 자체에 있다. 너희들이 말하는 음욕,

성냄, 배고픔, 공포심 등은 몸이 있기 때문에 일어나는 고통이다. 그러므로 우리의 몸은 곧 중생의 온갖 고통과 재앙의 근본이 되는 것이다. 그러므로 너희들은 생로병사의 무상함을 깨달아 이 몸에 대한 집착을 버리게 되면 모든 고통에서 벗어날 수 있을 것이다."

그제야 네 명의 제자들은 크게 깨우쳤다.

그렇다. 우리에게 가장 큰 고통은 부처님의 말씀대로 몸을 가졌다는 데에 있을 것이다. 바꾸어 말하면 살아 있는 것이 하나의 고통이라는 말과 같다. 배고프면 밥 먹고, 똥 누고 싶으면 똥 누고 잠이 오면 잠자는 것이 우리에게는 가장 행복한 삶이다. 한 번 생각해 보라. 만약 우리의 몸이 이 중에서 단 한 가지라도 제대로 하지 못한다면 벌써 우리는 이 세상에 없을 것이다.

그러나 우리는 이 세 가지 작용이 얼마나 중요한 것인가를 인식하지 못하는 우遇를 범하고 있다. 이 말은 바로 욕망을 버리고 '있는 그대로' 세상을 살아가라는 이치다.

그러나 우리는 끊임없이 욕망에 시달리고 있다. 왜냐하면 우리의 마음은 그것 이상의 것을 원하기 때문이다. 보다 더 많은 재물을 원하고, 또한 남보다 더 많은 지식을 원하고, 남보다 더 많은 명예를 가지기를 원한다.

여기에서 간과하지 말아야 할 것이 있는데 부처님이 재물의 무기성無記性, 혹은 중립성中立性을 인정했다는 것이다. 사람이 재물에 욕심을 가지는 것은 당연하다. 그러나 거기에는 항상 자아自我의 책임이 따른다. 열심히 노력하여 얻는 재물은 그것만으로도 가치를 지닌다. 그러나 남을 위해하고, 도둑질을 하여 얻은 재물은 아무런 가치가 없다는 것을 역설하고 있다. 재물에 대한 탐욕이 가져오는 위험성에 대한 부처님의 경고이기도 하다.

이렇게 우리의 몸은 그 자체만으로도 괴로움이다. 그럼, 이러한 우리 몸이 고통으로부터 벗어나게 하려면 어떻게 해야 할까?

우리의 몸은 격류激流와 눈에 보이지 덫, 튼튼한 방책防柵, 깨부수기 힘든 바위산 같은 고통 앞에 가로놓여 있다. 마음을 오직 하나로 모아 선善과 정精에 깃들면 그 괴로움을 벗어날 수 있다. 선善이란 악에 물들지 않은 마음이고, 정精이란 거울처럼 맑고 깨끗한 마음이다.

'어느 것도 진아眞我가 아니다.'라는 밝은 지혜로 나를 바라볼 때 마침내 괴로움에서 벗어날 수 있다."는 부처님의 말씀도 이와 상통한다. 무구청정無垢淸淨의 마음을 가져야 한다는 것이다.

5장
깨달음에는 원래 나무가 없다

큰 나무가 되기 위해서는 가지치기를 잘해야 한다.
내 몸의 나쁜 것을 버려야만 비로소 큰 사람이 된다는 이치와 같다.
원래 깨달음이란 많은 생각을 근거로 하지 않는다.
이는 깊은 생각에서 우러나오는 밝은 이치를 깨달았을 때 비로소 큰 사람이 된다는 말과 같다. 한 몸에 너무 많은 것을 달지 말라.
명예와 재물, 자식이 많다는 것은 그 만큼 자신의 몸이 무거워지는 것과 같다.
검소하고 진실되게 사는 것만이 성공의 지름길이다.

90

전에는 비록 게을렀어도
후에 벗어난 사람은 세상을 밝게 비춘다.
전에는 비록 악했어도
후에 벗어난 사람은 세상을 밝게 비춘다.
마치 구름을 벗어난 달처럼. 초기불전 테라가타 비구의 고백

우리의 삶은 시행착오의 연속이다. 일을 함에 있어 대부분의 사람들은 이런 과정을 겪기 마련이다. 처음부터 바른 길을 가는 것은 매우 중요하나 이보다 더욱 중요한 것은 또 다시 시행착오를 겪지 않기 위해 일에 대한 면밀한 검증과 판단을 내리고 그에 맞게 일을 실천하는 것이다. 그러나 어떤 사람들은 단 한 번의 실수로 인해 쉽게 좌절하고 마침내 절망의 나락으로 빠져드는 경우가 많다.

불교 격언 중에 '깨우쳐 행하지 않으면 아니 깨우치는 것만 못하다.'는 말이 있다. 스스로 잘못된 일임을 알면서도 고치지 않는다면 그 결과는 너무도 뻔하다.

성공도 이와 같다. 오늘날 이 세상은 너무도 복잡하지만 사실

따지고 보면 굉장히 단순할 수도 있다. 그 많은 사람들 중에서 우리가 인연(然)을 맺고 있는 사람은 불과 백여 명에 불과하다는 사실에 주목할 필요가 있다. 수억 만 명이 함께 살아가는 이 지구상에서 과연 당신이 밀접하게 인연을 맺고 있는 사람은 몇 명인지 당장 돌이켜 보라. 아마 진실로 그대와 가까운 사람은 불과 몇 명밖에 되지 않을 것이다. 그런 몇 명의 인연조차 제대로 이어가지 못한다면 당신은 실패한 인생이라고 할 수밖에 없다. 그럼 왜 당신은 그 몇 사람에게조차 인정을 받지 못하는 것일까?

그 원인은 오직 그대 탓이다.

그대가 가진 게으름, 그대가 가진 어리석음, 그대가 가진 나쁜 습관, 그대가 가진 욕심이 그대가 가진 소중한 인연을 스스로 끊어버리고 있다.

오늘날 우리의 삶은 목표 지향적이다. 어떤 목표를 세우고 성취하고 나면 우리는 또 다른 목표를 세운다. 우리의 삶은 목표를 세우고 성취하는 과정을 끊임없이 반복한다. 이런 과정 속에서 인간관계에 균열이 생긴다. 그것이 돈 문제이든, 성격 문제이든, 여러 가지 문제로 인해 결국 수없이 쌓아온 인연의 끈을 놓아버리게 되며, 결국에는 '나'조차도 잃어버리는 결과를 초래한다.

이로 인해 생기는 정신적인 갈등은 상상 이상이다. 갈등은 또 다른 갈등을 낳고 결국에는 홀로 견디지 못할 외로움에 빠져 심한 자괴감에 빠지게 된다.

임종을 앞둔 부처님이 제자들에게 남긴 최후의 말이 있다.

"바야 담마, 산카랴."

즉 "모든 존재는 흘러가는 것이다. 게으름 없이 정진하라."였다.

이 세상에서 가장 어리석고 나쁜 사람은 '짧은 우리의 인생을 헛되이 게으르게 보내는 사람'이라고 했다.

우리의 이 시간은 두 번 다시 돌아오지 않는다. 지금 나의 시간이 가장 위대한 시간이다. 이 귀중한 시간을 어찌하여 그대는 헛되이 보내고 있는가.

바로 지금 이 순간 그대가 하는 일에 최선을 다하는 것이 성공의 열쇠다.

91

악을 짓지 말고 선을 받들어 행하라.
스스로 그 마음을 깨끗이 하면
이것이 곧 부처님의 가르침이다. 법구경

대개 불자들은 선악善惡의 경계에 대해 많은 의문을 가지고 있다. 심지어 수행을 하고 있는 스님조차도 그 선악의 경계에 대해 많은 의심을 품고 있다. 무엇이 선이고 무엇이 악인지를 자꾸 분별하려 드는 것이다. 그러나 사실 우리는 무엇이 선이고 악인지 똑바로 구별할 수 있는 능력이 없다. 강한 자가 약한 자를 누를 때도 그렇다. 강한 자의 마음속에서는 그것이 선이기 때문일 것이다.

사람들이 대개 악과에서 선과로, 번뇌에서 보리로, 중생에서 부처로 가는 것이 수행의 본과本科라고 생각하는 것도 이와 마찬가지다. 사실 이러한 생각은 잘못된 것이다. 수행의 본과는 그 모든 것을 초월하는데 있기 때문이다.

원래 부처가 말하는 선禪의 본질은 '선악의 구별이 없고 초월하라'는 데에 있기 때문이다. 이는 선악을 분별하는 것조차 하지 말라는 이치와 같다. 바꾸어 말하면 선과 악을 초월한 마음을 가지게 된다면 자연히 악은 멀리하게 되고 선과 가까워진다는 본래의 이치를 깨닫게 된다. 이는 악행을 멀리하고 선행을 하는 것이 아주 자연스러운 성품에서 우러나와야 한다는 뜻이다. 왜냐하면 태어난 그 순간 본래면목本來面目인 마음자리가 바로 선이기 때문이다.

그럼, 불교의 본래면목은 무엇일까?

일목요연하게 정리를 하면 제악막작諸惡莫作(악을 만들지 말라), 중선봉행衆善奉行(선을 받들어 행하라), 자정기의自淨其意(마음을 스스로 깨끗이 하라)이다. 사실 이것보다 더 큰 진리도 없다.

그런데 우리는 선악과 마음이라는 이 추상적인 개념에 대해 어떻게 해석을 할 수 있을까. 무엇이 선이고 무엇이 악이라는 것을 분별할 수 있을까? 유감스럽게도 우리는 이러한 분별심을 가지기가 어렵다. 깨끗하고 사려 깊은 마음 또한 가지기가 어렵다.

마음은 쉬이 흔들리는 갈대와도 같으며 순식간에 변하기 쉬우며 더러워지기 쉽기 때문이다. 그러한 마음을 가지고 선악을 구별한다는 것 자체가 사실 무리라는 얘기다. 그럼 어떻게 우리는 선악을 구별해야 하는 것일까? 스스로 마음을 깨끗하게 하고 참선을 행하는 길이 최선이다. 참선을 행하게 되면 자기의 주인인 그 마음이 밝아지고 그 밝은 마음으로 인해 선악을 초월할 수 있다. 물론 오랜 수행이 필요하다.

그러나 우리는 무엇이 옳고 그른가에 대한 일반적인 상식을 가지고 있다. 그 상식적인 범주란 바로 부처가 말하는 삼업 속의 10선악이다. 그것은 앞에서 아주 구체적으로 열거한 바가 있다.

살생, 투도, 거짓말, 어리석음 등등인데 이것이 우리가 알고 있는 기초적인 악에 대한 상식이라고 할 수 있을 것이다. 우리가 이러한 10선악의 기초적인 상식만이라고 가지고 있다면 이 세상은 더 없는 행복이 넘칠 것임이 분명하다.

사실, 불교는 불자에게 깊은 진리를 요구하지 않는다. 인간이 가진 갖가지의 유혹에서 벗어나 진실로 자기가 해야 할 바른 길만을 찾는다면 그것이 바로 부처의 길이기 때문이다. 부처는 사실 어디에도 없고 어디에도 있다.

이 말은 바로 '네 안에 부처가 있고 마귀가 있다.'라는 말과 상통한다. '나'의 중심은 곧 '나'에게 있다. 그러므로 나에게는 '참 나'와 '거짓 나'가 동시에 존재하고 있으며 거짓인 나를 버리는 작업이 바로 참선의 시작인 것이다.

92

명상에서 지혜가 생긴다.
생과 사의 두 길을 알고 지혜가 늘도록
자기 자신을 일깨우라. **법구경**

 옛날에 젊은 수도자가 있었다. 그는 하나는 희고 다른 하나는 검은 두 개의 큰 그릇을 앞에 두고, 그 옆으로는 개울가에서 가져 온 조약돌들을 쌓고 있었다. 두 개의 큰 그릇과 수북한 조약돌은 자신의 마음속에 든 온전한 생각을 가늠하기 위해서였다.
 자신이 명상을 하다가 옳은 생각을 하게 되면 흰 그릇에 조약돌을 하나 얹고, 나쁜 생각을 하면 검은 그릇에 조약돌을 하나 얹었다. 그는 하루 종일 명상에 들어갔다. 명상을 하는 동안 수많은 생각들이 그의 머릿속을 스쳐 지나갔다. 아름다운 여인이 생각나면 검은 그릇에 조약돌 하나, 길가의 아름다운 꽃을 꺾고 싶다는 생각이 나면 또 조약돌을 하나 얹었다. 명상을 마치고 보면 검은 그릇에는 조약돌이 가득했고 흰 그릇에는 겨우 몇 개의 조약돌만이 있을 뿐이었다. 그는 이렇게 해서는 안 된다는 생각에 명상을 할 때마다 옳은 일만을 생각하기 시작했다. 그러던 어느 날 그는 명상 속에서 눈을 떴다. 그런데 검은 그릇에는 조약돌이 하나도 없고 흰 그릇에는 조약돌이 가득다.

 그는 그때 옳은 생각이 옳은 생각을 이끈다는 것을 깨우쳤던 것이다.

 이것은 수백 년 전 불교 경전에 있는 어떤 일화로서 좋은 생각이 어떻게 더 좋은 생각으로 이어지는가를 알려주고 있다.

 선은 단순히 '참선하다', '선에 깃들다'는 뜻만을 가지고 있지는 않다. 선의 넓은 의미는 '마음을 외로 잡아서 나를 가꾸다'의 깊은 의미를 가지고 있다.

 그럼 선은 어디에서 오는 것일까? 그것은 바로 명상에서 출발하는 것이다. 명상은 마음을 가다듬고 오직 한 생각에 집중하는 것을 말한다. 명상은 나의 마음을 안정시키고 나의 정신을 편안하게 하는 역할을 한다. 젊었을 때 선을 실천한 사람은 마음의 온전함을 가지게 된다.

 명상은 스스로가 자신의 마음과 영혼을 깨끗하게 하는 방법이다. 아무런 생각도 없이 고요히만 앉아 있다고 다 명상을 하는 것은 아니다. 사실 명상을 하겠다는 생각을 가지는 것 자체가 훌륭한 일이다. 물론 시작도 중요하지만 처음 시작할 때의 마음 그대로를 지속하는 것도 매우 중요하다. 명상은 학생이나,

청년이나, 중년이나, 노인이나 그 누구에게나 좋다. 특히 아이를 가진 어머니에게 명상은 두말 할 것도 없이 아주 중요하다.

명상하는 방법은 여러 가지이다. 척추를 쭉 펴고 손은 양 무릎 위에, 손바닥을 위로 하고 엄지는 중지와 가볍게 맞닿게 하면 되는 데 이 때 옷차림은 편안한 것이 좋다. 또한 남을 의식하지 않고 스스로 명상한다는 생각까지도 지우고 해야 한다. 그래야만 머릿속에 지나가는 수많은 세상사의 오염들을 잡아낼 수 있기 때문이다.

그 다음에 편하게 앉아 허리를 쭉 펴고 척추는 일자가 되게 한 후 고개를 들면 어깨가 자연스레 펴진다. 그 순간 심호흡을 깊게 한다. 들이쉬는 숨의 폐활량을 최대로 하여 천천히 들이쉰다. 그리고 숨을 멈출 수 있을 때까지 멈추었다가 자연스레 내쉰다. 또 내쉴 때와 들이쉴 때의 시간을 같이 하고 숨을 들이쉬고 멈추고 하는 것을 반복해야 한다. 이런 호흡을 열 차례에서 스무 차례 정도 하고 나면 자연히 머리에는 아무 생각이 없고 몸 역시 어디에도 힘이 들어가지 않는 편안한 상태가 된다.

사람의 인체는 마음 쓰기에 따라 변화하게 되어 있다. 결국 마음 쏨쏨이란 자신의 운명조차 바꾸게 되는 것이다. 매사를 긍정적으로 생각하고 좋은 생각들에 집중하면 우리 몸은 자연스럽게 좋아질 것이다.

93

부모님이 병들었을 때는
빨리 치료하여 장수하실 수 있게 해드려야 한다. 불모출생경

　부처님께서 제자들과 함께 남쪽 지방으로 여행을 떠나셨을 때의 일이다. 수많은 해골이 길거리에 나뒹굴고 있었다.
　부처님은 그것을 보자 그 자리에서 무릎을 꿇고 절을 하였다. 제자들은 부처님의 갑작스런 행동에 안절부절못했다. 부처님의 제자 중 한 사람인 아난존자가 부처님께 말했다.
　"부처이시여, 삼계의 도사이며 사생의 자부이신 부처님께서 한갓 해골 더미에 그토록 절실하게 절을 올리시는 연유는 무엇입니까?"
　"너는 어찌하여 그리 어리석은가. 저 많은 해골 중에 나의 조상이 있을지 누가 알겠는가. 그런데 이렇게 바람과 비를 맞고 있으니 어찌 그냥 지나칠 수 있겠는가."

아난은 그제야 부처님의 뜻을 알아차렸다. 내 몸은 수많은 조상들이 존재하기에 오늘에 이르렀음을 깨달았던 것이다.

"아난아, 저 뼈들을 어서 둘로 나누어 보아라. 남자의 뼈는 희고 무거우며 여자의 뼈는 검고 가벼울 것이다."

"부처이시여 그것은 또 어떠한 연유이옵니까?"

"남자는 살아 있을 때 불경과 독경을 외우고 부처님의 명호도 생각하며 집안을 위해 열심히 일하므로 뼈가 무거울 것이며, 여자는 아이를 낳고 기름에 있어 서 말이나 되는 피를 흘리고 여덟 섬이나 되는 젖을 먹이기 때문에 뼈가 검다."

아난은 그제야 부처님의 뜻을 알아챘다. 자신을 낳아 준 부모님의 은혜에 가슴이 미어지는 듯한 고마움과 아픔을 느꼈던 것이다. 이렇듯이 육신은 가고 없어도 남은 뼈에 그 흔적이 남는 것이다.

부처님의 어린 시절은 불행했다. 생모였던 마야 부인이 이레 만에 돌아가셨기 때문이다. 부처님이 깨달음을 얻은 후 극락에 있는 어머니를 찾아가 설법을 했다는 기록도 남아있다.

우리에게 부모님은 부처와도 같은 존재이다. 왜냐하면 우리의 몸은 부모로부터 받았으며 부모로부터 오늘의 내가 있기 때문이다. 사실, 이것을 설명하는 것조차 우스운 일인지도 모른다. 부처가 수없이 쌓여 있는 해골을 보고 그 속에 자신의 조상이 있을지도 모른다고 한 말도 이런 연유이다. 또한 부처님의 말씀은 나와 인연이 없는 사람은 이 세상에 단 한사람도 없다는 것으로 해석할 수 있다.

 일전에 우리나라에서 가장 유명하다는 노 시인이 성철 큰 스님을 만나 이런 질문을 했다 한다.
 "스님들은 이성에 대한 욕망의 불꽃을 어떻게 해소합니까?"
 한마디로 놀라운 질문이었다. 그러나 큰 스님은 눈썹도 하나 꿈쩍하지 않고 이렇게 대답을 했다고 한다.
 "늙은 여인을 보거든 어머니라고 생각하고, 중년의 여인을 보거든 누님이라 생각하고, 어린 처녀를 보거든 딸이라고 생각하라. 이렇게 하면 너 같은 들짐승도 마음을 조복 받아 순일할 것이다."
 그 노 시인은 그제야 고개를 푹 숙이고 뉘우쳤다고 한다. 자신이 들짐승 같은 질문을 했음을 깨달았던 것이다.
 성철 스님의 말씀은 부처님이 하신 말씀과 같다. 이 세상에 나와 인연 없는 사람은 없다. 그런 사람에게 어찌 죄를 지을 수 있으며 어찌 악을 행할 수 있을 것인가.

94

진실로 스스로에게 부끄러워하는 마음,
진실로 남에게 부끄러워하는 마음을 갖고 있지 않은 사람은
설령 좋은 가문을 가지고 있더라도
미혹한 삶을 살고 있는 사람이다. 초기불전 이티붓타카

부처님께서 이렇게 말씀하셨다.
"제자들이여! 두 가지의 착한 법이 있어 이것이 세상을 보호한다. 그 두 가지란 스스로 자기 자신을 부끄러워하는 마음과 남에게 부끄러워하는 마음이다. 제자들이여! 만일 이 두 가지 착한 법이 세상을 보호하지 않는다면 어머니와 어머니의 자매, 어머니의 형제의 아내라는 것조차 구별 되지 않으며 혹은 선생의 아내와 여러 스승의 아내라는 것이 구별되지 않을 것이다. 마치 산양山羊과 양, 수탉과 수퇘지, 개와 자칼의 경우처럼 세상은 깊은 혼란에 빠질 것이다, 그러나 제자들이여! 이 두 가지의 착한 법이 세상을 보호하기 때문에 어머니와 어머니의 자매, 어머니의 형제의 아내라는 구별과 선생의 아내와 여러 스승의 아

내라는 것을 구별할 수 있는 것이다. 그러므로 스스로 부끄러움을 여기는 마음과 남에게 부끄러이 여기는 마음을 항상 바르게 지니고 있다면 그들은 청정한 생활을 실천하고 있는 사람이며 미혹한 삶을 멸한 사람이다."

세상에는 눈에 보이는 것과 눈에 보이지 않는 것이 있다. 눈에 보이는 것은 돈, 건물, 자동차, 토지 등과 같은 재물이며, 눈에 보이지 않는 것은 사람의 욕망, 꿈, 마음 등 추상적인 것들이다. 여기에서 우리가 반드시 짚고 넘어가야 할 사실이 있다.

즉 눈에 보이는 것들은 모두 사람의 마음이 움직여 만든 것들이다. 만약, 사람에게 그 마음이라는 것이 없다면 이 세상에는 그 어떤 물질도 존재하지 않는다. 이와 같이 사람의 마음은 이 세상 전부를 다 관(觀)하고 지배를 한다고 해도 과언이 아닐 것이다.

부처님이 여기에서 말씀하신 것은 바로 이것이다. 사람의 마음속에는 본능적으로 '스스로 부끄러워하는 마음'과 '남에게 부끄러워하는 마음'을 가지고 있다는 것이다. 이것은 모든 사람에게 존재하는 '마음작용'이다. '마음작용'이란 스스로 악으로부터 벗어나려는 선한 마음을 말하는데 이것이 있음으로 해서 세상은 유지된다.

그럼, 선한 마음이란 무엇일까? 만약 인간에게 이러한 마음이 없다면, 남편이 있는 여자가 함부로 다른 남자와 음행을 저질러 그 남자의 아기를 수태하고, 그것조차 남편이 모르고, 또한 한 배속에 여러 남자의 씨앗을 받아 형제간에도 누구의 자식인지

구별할 수 없을 것이다. 이것은 남자들도 마찬가지다. 함부로 남의 아내에게 음행을 품게 된다면, 세상은 적지 않은 혼란에 빠질 수 있다.

그러나 인간에게는 '스스로 부끄러워하는 마음과 남에게 부끄러워하는 마음'이라는 것이 존재하기 때문에 이런 일이 발생하지 않는다. 만약, 이 두 가지의 마음이 인간에게 존재하지 않는다면 그것은 개와 돼지 같은 짐승과 다름없다.

오늘 날에는 의학이 워낙 발달하고 '불임수술', '낙태' '유전자 검사' 등으로 사전에 이러한 것들을 봉쇄하기 때문에 이런 일이 일어 날 가능성이 적다. 부처님이 이런 말씀을 할 당시에는 충분히 가능했던 일이다. 음욕은 한 가정을 병들게 하고 나아가 나라의 근본을 뒤흔들 수 있기 때문이다.

하지만 오늘날 우리도 적지 않은 '불륜'의 세상 속에서 살고 있다. 아내나 남편 몰래 다른 사람과 불륜을 맺는 사례를 심심찮게 듣고 있으며 또한 그것으로 인해 많은 가정이 파탄에 이르는 것을 많이 본다.

이것은 부처님이 말씀하시는 '스스로 부끄러워하는 마음'이 없기 때문이며 진실로 아내나 남편에게 '부끄러워하는 마음'이 없기 때문에 생기는 일임이 틀림없다.

부처는 이러한 사람을 두고 '깨어있지 못한 인간'이라고 했던 것이다. 즉 '미혹한 자'다.

95

만족이 가장 큰 재산이며 신뢰가 가장 귀한 친구이다.
그리고 가장 큰 이익은 건강이다.
그러나 마음의 평안보다 더 행복한 것은 없다. 법구경

'토마스 아퀴나스'는 일찍이 모든 존재는 창조성에 결합하는 혼을 가지고 있다고 말했다. 그는 인간에게는 영혼이 있고, 동물에게는 지각 혼(魂)이 있으며 식물에게는 식물 혼(魂)이 있다고 보았던 것이다. 즉, 동물과 식물도 인간과 같이 스스로 어떤 인식에 대응하는 자각을 가지고 있다는 것이 그의 지론이다.

인간은 식욕, 성욕, 수면욕인 삼욕(三慾)의 본능을 가지고 있다. 이런 측면에서 보면 인간은 짐승과 하나도 다를 것이 없다. 그러나 사람은 이 본능 외에 뜻(意)이라는 것을 가지고 있다. 이것은 마음, 생각, 영혼 등을 뜻한다. 사람이 건강하려면 이 세 가지의 본능과 뜻을 잘 다스려야만 한다.

본래부터 식물은 성장과 번식의 원리를 동시에 가지고 있는

데 동물과 인간은 식물이 가진 성장과 번식의 원리를 배우지 않으면 안 된다. 그 속에는 자연이 주는 법칙이 들어 있기 때문이다. 또한 인간은 본능 그 이상의 것인 '마음'이라는 것을 가지고 있어 끊임없이 무엇인가를 추구하려고 한다.

그러나 이 모든 것은 건강하다는 것이 전제가 되어야만 가능하다. 건강하지 못하다면 인간의 명예, 덕망, 재물도 한갓 허물에 불과하다.

동물은 자기 스스로 새끼를 낳고 가르치는 법을 알고 있다. 그 수준은 거의 본능에 가깝다. 옛날 우리의 어머니들도 스스로 아이를 낳고 키우는 법을 알았다. 그러나 오늘날 우리들은 병원에 가지 않고서는 스스로 아이를 낳을 힘조차 없는 것 같다.

개들은 몸이 아프면 굶거나 풀을 뜯어 먹는다. 짐승들은 먹을 것과 먹지 못할 것을 스스로 가리고 양을 조절할 줄 안다. 그리고 죽을 때가 되면 제 스스로 흔적을 남기지 않기 위해 죽을 장소를 찾아간다. 자연사한 동물의 흔적을 찾기 힘든 것도 바로 이 때문이다. 이와 달리 인간은 죽음의 때를 알지 못한다.

우리는 의사가 건강이 위험하다고 할 때 비로소 그것을 알게 된다. '마음'의 평안을 얻기 위해서는 무엇보다 건강해야 한다. 매일 잔병치레를 하거나 큰 병을 앓고 있는 사람은 마음의 평안을 기대할 수 없다. 돈과 재물도 그림의 떡에 불과하다.

불교에서 말하는 수행의 가장 큰 덕목도 건강이다. 건강하지 못하면 수행도 할 수 없기 때문이다.

96

내 허물을 가려 꾸짖어 주는 현인賢人을 믿고 따라가라.
그는 보물이 묻혀 있는 땅으로
가난한 나를 이끌어 주는 위대한 은인이다. 법구경

'성공을 하려면 인연을 소중히 하라.'

국내 기업의 최고 경영자(CEO)들이 평생 교훈으로 삼았던 사자성어는 순망치한脣亡齒寒이다. 이것의 원 의미는 '입술이 없으면 이가 시리다.'이다. 이를 풀이하면 '하나가 없으면 다른 것도 온전하기 어렵다.' 즉 의역하면 '사람과의 인연을 소중히 여긴다.'는 뜻이다.

불교 원리 체계의 중심에는 이 '인연'이라는 것이 있다. 여기에서 인因은 결과를 부르는 직접적인 원인이며 연緣은 인을 도와 결과를 낳는 간접적인 원인이다. 또는 인과 연에 의해 정해진 모든 생멸生滅의 관계이기도 하다. 다른 인연에 의한 것, 다른 사람에게 의존하는 관계로 해석하기도 한다.

성공하는 사람들의 인연법은 확실히 다르다. 자신에게 득이 되고 자신이 본받아야 할 사람에게는 철저하게 자신을 낮추어 배운다. 그들은 비록 단 한 번의 만남일지라도 반드시 자신의 사람으로 만드는 그들만의 법칙이 있다. 그들은 무엇보다도 자기 자신을 남에게 철저하게 각인시킨다. 그것이 바로 성공하는 사람들의 노하우라고 보면 된다. 그러기 위해서는 자신만의 확실한 신념이 필요하다.

'성공하는 사람들의 일곱 개의 습관'이란 대개 이렇다. 첫째 자기 자신에게 진실하고 남에게 진실할 것, 둘째 항상 성실할 것, 셋째 신뢰를 그 무엇보다 우선으로 할 것, 넷째 항상 최선을 다할 것, 다섯째 날마다 새로운 것을 생각할 것, 여섯째 좋은 친구를 사귈 것, 일곱째 끊임없이 자신의 나은 미래를 꿈꿀 것 등이다.

확실히 오늘날 같이 다변화 된 사회 속에서 성공을 하기 위해서는 자기 혼자만의 노력만으로는 불가능하다. 중요한 것은 미완성인 나를 인도해 줄 다른 스승이 필요하다는 말이다. 성공하는 사람들을 두고 그들은 '단지 운이 좋아서' 혹은 '사람을 잘 만나서'라고 폄하하기 쉽다. 그러나 절대로 그렇지 않다는 것을 알아야 한다.

오늘날의 인간에게도 '무리'라는 것이 있다. '무리'란 생각과 이념이 같은 사람이 모여 있는 집단을 두고 말하는데 오늘날에는 '어떤 무리 속에 속하고 있느냐'에 따라 성공과 실패가 나눠진다고 한다. 좋은 '무리' 속에 포함되기 위해서는 그만한 실력과 그만한 노력이 전제가 되어야만 한다.

　오늘날 학벌을 속인 유명인들의 이야기가 심심찮게 회자되고 있다. 때문에 많은 일들이 일어나고 있다. 이것은 사실 학벌만능주의 때문이 아니라 개인의 욕심이 불러온 결과이다. 단적으로 말하자면 '성공한 집단의 무리 속에 나를 포함시키기 위한 거짓말'에 불과하다. 겉모습에 치중한 자신의 이중인격을 드러낸 결과인 것이다.

　세상을 살아가다 보면 그 인연이 선한 연이던, 악한 연이던 우리는 수많은 인연을 만든다. 그 인연을 받아들이는 마음의 자세가 무엇보다도 중요하다. 악한 연은 빨리 끊어 버리고 좋은 인연은 나의 것으로 만들어야 한다.

　부처님은 "인간은 정직하게 자기를 닦은 만큼 그 인연이 따라오며, 철저한 인과응보의 법칙을 따른다. 그러므로 자기 자신에게 다가오는 티끌의 인연조차도 가볍게 넘기지 말라."고 하셨던 것이다.

97

거친 세상일에 부딪쳐도
마음이 흔들리지 않고, 걱정과 티가 없어 안온한 것,
이것이 더없는 행복이다. 숫타니파타

〈출요경〉에는 '비록 지은 복이 적으나, 뒷세상에서 큰 갚음을 받는다.'는 말이 있다. 이것은 사람이 복을 짓는 것은 오직 그 마음에 있고, 재물의 많고 적음에 있지 않아 현재 지은 복이 작다고 하더라도 나중에는 큰 복을 얻는다는 말이다. 이것은 아무리 많은 물질을 베풀어도 마음속으로 아까워하면, 뒤에 받는 복은 대단한 것이 못 된다는 뜻이다.

그러므로 보시하는 물질은 비록 적으나 마음이 넓고 평등하여, 모든 것에 두루 베풀어주고 자기를 위하지 않으면, 뒤에 가서 얻는 복은 이루 다 말할 수 없다.

〈금강경〉은 부처님과 제자 수보리와의 대화를 통해 보시란 무엇인가를 단적으로 알려 주고 있다.

"수보리야, 어떤 사람이 삼천대천세계三千大千世界에 칠보七寶를 가득히 쌓아두고 모두 보시에 쓴다면 그 사람이 받을 복덕福德이 많지 않겠느냐?"

수보리가 대답하였다.

"매우 많겠나이다. 세존이시여. 이는 복덕의 본질이 없기에 세존께서는 많다고 말씀하셨습니다."

"만일 어떤 사람이 많은 경 가운데서 사구게四句偈만이라도 받아 지니고 남에게 말하여 주면 그 복덕은 저 칠보를 보시한 복덕보다 더 수승殊勝하리니, 무슨 까닭이겠는가."

수보리가 대답하였다.

"세존이시여. 그 뜻을 능히 깨달아 알겠나이다."

"수보리야, 여러 부처님들과 부처님들의 아뇩다라삼먁삼보리의 법이 모두 여기서 나왔기 때문이니라. 수보리야, 불법佛法이라고 하는 것은 곧 불법이 아니니라."

부처님의 말씀은 아무리 많은 재물로 보시를 한다고 해도 그 복덕을 얻는 것은 사구게의 경 하나만도 못하다는 것이 그 핵심이다. 즉 진정한 보시는 마음에 있지 보시의 크고 작음에 있지 않다.

또한 '달라이 라마'도 "부처님의 가르침을 받을 때는 올바른 마음의 자세를 갖는 것이 무엇보다도 중요하다. 물질적인 이익이나 명성을 얻을 의도로 공부하는 것은 불법佛法을 닦는 게 아닙니다. 또 내세에서 더 나은 존재로 재생한다는 목표 때문에, 혹은 나 자신이 윤회에서 해방되기를 소망하며 공부하는 것도 불법을 닦는 게 아니다. 나를 깨치고 많은 대중을 깨우치게 하겠다는 '불심'이 매우 중요하다."고 강조한 적이 있다.

또 〈증일아함경〉은 '세상에는 일곱 종류의 사람이 있는데, 섬길 만하고 공경할 만하며 이 세상의 위없는 복 밭이 되는 사람들이다. 어떤 것이 일곱 종류의 사람인가? 첫째는 사랑하는 마음을 가진 이요, 둘째는 가엾이 여기는 마음을 가진 이며, 셋째는 기뻐하는 마음을 가진 이요, 넷째는 보호하는 마음을 가진 이요, 다섯째는 공空을 아는 이요, 여섯째는 잡생각이 없는 이며, 일곱째는 바라는 것이 없는 이다.'라고 밝히고 있다.

어떤 중생이 이 일곱 가지 법을 행하면 현재에서 그 과보를 얻기 때문이다. 간절한 마음으로 구하면 자신도 모르게 잡념이 사라지고 한 생각만 또렷이 드러나는 법이어서 누구나 성품을 밝게 할 수 있기 때문이다.

98

세상에는 가장 하기 어려운 두 가지 일이 있다.
첫째는 은혜를 갚는 것이요,
둘째는 큰 은혜는 말할 것도 없고
조그만 은혜라도 잊지 않는 것이다. **증일아함경**

〈정법염처경〉에 있는 말이다.
 '사람은 세상에 태어난 그 순간부터 두 가지의 은혜를 입는다고 한다. 그것은 자신에게 육신을 준 어머니와 아버지의 은혜이다. 이 은혜만으로도 평생을 다 갚아도 갚지 못할 정도로 어렵다고 한다. 또한 두 가지의 은혜가 더 있는데 하나는 여래의 은혜이며 그 법을 설파해주는 법사의 은혜이다.'
 부처님께서도 "부모는 자식에게 수고로움이 계셨다. 즉 자식을 보호하고 젖을 먹여 장성하게 키워주시니 남섬부주南贍部洲가운데 나를 가르쳐주신 이로는 제일이다. 왼쪽 어깨에 아버지를 업고 오른쪽 어깨에 어머니를 업고 수미산을 백천 번 돌더라도 그 은혜를 다 갚을 수 없다. 혹은 대지에 가득 찬 온갖 보배를 다 가지고 공양하여 안락을 누리게 하여도 아직 부모의 은혜를 모두 갚았다고 할 수 없다."고 하셨다.

부모의 은혜는 그 어떤 말과 행동으로 다 갚을 수 없다. 이 세상에 태어난 그 자체만으로도 자식은 엄청난 은혜를 입었다는 부처님의 말씀이다. 부모를 공양하지 않으면 자식으로부터 은혜를 받을 수 없다. 그러나 이 세상의 모든 부모는 자식에게 호강 받을 생각만 한다.

세상의 모든 '보시'가 부모의 은혜와 같다.

우리는 세상을 살면서 알게 모르게 타인으로부터 수많은 은혜를 입고 산다. 물론 자기 자신도 남에게 은혜를 베풀 때가 있다. 남에게 은혜를 베푸는 것은 불교에서 말하는 '보시'이다. 그러나 남에게 대가를 바라고 행한다면 그 가치가 없다. 그러나 자기 자신이 남으로부터 받는 은혜는 그렇지 않다는 것에 주목해야 한다. 반드시 그 은혜에 보답할 수 있어야 한다는 것이다.

불교에서 말하는 '은혜'는 사실 중생들의 관점에서 보면 굉장히 이율배반적이다. 은혜를 주되 그 대가를 바라면 안 되고 은혜를 입으면 반드시 갚아야 한다는 것은 어쩌면 잘못된 법칙이라 생각할 수 있다.

그러나 부처님의 생각은 다르다. 예를 들어 보자. A라는 사람이 있다. A는 일찍 부모를 잃고 자수성가한 사람으로 많은 재산을 모았다. 그에게는 사업을 하는 절친한 친구 B가 있는데 그는 곤란에 빠진 B에게 적지 않은 사업자금을 대주었다. 물론 그는 그저 B가 성공하기만을 바랐을 뿐 그 대가를 원하지는 않았다. B는 열심히 일해 성공하여 친구에게 그 은혜를 갚았다.

물론 이 예는 성공한 친구지간의 의리이다.

그러나 A가 친구에게 돈을 그냥 빌려 주었고 그에 대한 비싼 이자까지도 요구를 하였다면 상황은 달라질 수 있다. 물론 B는 돈이 급해 비싼 이자 따위는 생각하지도 않았을 것이다. 부도를 막아야 했으므로 매우 돈이 급했던 것이다. 그리고 그는 위기를 잘 넘기고 어려웠던 사업을 다시 일으켜 부자가 되었다. A는 마음속으로 B에게 도움을 주었다고 생각할 것이다. 그런데 B의 생각은 전혀 달랐다. A에게 돈과 그에 따른 이자를 다 갚았으므로 그는 A에게 은혜를 입은 것이 아니라고 생각할 수 있다. 그는 'A에게 비싼 이자를 물지 않았던가.' 라고 오히려 원망을 할 수 있을 것이다.

앞에서 설명한 2가지 경우를 어떻게 보아야 하는가. 부처님의 관점은 이렇다. 남에게 무엇인가를 줄 때는 그 대가를 바라지 말라. 또한 남에게 무엇인가를 받았다면 항상 그 마음을 잊어서는 안 된다. 그것이 인간 세상을 부유하게 하는 지름길이라는 것이다. A는 대가를 바라지 않고 친구를 도왔으며 친구는 그에 보답하기 위해 열심히 일해 그 은혜를 갚았다. 이렇듯이 남을 도울 때는 진심에서 우러나는 마음으로 도와야 한다. 설령 아주 작은 것일지라도 그렇다.

99

연못에 핀 연꽃은 진흙 속에 살면서
진흙의 더러움에 물들지 않는다. 증일아함경

많은 불교학자들은 불교를 보다 쉽고 빠르게 이해하기 위해서 먼저 〈아함경〉을 읽으라고 권한다. 〈아함경〉 속에는 불교의 기초라 할 수 있는 불교적 사상이 재미있게 그려져 있기 때문이다. 원래 대승, 소승의 불교 사상은 원시 불교의 시작인데 아함은 그 원시 불교의 귀중한 자료이다. 이속에는 불교의 연기법이 자세하게 나와 있다.

불교 철학의 가장 중요한 부분이 연기법緣起法이다. 그러나 연기라는 것이 사실 우리들이 이해하기에 그리 녹록한 것이 아니다. 아함경은 연기를 두고 육근六根, 12처處, 육육법六六法, 오온伍蘊, 사성제四聖諦, 12연기緣起 같은 법들로 설명하고 있다. 어찌 보면 이러한 설법들이 조잡하고 때론 대충 써진 것 같지만 사실은 우리들이 이해할 수 있고 어떤 이들이 읽어도 쉽게 이해할 수 있도록 정교한 짜임새로 이루어져 있다는 사실을 주목할 필요가 있다.

종교든 책이든 영화든 듣고, 읽고, 보는 이가 즐거워야 한다. 종교의 원천도 그와 마찬가지일 것이다. 불교 철학 속에는 재미있는 우화가 많이 등장하기도 하고 부처님의 제자들이 행한 구도의 모습들이 비장하게 그려져 있다. 그 대표적인 것이 바로 아함경이다.

부처님의 제자 중에 아나율이 있었다. 아나율은 멀리 천리 밖의 사물도 볼 수 있는 천안天眼을 가지고 있었다. 그가 천안을 갖게 된 연유는 읽는 사람으로 하여금 고개를 숙이게 한다.

어느 날 아나율은 좌선을 하다가 깜빡 졸았다. 그때 이를 본 부처님이 주의를 주었다. 그 때부터 아나율은 영원히 눈을 감지 않아 시력을 잃고 말았는데 대신 마음으로 보는 천안을 얻었던 것이다. 이것은 부처님 제자들의 구도심을 단적으로 보게 하는 이야기이다.

이러한 이야기들은 〈아함경〉에 수도 없이 많이 나온다.

어느 날 부루나가 부처님 앞에 가서 서쪽 지방의 포교에 나가겠다고 간청하였다. 그곳에는 인성이 거친 사람들이 많이 살고 있었으므로 부처님이 염려스러워 이렇게 물었다.

"서쪽 사람들은 매우 사납다. 만약 그들이 욕을 하면 어떻게 하겠느냐?"

"때리지 않는 것을 다행으로 여기겠습니다."

부처님이 다시 질문을 던졌다.

"만일에 때린다면 너는 어떻게 하겠느냐."

"몽둥이나 돌로 때리지 않는 것을 다행으로 여기겠습니다."

다시 부처님이 물었다,

"그럼 몽둥이와 돌로 너를 친다면 너는 어떻게 하겠느냐."

"죽이지 않는 것을 다행으로 여기겠습니다."

다시 부처님이 물었다.

"만일 그들이 너를 죽인다면 너는 어떻게 하겠느냐."

"열반에 들게 해주는 것으로 고맙게 생각하겠습니다."

드디어 부처님은 부루나의 결심을 듣고 서쪽지방의 포교를 허락하였다. 부루나는 그곳에서 뜨겁게 포교를 하다가 목숨을 바쳤다고 한다.

부루나는 그 사나운 서쪽 지방에 가서 살면서도 끝내 그들의 '무리'가 되지 않았다. 비록 연꽃이 진흙 속에서 살면서도 진흙의 더러움에 섞이지 않듯이 부루나 역시 사나운 서쪽 사람들과 살면서도 그들에게 물들지 않고 오직 자기 자신만의 '참나'를 지켰던 것이다.

오늘 날 우리는 혼탁한 세상 속에 살고 있지만 한 순간도 '참나'를 잊지 않고 살아야 할 것이다.

100

음식이 아무리 맛있다 하여도 과식을 해서는 안 된다.
오직 기력을 돋우는 것으로만 그쳐야 한다. **대아미타경**

과식이란 우리의 몸이 요구하는 생리적 요구량 이상으로 음식을 섭취하는 것을 말한다. 우리의 몸은 어느 정도의 양까지는 조절할 수 있는 기능이 있지만, 지나치게 먹으면 소화흡수율이 약해져 위장에 장애를 일으키고 건강을 해친다. 과식의 원인은 대개 간식이나 야식인데, 미처 소화되지 못하고 남은 찌꺼기가 우리의 세포를 노화시켜 피부를 상하게 하고 장기를 훼손시키는 것이다.

부처님은 여러 경전을 통해 과식이 모든 병의 근원이 된다는 사실을 밝혀 놓았다. 또한 음식을 정해진 시간에 먹는 것도 건강의 비결이라고 하셨다.

〈잡아함경〉에는 음식에 대해 부처님이 하신 설법이 자세하게 나와 있다. 즉 '자신의 양을 알고 음식을 들라'는 것이다.

어느 날 부처님에게 구살라국의 바사익 왕이 찾아 왔다. 그때 바사익 왕은 속이 거북한 듯 안절부절 하지 못했다. 평소 바사익왕은 대식大食을 하는 버릇이 있었는데 그날도 음식을 많이 먹은 후 부처님을 찾아 왔던 것이다. 이 모습을 본 부처님은 미소를 띤 얼굴로 바사익 왕에게 시를 한 수 지어 주었다.

사람은 스스로 헤아려
양을 알고 음식을 들어야 한다.
이를 알면 괴로움도 적고
몸도 늙기를 멈추어
오래 살아 천수를 다하리라.

비사익 왕은 부처가 전해준 시구를 듣고 자신의 시중을 맡고 있는 웃타라라는 소년에게 외우게 했다.

"웃타라여, 방금 부처님께서 불러주신 시구를 내가 식사를 할 때 마다 부르도록 하라. 내가 너에게 날마다 백 전을 주겠다."

그때부터 소년은 매일 왕이 식사를 할 때마다 그 시를 읊었다. 왕은 그 시구를 들으며 식사를 했기 때문에 차츰 양이 줄어들었고 살도 빠지고 몸도 매우 건강해졌다. 어느 날 비사익 왕은 자신의 몸을 더듬어 보고 기쁨에 겨워 부처님에게 세 번의 절을 올렸다.

"부처님은 저에게 현재와 미래의 이익, 이 두 가지를 내게 주셨습니다."

부처님의 법이 위대한 것은 대단한 진리를 통해 설법을 한 것이 아니라 우리 앞에 놓인 일상의 작은 행동 하나 하나에도 세심한 가르침을 주었다는 데에 있다.

오직 남을 위해 아무 조건 없는 보시가 부처의 깨달음이다_청담스님

101

세상에는 일곱 종류의 아내가 있으니
어머니 같은 아내, 누이 같은 아내, 선지식 같은 아내,
며느리 같은 아내, 종 같은 아내, 원수 같은 아내,
목숨을 빼앗는 아내이다. 옥야경

어머니 같은 아내란, 남편을 아끼고 생각하기를 어미가 자식 사랑하듯 하여 밤낮으로 모시어 좌우를 떠나지 않으며, 때를 놓치지 않고 남편이 만족하도록 공양한다. 남편이 만일 먼 길을 가면 남들이 만만히 여길까 염려하는 마음이 지칠 줄 모르니 마치 자식을 생각하듯 하는 것이다.

누이 같은 아내란, 남편을 받들어 섬기되 마치 한 피를 나눈 형제처럼 하여 높여 받들고 공경하기를 누이가 오라비를 섬기듯 하는 것이다.

선지식 같은 아내란, 남편을 모시어 사랑하는 생각이 지극하여 의지하고 생각하여 서로 버리지 못하며, 사적이고 비밀스러운 일을 항상 서로 고하며, 잘못한 것이 있으면 서로 충고하여

실수가 없도록 일러준다. 그리고 착한 일을 서로 일러주고 지혜가 더욱 밝아지게 하며 서로 사랑하여 세상을 건너게 하기를 선지식과 같이 하는 것이다.

며느리 같은 아내란, 정성을 다하여 공경하며, 겸손하고 순종하는 태도로 남편을 받들어 섬기는 것이다. 일찍 일어나고 늦게 자며, 말하는 것을 공손히 하고 조심하여 잘못된 말과 잘못된 행동이 없으며, 착한 것이 있으면 다른 사람에게 양보하고 허물이 있으면 자기가 했다 하며 가르치고 훈계하고 베풀고 정진하는 것으로 도를 삼으며, 마음이 단정하고 뜻이 한결같아 티끌만한 간사함도 없으며, 정갈하게 아내의 도리를 닦아서 조금도 흐트러짐이 없게 하며, 나오나 물러가나 예의를 잃지 않으며, 오직 화목한 것으로 귀함을 삼는 것이다.

종 같은 아내란, 항상 두려워하고 조심하는 생각을 품어서 감히 잘난 척하지 않고, 조심성 있게 일해 나가되 피하고 꺼리는 것이 없으며, 마음이 항상 공손하고 조심하여 충성과 효도를 다하며, 부드러운 말을 하며, 성품이 항상 화목하여 추하고 간사한 말을 범하지 않으며 제멋대로 행동하지 않고, 정숙하고 선량하고 순수하고 한결같으며, 소박하고 믿음직하여 항상 스스로 엄하게 단속한다. 남편이 사랑하더라도 교만을 부리지 않으며, 설사 박대를 하더라도 원망을 하지 않으며, 꾸짖고 욕하는 것을 당하여도 묵묵히 원망하지 않으며, 기꺼이 받아들여 두 마음을 품지 않으며, 남편이 좋아하는 것을 지니며 질투하지 않고, 아내의 절도를 힘써 닦아 옷과 밥을 간택하지 않으며, 오직 온 힘을 다하지 못할까 두려워하며, 남편을 공경하고 받들어 하인이 상전을 섬기듯 하는 것이다.

원수 같은 아내란, 남편을 보면 좋아하지 않고 항상 분노를 품으며, 밤낮으로 생각하되 서로 떨어지려 하며, 부부의 마음이 없이 항상 붙어있는 손 같이 하며, 으르렁거리며 싸워서 두려워하고 꺼리는 것이 없으며, 어지러운 머리를 하고 누워서 일을 하지 않으며, 가사를 돌보거나 자식을 양육하는 것을 생각지 않으며, 혹 음탕한 짓을 하고도 부끄러운 것을 알지 못하며, 매무새가 지저분하여 친척을 욕되게 하고 원수와 같이 행동하는 것이다.

목숨을 빼앗는 아내란, 밤낮으로 자지 않고 노한 마음으로 서로 향하여, 어떻게 해서든 헤어지기만을 노리는 것이다. 독약을 먹이자니 남들이 알까 두려우므로 멀고 가까운 친척에게 부탁하여 분노를 일으키게 하여 항상 해치게 하거나 돈으로 사람을 사거나 혹은 정부情夫를 시켜 틈을 엿보아 억울하게 남편의 생명을 빼앗는 것이다.

이것은 〈옥야경〉에 나오는 부처님의 말씀이다. 부처님은 아내의 도리에 대해서 말하고 있으나 더욱 강조하고 있는 것은 여자가 필생에 있어 가져야 할 마음가짐이다.

물론 오늘날에 비춰 볼 때 이치에 맞지는 않다. 그러나 이 땅의 부부들은 한번쯤 되새겨 보아야 할 말씀임은 분명하다.

사실 못된 남편, 못된 아내가 존재하는 것은 상대적이다. 나쁜 아내를 만드는 것도 나쁜 남편이 있기 때문이요. 나쁜 남편이 존재하는 것도 나쁜 아내 때문이다. 부부가 서로 존중하고 공경한다면 이 세상에 나쁜 아내, 나쁜 남편은 사실 존재하지 않는다.

서로 믿고 의지하며 사는 것이 부부간의 최상의 도리이다. 부디 나쁜 남편을 만들지 말고, 나쁜 아내를 만들지 말라.

102

적절하게 일을 하고 참을성 있게 노력하는 이는
재산을 모은다. 성실을 다하면 명성을 떨치고
무엇인가를 줌으로써 친교를 맺는다. **숫타니파타**

부처님 말씀을 담은 〈증아함경〉은 부자가 되기 위해서 꼭 버려야 할 여섯 가지를 말하고 있다. 그 여섯 가지란 갖가지 도박으로 부자가 되려는 꿈, 나쁜 벗을 가까이 하여 그와 함께 남을 속여 부자가 되려는 것, 술을 방탕하게 마시고 색을 가까이 하여 재물을 얻으려는 것, 노력도 하지 않고 한 번에 일확천금을 얻으려는 것, 일도 하지 않고 게으르면서 재물을 구하려는 것, 항상 놀기를 좋아하고 풍류를 즐기면서 부자가 되려는 것이다.

만일 사람이 도박을 하게 되면 반드시 여섯 가지의 재난이 따르는 것을 알아야 한다. 첫째, 돈을 잃게 되면 원한이 생기고, 둘째 부끄러움이 생기며, 셋째는 잠이 편안하지 못하고, 넷째는 원수의 집을 기쁘게 하며, 다섯째는 가족을 걱정하게 하고, 여섯째는 남에게서 신용을 잃게 된다는 것이다.

나쁜 벗을 가까이하면 여섯 가지 재난이 있으니 첫째는 도둑놈과 친해지게 되고, 둘째는 사기꾼과 친하게 되며, 셋째는 주정뱅이와 친하게 되며, 넷째는 방자한 사람과 친하게 되며, 다섯째는 노름꾼과 가까이 하게 되며, 여섯째는 이런 것들을 친구나 짝으로 삼게 된다.

사람이 술을 먹고 방탕하면 여섯 가지 재난이 있으니 첫째는 현재의 재물을 없애고, 둘째는 병이 많이 생기며, 셋째는 싸움이 많아지며, 넷째는 비밀이 탄로나며, 다섯째는 남들이 칭찬하거나 보호해 주지 않고, 여섯째는 지혜를 없애고 여리석음이 생긴다는 것이다.

또한 게으르면 여섯 가지 재난이 있으니 첫째는 너무 이르다 하여 일을 하지 않는 것이고, 둘째는 너무 늦다 하여 일을 하지 않는 것이며, 셋째는 너무 춥다 하여 일을 하지 않는 것이고, 넷째는 너무 덥다 하여 일을 하지 않는 것이며 다섯째는 너무 배부르다 하여 일을 하지 않는 것이고, 여섯째는 너무 배고프다 하여 일을 하지 않는 것이다.

부적절한 시기에 행하면 여섯 가지 재난이 있으니 첫째는 자신을 보호하지 못하고, 둘째는 재물을 보호하지 못하며, 셋째는 처자식을 보호하지 못하고, 넷째는 남의 의심을 받으며, 다섯째는 많은 괴로움과 근심이 생기고, 여섯째는 남의 비방을 받는 것이다.

사람이 이렇게 법답지 않은 일을 하면 사업을 경영하지 못하고, 사업을 경영하지 못하면 공을 이루지 못하며, 재물은 얻을 수 없고, 본래 있던 재물은 자꾸 없어진다고 했다.

 우리는 세상을 살아가면서 반드시 여섯 가지의 적을 만난다. 그 첫째가 도박이며, 둘째가 주색, 셋째가 나쁜 벗, 넷째가 게으름, 다섯째가 때를 기다리지 못하는 급한 마음, 여섯째가 풍류이다. 이것은 우리가 마음먹기에 따라서 얼마든지 조절할 수 있다.

 이 여섯 가지를 평생 마음속에 담고 산다면 결코 우리 인생은 실패가 없을 것이기 때문이다. 우리가 실수를 하는 것은 자주 '평상심平常心'을 잃기 때문이다. 자기를 다스리는 마음, 항상 자신의 소신에 따라 움직이는 마음, 그 평상심을 가지는 것이 매우 중요하다.

103

말할 때 말하고 침묵할 때 침묵할 줄 알아야
마음의 평온을 얻고 때를 놓치지 않을 것이다. **증일아함경**

세상에는 여러 종류의 사람이 있다. 일을 하면서도 항상 투덜거리는 사람, 어떤 일을 해도 항상 불평불만을 서슴없이 말하는 사람, 하지 말아야 할 소리인데도 주저 없이 말을 하는 사람. 이에 비해 자기 자신의 주어진 일에 대하여 항상 묵묵하게 최선을 다하는 사람, 항상 남을 돕기 위해 앞장서는 사람 등이 있는 것이다. 어떤 사람의 성격이 좋고 나쁘다고 단언할 수는 없지만 분명한 것은 '빈 깡통 소리가 요란하다.'는 것이다.

사람에게 가장 무서운 것이 있다면 '잘못된 생각'과 '헛된 생각'이다. 이는 오직 자신의 생각만이 옳다고 생각하기 때문이다. 우리 곁에는 의외로 고집스러운 사람이 많다. 남이 하는 말은 일절 들으려 하지 않고 오직 자신의 생각만을 관철하려는 사람은 대개 불평과 불만으로 가득 찬 사람이다. 이런 사람은 자신의 생각과 다를 때, 당당하게 나서서 말하지 못하고 뒷전에 서서 투덜거린다. 그리고 그런 용기조차 없다.

일을 좀 못 한다 할지라도 세상을 살아가는데 있어 크게 불편하지 않다. 왜냐하면 좀 더 노력하면 되기 때문이다. 그러나 '잘못된 생각'은 처음부터 그릇된 생각임에도 불구하고 스스로 고치려고 노력하지 않는다는 것이 문제다. 이것을 고치기 위해서는 누군가에 의해 자기반성의 시간을 가지지 않으면 안 된다.

'헛된 생각'은 '잘못된 생각'보다 더 위험한 것이다. 하루 종일 자신이 해야 할 일을 하지 않고 오직 망상 속에만 빠져드는 것을 말하는데 이것이 지나치면 일종의 중독으로 치닫는다. 우리들의 삶 속에서 헛된 생각은 도박, 섹스, 술 등이다. 이런 '헛된 생각'에 빠져 있는 사람의 주위에는 친구도 스승도 없다.

이에 비해 주어진 일에 최선을 다하고 묵묵하게 살아가는 사람은 '선善한 생각'을 가지고 있으며 항상 성취욕으로 가득 차 있다. 또한 무엇이 옳고 그른가에 대해 확실한 자기의 주관을 가지고 있다.

달마어록은 '부처는 그저 사람들이 잠에서 깨어 자신의 본성을 바라보도록 도울 뿐이다. 그것은 구원의 문제가 아니다. 알든 모르든 그들은 이미 부처이다. 부처는 부처를 구원하지 않는다. 알겠는가?'라며 인간의 어리석음에 대해 질타하고 있다. 큰 강물 소리처럼 묵묵하게 자신의 일을 하며 고요하게 살아가는 사람은 부처의 본성을 지니고 있다. 그렇기 때문에 부처님은 항상 큰 강물처럼 살라고 했던 것이다.

달마는 또 "삼계三界에 나타나는 모든 것들은 결국 무심無心으로 돌아온다. 그러므로 과거와 미래의 모든 부처들은 무심에서 무심으로, 침묵에서 침묵으로, 현존에서 현존으로 진리를 전한다. 이 무심이 바로 부처이다."라고 했다.

인간의 모든 불행은 남을 용서하지 않기 때문이다. 물질에 대한 끊임없는 욕망으로 인해 마음이 대립되고 '화'가 생긴다.

화를 지우기 위해서는 '무심無心'을 가져야 한다. '무심'이란 없는 마음이 아닌 무한하게 채울 수 있는 마음을 말한다. 이 무심을 벗어나서 그대는 다른 어떤 부처도 찾을 수 없을 것이다. 이 무심을 벗어나서 깨달음이나 열반을 찾는 것은 불가능하다. 무심이 바로 열반이다.

'그대가 진정으로 자신의 생각이 옳다고 생각할 때, 비로소 앞으로 나아가라.'

104

어떻게 우리는 이 존재의 흐름을 건너갈 수 있겠는가.
이 고뇌를 정복하는 방법은 무엇인가? 숫타니파타

불교는 전통적으로 소승불교와 대승불교, 선불교의 세 가지로 나누어진다. 그러나 이렇게 나누는 것은 큰 의미가 없다. 실제적으로 불교 사상은 그러한 분별과 가름에 있는 것이 아니라 '참 나를 구원하고 남을 돕는 길', 즉 일체 중생을 구제하는 것에 그 깊은 뜻이 있다.

부처님이 깨달음을 얻고 난 뒤 45년 동안 중생들을 가르친 것은 '참나'를 깨달아 남을 돕고 살라는 것이 불교 사상의 전부임을 말해준다. 수행자가 아닌 일반 사람들은 대개 자신의 문제에 대해 고민하고 살아간다. 그 고민 속에서 번민의 일갈을 버리지 못해 스스로의 삶 속에서 고통을 당하고 있다.

일반적으로 불교 사상을 내 것으로 이해하기 위해서는 삶을 하루에 국한해서 '오늘 할 일이 무엇인가'라는 것에 그치지 말아야 한다. '하루의 삶이 어떻게 연속하여 내일로 나아갈 것인가'를 광범위하게 생각해 보아야 한다.

'나는 누구인가?' 아니면 '왜 우리에게 고통이 주어지는가?' 하는 근본적인 것을 생각해야 된다는 것이다.

예를 들면 '이런 일들이 왜 일어날까?', '어떤 연유에서일까?' 라고 자신에게 일어나는 의혹을 타진해 보아야 한다. 대도시에 살면서도 주위에 고통을 받고 있는 사람이 있으면 잠시 틈을 내어 돌보아주고 매일 일어나는 일에 현명하게 처신하는 것이 도시인으로서 불교사상을 실현할 수 있는 길이 될 수 있다는 것이다.

불교의 큰 진리란 나를 구제하는 것이 즉 남을 구제한다는 것이다. 내가 명상에 들어가 수련하고 법을 깨달아 남에게 전파를 하면 그것이 곧 부처가 되는 길이요, 남이 부처가 되는 길이기 때문이다. 나를 닦지 못하고 남을 구제하는 것은 있을 수 없다.

즉 불교의 진리는 '참나'를 찾아내는 것, 그 이상의 것도 그 이하의 것도 없다.

어느 날 어느 스님이 화장실에서 볼 일을 마치고 나오는 운문雲門 선사에게 일갈을 했다.

"스님 무엇이 부처입니까?"

"마른 똥막대기일 뿐이다."

그렇다. 진리란 있는 그대로를 말하는 것이다. 가장하지 않고 있는 그대로의 마음을 전하는 것, 즉 불보佛寶이다. 생각이 끊어지고 마음이 움직이지 않는 상태 그대로의 마음이 입을 통해 전달되는 것을 말한다. 여기에 그 이상의 거짓과 일탈의 마음이 있을 수는 없다. 이것이 불교의 진리가 아니고 무엇이겠는가.

"부처가 무엇입니까?"

"마른 똥막대기다!"

운문 선사의 말은 곧 있는 그대로의 그것이 마음이요, 부처라고 할을 던진 것이다. 이렇듯이 불교의 힘은 있는 그대로의 형상에서 흘러나오는 것이다. 여기서 불교는 종교보다 철학에 가깝다는 말을 단적으로 도출할 수 있을 것이다.

몇 해 전에 런던에서 '세계과학자대회'가 열렸던 적이 있다. 19세기에 다윈이 진화론을 발표하자 세상은 그것을 믿지 않았다. 그때 진화론을 소개했던 사람이 헉슬리 T.H. HUXLEY였는데, 이 사람의 손자가 영국의 과학계를 주도하는 유명한 과학자가 되어 주도하는 대회였다. 사실 이 대회의 명칭은 '세계과학자대회'였지만 다른 모든 학문 분야에 대해서도 토의를 하자는 것이어서 그 자리에는 신부, 목사, 신학자들도 참석하였다. 그런데 놀랍게도 발표한 내용은 다음과 같았다.

"지금과 같은 우주과학 시대에는 신을 전제로 하는 종교는 더 이상 존속할 수 없다. 왜냐하면 종교에서 말하는 신은 하나의 허위이기 때문이다. 그러면 어떠한 종교가 앞으로 존속할 수 있는가? 그것은 불교와 같이 신을 전제로 하지 않는 종교이다."

놀라운 발언이었다. 기독교 성직자와 신학자들을 앞에 두고 세계과학자대회는 이렇게 신을 전제로 하지 않는 종교만이 존속될 수 있다는 중대 선언을 한 것이다.

이 같은 이슈는 불교인들에게도 하나의 충격이었다.

믿음에 대한 문제, 종교에 대한 문제에 관해서 현대의 과학자들이 그러한 태도를 보이는 것은 그들이 종교의 본질을 이해하지 못한 까닭이라고 일축해 버릴 수도 있다. 하지만 이것 역시 주의 깊게 생각할 필요가 있다.

사실 종교란 과학도 아니고 신도 아닌 '참 나를 구원하는 것'에 있는 것이다. 현재 미국과 같은 서양사회는 아직도 인간 차별을 하고 있다. 기독교와 천주교가 인간 중심의 지배 철학을 바탕으로 하기 때문일 것이다. 그러나 불교는 우리의 본성本性에 그 근거를 두고 있다. 그래서 불교는 매력적인 철학이라고 할 수 있을 것이다.

105

깨달음에는 원래 나무가 없고 거울 또한 틀이 없다.
본래 아무 것도 없는데 어디에 먼지가 있으랴. 유조단경

　20세기 가장 위대한 역사학자 중 한 명인 토인비(1889-1975)는 옥스퍼드대 학술회의에 참석한 적이 있다. 당시 옥스퍼드대 교수로 재직하고 있었던 그는 이 학술회의에서 아주 긴 연설을 했다. 이 자리에는 세계의 저명한 역사학자와 학생, 언론인이 참석했다.
　연설이 끝나자 누군가 자리에서 일어나 그에게 흥미로운 질문 하나를 던졌다.
　"아놀드경, 당신은 오늘날 가장 위대한 역사학자로 존경받고 있습니다. 만약 200~300년 뒤 역사가들이 20세기 가장 중요한 사건을 꼽으라고 한다면 무엇을 꼽겠습니까? 2차 세계대전이나 히틀러의 대량학살일까요, 아니면 공산주의의 몰락 또는 여

성 인권의 신장인가요? 우리 시대 최고의 사건은 과연 무엇일까요?"

그러자 토인비는 일말의 주저함도 없이 이렇게 말했다.

"동양의 불교가 서양으로 건너온 일이지요."

너무나 의외의 답변 앞에 청중들은 할 말을 잃었다. 수군거림까지 있었다.

"질문의 뜻을 못 알아채신 모양이군."

"나이는 어쩔 수 없는 모양이야."

그러나 그날 그 말은 토인비가 생전에 남긴 대표적인 말로 기억되고 있다. 그는 인간문명에 대해 방대한 역사를 썼고 수많은 칼럼을 썼으며 세계적으로 많은 연설과 강연을 했지만, 이제 많은 이들은 토인비 하면 그가 얘기한 '동양 불교의 서양 유입'을 먼저 떠올린다. 전 세계 사람들은 새로운 세기에 맞는 새로운 철학이 무엇인지 찾고 싶어 한다. 한국 역시 마찬가지다. 아마 지난 세기를 되돌아보면 즐거움보다는 회한이 더 많기 때문이라 여겨진다. 경제적 진보는 이뤘지만 전쟁, 폭력, 환경 파괴는 우리의 생존을 위협하고 있다. 미래는 어둡고 길은 보이지 않는다. 이미 60억 명이 넘어버린 인류는 지구를 만원으로 만들고 있고 천연자원은 바닥나고 있으며 무절제한 소비와 산업화는 기후 패턴마저 변화시키고 있다. 우리는 지난 세기 이것을 '진보'라고 생각했다.

지금 서양인들이 찾고 있는 새로운 세기의 철학은 동양사상이다. 미국과 유럽의 지식인들과 젊은이들을 중심으로 수많은 사람들이 신 사상인 동양사상에 심취하고 있다. 그중에서도 불교는 유행처럼 번지고 있다. 지난 5년간 미국에서 가장 유명한 베스트셀러 리스트인 〈뉴욕 타임스〉 베스트셀러 10위권 안에 불교 관련 서적이 빠진 적이 한 번도 없다. 헐리우드 스타들과 모델들에서부터 작가·예술가·철학자에 이르기까지 불교를 통해 상처와 문제투성이인 세상을 치유하고자 한다. 프랑스에서는 앞으로 2년 안에 불교가 가톨릭, 이슬람교에 이어 세 번째로 신도가 많은 종교가 될 것이라고 한다. 폴란드·이탈리아·러시아에서도 불교 신자들은 빠른 속도로 늘어나고 있다.

96년 시사주간지 〈타임〉은 커버스토리에서 미국 불교 신자 수가 적어도 600만 명이라고 추정했다. 지금은 그 이상일 것이다. 미국에는 현재 불교 사찰과 명상센터가 1천여 개에 이른다. 토인비의 예언은 적중한 것이다.

서구 역사는 과학 발전의 역사다. 좀 더 나은 것, 좀 더 편리한 것, 좀 더 빠른 것을 추구하며 오직 앞으로 나아갔다. 그러다 어느 순간 '왜? 무엇을 위해?'라는 질문 앞에 당혹스러워하고 있다.

금세기 위대한 과학자 알버트 아인슈타인은 이렇게 말했다.

"미래의 종교는 우주적 종교가 돼야 한다. 그동안 종교는 자연세계를 부정해 왔다. 모두 절대자가 만든 것이라고만 해 왔다. 그러나 앞으로의 종교는 자연세계와 영적인 세계를 똑같이 존중한다는 생각에 기반을 둬야 한다. 자연세계와 영적인 부분의 통합이야말로 진정한 통합이기 때문이다. 나는 불교야말로 이런 내 생각과 부합한다고 본다. 만약 누군가 나에게 현대의 과학적 요구에 상응하는 종교를 꼽으라고 한다면, 그것은 '불교'라고 말하고 싶다."

우리는 이제 더 이상 바깥이 아닌 '내 안'에서 행복을 발견해야 한다고 생각한다.

그렇다. 깨달음에는 원래 나무가 없다.

깨달음을 얻기 위해서는 오직 자성自省만이 필요하다. 세계의 위대한 역사학자 토인비는 그것을 먼저 알았던 것이다.

106

범부들은 각기 별개의 진리들에 집착해서
자기 것은 옳고 다른 사람 것은 그르다 비난한다. 사제론

사람들은 종교의 본질에 대해 오해하는 경우가 많다. 또한 종교 자체에 대한 믿음보다는 종교를 통해 자신의 불안감을 해소하려 한다. 이해하고 믿는 것이 아니라 자신이 처한 감정에 호소하는 경향이 많은데 이것은 진정한 종교 생활이 될 수 없다.

대개 사람들은 절을 찾아갈 때 무엇인가 원하는 것을 구하기 위해서다. 이것은 크게 잘못된 행동이다. 많은 사람들은 참다운 종교사상을 따르지 않고 그냥 자기가 원하는 것을 추구하고 상황에 따라 따르는 것이 일반적이다. 즉 자기가 원하는 것을 위해 종교를 믿는 것이다.

그러하기 때문에 많은 사람들은 깊은 감흥을 받지 않으면 종교를 믿지 않으려고 하며 심지어 참선조차 하려고 하지 않는다.

참선을 해도 그저 종교적 관점에서의 수행을 생각하기는커녕 자신의 건강을 위해 하는 것이라고 생각한다.

그러다 자신이 원하는 그 무엇을 얻게 되면 부처님에게 진심으로 감사를 드린다. 이것이 마치 진정한 종교처럼 오도가 되고 있는 것이다. 그러나 사실 자기 스스로는 이것이 잘못되었음을 무의식중에 알고 있다. 부처님이 나를 사랑하니까, 나는 계속 불교를 믿고 이렇게 잘 산다고 믿는다.

많은 사람들이 진실을 모른 채 종교에 현혹되는 것도 이 같은 이유 때문이다. 스스로의 개인적인 안정과 가족들의 건강, 사업의 성공 등을 위해 종교를 이용하는 것에 불과하다. 또한 평화로운 마음peace mind을 얻기 위해 종교를 믿고 있는 것이다.

우는 아이에게 사탕을 주면 울음을 멈춘다. 우는 아이는 진리에 대해 아무런 관심이 없으며 또한 알지도 못한다. 이처럼 대부분의 사람들은 종교를 마치 달콤한 사탕과 같이 생각한다.

부처님은 '종교적 힘은 자기 자신에게 있음'을 제자들에게 설법하였다. 말하자면 종교적 힘의 가치는 그 어떤 외부外部에 있는 것이 아니라 바로 자기 자신 속에 있음을 스스로 밝혀야 한다는 것이다. 그런데 사람들은 눈에 보이지 않는 존재, 그것이 부처이든 하나님이든 그 위대한 존재가 자기 자신을 만들었다고 생각한다. 자신이 선한 행동을 하면 그 위대한 존재가 나에게 보답을 해준 것이라고 생각한다.

이것은 동화 같은 생각이 아닐 수 없다. 그러나 이런 생각을 '좋다, 나쁘다'라고 단정할 수는 없지만, 분명한 것은 이런 생각으로는 종교적인 완벽한 삶을 얻어 낼 수는 없다는 것이다. 물론 세상 사람들이 완벽한 삶을 이룬다는 것은 불가능하다. 그러나 그 완벽한 삶과 완벽한 만족에 보다 더 접근하기 위해서는 우선 종교를 이해하지 않으면 안 된다.

종교는 무엇인가를 믿는 것이 아니라 자기의 마음속에 든 진짜 자신을 찾아내는 일이기 때문이다. 이것을 '참나' 혹은 '진아'라고 부른다. 종교는 일반적으로 객체 종교object religion, 주체 종교subject religion로 나누어 볼 수 있다.

예를 들면, 착한 일을 하면 후에 죽어서 좋은 곳으로 갈 수 있다고 믿는 것을 객체 종교라고 할 수 있다. 내가 선한 행동을 했을 때 이 세상에 존재하는 어떤 위대한 힘이 나에게 좋은 일을 해 준다고 믿는 것, 즉 완전히 분별된 상태에 놓여 있는 종교를 말한다. 선한 일을 하면 복을 받고 악한 일을 하면 해를 당한다는 것, 이 명확한 분별 의식이 바로 객체 종교이다. 그러나 이 같은 생각은 오히려 위험하다. 종교라는 것은 어떤 분별된 의식이 작용하는 것이 아니기 때문에 진정한 마음의 화합을 이룰 수가 없다. 다만 이 같은 생각은 죽어서 화합하면 된다고 생각하기 쉽다. 이 관점의 단점은 바로 인간이 가진 정신을 약하게 본다는 것이다. 눈에 보이지 않는 위대한 존재가 이 세상을 만들어서 지배하고 유지한다고 믿기 때문이다. 그 위대한 존재를 믿지 않으면 완전히 나락으로 떨어져 나쁜 세상으로 간다고 생각한다.

그러나 이것은 올바른 종교적 관점이 아니다. 길을 가다 보면 예수를 믿으라고 소리치는 사람들을 많이 본다. 왜 그들은 '예수를 믿으라.'고 남에게 강요를 하는가. 종교는 사유의 의지이지 강요의 행위가 아니다.

부처님은 '진리란 여실히 마음을 보여주는 것'이라고 했다. 그러나 사실 그것도 공이며 텅 빈 마음이라 하지 않았던가. 믿음이란 위대한 존재가 아닌 자기 마음속의 부처를 보는 것이다.

사실 오늘날 이런 종교들은 무엇인가를 증명해 보이기를 거부하고 강요를 한다. 이는 아주 헛된 희망을 간직하는 것과 같다. 이런 문제는 미국인들보다 한국들에게 더욱 심각하다. 그것은 진정한 진리를 찾아가는 길이 아니라 그냥 좁은 믿음으로 가는 길에 지나지 않는다. 그것은 마치 좁은 문에 너무 많은 사람들이 줄을 서서 돌아오지 않는 시간을 기다리는 것과 다름없다. 그 좁은 길을 지나지 않으면 결국 지옥으로 가야 된다고 생각하는 것. 이것이 커다란 분별심이다.

그러나 불교에서는 무엇인가 편을 가르는 것, 선과 악을 구별하는 것, 돈이 많고 적음을 분별하는 것, 지위가 높고 낮음을 차별하는 것 등과 같은 분별심을 버려야 한다고 강조한다. 객체 종교가 가지는 무지에서 벗어나야 할 것이다.

107

모든 속박을 끊어 버려 두려울 것이 없는 자,
매듭을 풀어 자유로운 자,
이러한 자를 나는 성자라 부른다. 소부경집

부처님이 10년 동안 수행하고 제자들을 45년이나 가르치고 난 후, 열반을 앞두었을 때였다. 제자 중 마하가섭은 부처님께 "아직 돌아가시면 안 됩니다. 제발 영원히 우리들 곁에 있어 계속 법륜을 굴려 주옵소서." 하고 간청을 했다.

"허허, 가야 할 때가 되었다. 난 45년 동안 설법을 하였지만 단 한 번도 너희들에게 가르친 것이 없다. 이미 나의 설법은 너희가 가지고 있는 것이거늘, 나는 새로운 것을 만들어 설법을 하지 않았다."

부처님은 설법을 더 해달라는 마하가섭을 꾸짖었다. 정말 파격적인 설법이었다. 너희들 마음속에 있는 것 그대로를 꺼내어서 다시 들려주었을 뿐, 그 이상의 설법도 하지 않았다는 것이다.

"부처님께서 가시면 이제 누구에게 설법을 들어야 하옵니까?"

"허허, 45년 동안 그렇게 설법을 하였는데도 아직 모르겠는가. 그렇게 집착을 버리라고 했는데도. 나는 너희들을 가르쳤지만 아무 것도 가르친 것이 없다. 있다 해도 마하반야바라밀이란 단지 그 이름뿐이다."

"부처님께서 돌아가시면 이젠 누가 우리들을 가르칠 것입니까?"

부처님은 다시 대답했다.

"자등명 법등명自燈明 法燈明이다."

자기 자신을 되돌아보고 그 계율을 등불 삼아 살면 된다는 말이었다.

최근 우리 사회에는 참선이나 명상에 대한 관심이 많이 늘어나고 있다. 이 같은 이유는 무엇일까.

여기 유리잔이 하나 놓여 있다. 이 유리잔을 냉동실에 넣었다가 꺼내서 뜨거운 물을 부으면 어떻게 될까? 아마 유리잔은 순식간에 금이 가고 말 것이다. 우리나라는 서구가 일백년에 걸쳐 이룬 발전을 단 20~30년 만에 이루었다. 한마디로 위대한 변화의 연속이었다. 이러한 변화 자체는 좋지도 나쁘지도 않지만 거기에 따르는 엄청난 충격이 있을 수밖에 없다. 그런 충격을 다스리는 데는 참선 같은 마음공부가 필요하다. 즉 몸이 아플 때 약을 찾는 것처럼 종교적 삶의 태도가 필요하기 때문이다.

종교적 삶의 태도를 가지는 것은 아주 중요하다. 생각에 매달리지 말고 있는 그대로 세상을 바라보면 마음이 행복해질 것이다. 우리 마음은 무엇이든 비춰주는 거울과 같다. 그러나 이 거울을 가려서 스스로를 비춰볼 수 없도록 하는 게 바로 생각이다. 생각을 걷어내면 누구나 자신의 거울을 비춰볼 수가 있게된다. 순간순간 밥 먹고, 물마시고, 걸어가고 하는 텅 빈 자리, 바로 그것이 행복한 삶이 될 것이다.

그렇다. 생각이 생각을 낳고 그 생각이 또 다른 생각을 낳고 마침내 그 생각 때문에 미치는 사람이 되기 쉽다. 현대인들은 그래서 미쳐가고 있는 것이다.

부처님이 열반하시면서 말한 자등명과 법등명이 바로 그것이다. 자기 마음의 등불을 지켜 법을 이어가라는 말이다. 즉 있는 그대로를 보고 있는 그대로를 실천하라는 뜻이다.

있는 그대로 살아가라는 것은 특별한 것이 아니다. 그러나 실천하기란 물론 어렵다. 자연의 법칙 그대로를 보라는 말과 같다. 봄에는 꽃이 피고 가을에는 열매가 맺듯이 자연을 그대로 바라보고 받아들이는 마음을 가지라는 것이다. 그것이 바로 종교 생활이요 불교사상이다.

108

살아 있는 것들은 모두 다 행복하라. **숫타니파타**

인도의 마하라단나 왕에게는 세 아들이 있었다. 첫째는 마하부나, 둘째는 마하제바, 셋째는 마하살타였다. 막내 마하살타는 어질고 자비심이 매우 두터워서 언제나 가난한 사람을 보면 잘 도와주었다. 한번은 형제들이 숲속을 걷다가 동굴 안에서 어미 호랑이가 새끼들과 함께 있는 광경을 보게 되었다. 그런데 그 어미 호랑이는 오랜 가뭄으로 인한 굶주림을 견디다 못해 그 새끼들을 잡아먹으려고 하는 중이었다. 마하살타는 곧 죽을 목숨인 호랑이 새끼가 너무나 가엾은 나머지 이런 생각을 했다.

'나는 오랫동안 나고 죽음을 수없이 반복하여 왔다. 이것은 한갓 부질없는 짓이다. 내가 윤회를 거듭한 것은 오직 탐욕, 성냄, 어리석음 때문이다. 지금 복의 씨앗을 뿌릴 인연을 만났으니 이

얼마나 좋은 기회인가. 호랑이 새끼들을 위해 기꺼이 내 몸을 던지리라.'

그는 두 형제들을 먼저 보내고 호랑이에게 자신의 몸을 던져 기꺼이 먹이가 되었다. 그 순간 마하살타 왕자는 보살이 되어 도솔천으로 올라가 다시 태어나게 된다.

부처님의 초기 불전인 〈붓다밤사〉에 실려 있는 내용이다. 한 왕자가 배고픈 호랑이에게 자신의 몸을 던져 자비를 실천하고 보살로 다시 태어난 이야기는 많은 감동을 던져 준다. 이와 같이 자기를 희생하고 남을 돕는 살신성인殺身成仁의 정신은 마음속에 굳은 신념이 없다면 결코 실천할 수 없다.

인간은 눈앞의 이해관계에 휘둘리는 존재이다. 자기희생은 이해관계를 버려야만 행할 수 있다. 오직 남을 위한 삶을 살겠다는 자비의 마음이 있어야만 가능하다. 왕자가 행한 자비는 생명의 귀중함을 일깨워주는 이야기이다. 부모가 자식에게 베푸는 마음이나 부처님이 우리에게 베풀어 주는 사무량심四無量心도 대자비심이다.

부처님께서는 추위를 가릴 옷 한 벌과 바리때만을 들고 길 위에서 살다가 길 위에서 열반하셨다. 이 모습은 구도자의 상징이며, 모든 보살들 또한 자비를 실천한 부처들이었다. 부처는 따로 없다. 남을 위해 자비심을 베푸는 모든 이가 부처이다.

부처님은 보리수나무 아래서 깨달음을 얻은 다음 그 법문을 들려주기 위해 45년간 바람처럼 살다가 80세의 일기로 열반에 드셨다. 그런 부처님의 가르침을 뒷사람이 묶은 최초의 경전이 바로 〈숫타니파타〉이며, 이 경전과 함께 전해 내려오는 것이 바로 부처님의 초기 불전인 〈붓다밤사〉이다. 〈숫타니파타〉가 짧은 잠언의 글들로 '깨침'을 주는 글이라면 〈붓다밤사〉 등 초기 경전들은 재미있는 이야기를 통해 '깨침'을 주고 있다. 하지만 두 경전이 얘기하는 주제들은 일맥상통한다.

왕자가 행한 자비의 정신은 바로 〈숫타니파타〉에 있는 '살아 있는 것은 다 행복하라.'는 가르침과 통한다. 짧은 한 구절의 잠언이든 우화이든, 이런 글들을 읽다 보면 새삼 부처님의 위대함에 저절로 고개가 숙여진다.

그렇다. 살아 있는 것은 다 행복해야 할 그 나름의 이유가 있다.